掌控西方的幕后力量

THE POWER THAT RUNS THE WESTERN

隐匿百年的紫苜蓿俱乐部

培育出10多位西方政要的超级资本大亨

侯旭鲲　著

中国出版集团
世界图书出版公司
广州·上海·西安·北京

图书在版编目(CIP)数据

掌控西方的幕后力量/侯旭鲲著. —广州：世界图书出版广东有限公司，2013.4（2025.1重印）
ISBN 978-7-5100-5954-4

Ⅰ.①掌… Ⅱ.①侯… Ⅲ.①西方国家—政治—研究
Ⅳ.①D502

中国版本图书馆 CIP 数据核字(2013)第 075923 号

掌控西方的幕后力量

策划编辑 孔令钢
责任编辑 翁 晗
出版发行 世界图书出版广东有限公司
地 址 广州市新港西路大江冲25号
http://www.gdst.com.cn
印 刷 悦读天下（山东）印务有限公司
规 格 710mm×1000mm 1/16
印 张 17.5
字 数 251千
版 次 2014年6月第2版 2025年1月第3次印刷
ISBN 978-7-5100-5954-4/F·0103
定 价 88.00元

◎序　言　信息比黄金重要

中国已经是世界第二大经济体。未来几十年,中国取代美国成为世界第一大经济体也是大势所趋,这将成为近现代世界史上最引人注目的重大事件之一。然而,中国与西方的差距仍然很大。我国的特点是人口多、发展阶段落后、各种社会发展问题较多,这些特点决定了,中国在经济全球化的时代背景下,其发展战略必须着眼于"本"。

古人说,"君子务本,本立而道生"。所谓"道生",就是走上符合道的轨道,走上正途。对于国家来说,就是经济社会发展更符合客观规律的要求,更有助于问题的解决和健康、稳定、和谐发展。而要做到"道生",就必须"务本"。"务本"就是要集中精力,把中国自己的事情做好,让 13 亿中国人民在这个波澜壮阔的经济社会转型期,通过改革,激发经济发展活力,实现公平正义,让老百姓得到切实的利益,让每个中国人都能站在公平的起点上参与社会竞争,让每个中国人心中的梦想都能成为现实,最终作为国家的梦想——"中国梦"也梦想成真。

在这个过程中,中国还要继续开放,经济上将在更大范围、更深层次融入世界经济中。而在这个过程中,在经济总量上超越美国、成为世界第一并不是我国要刻意追求的目标,它只应是中国经济融入世界经济体系后带来的副产品。然而,产生这个副产品的过程,将是全球经济竞争更加激烈、矛盾和摩擦更多的过程。

在这个过程中,我们必须对外部环境有全面、深入、细致的了解和认识。笔者在国外从事经济研究时发现，西方国家非常重视对各国经济等信息的收集、整理和研究。西方国家由于其语言上的优势及占据世界经济主导地位等优势，在采集各国经济信息上也更为方便。

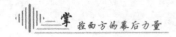

比如，他们的报纸会用一整版来分析和研究东欧某个国家的经济状况。他们出版的图书也很重视对各国经济信息的收集和整理，这种信息并不是一般意义的官方公布的经济数据，而是诸如土地所有权等信息。世界各国的土地都是私有的吗？每个国家的土地都是哪些私人所有？西方就有研究人员撰写这方面的书，对每个国家的土地究竟有多少土地是私人所有、都是哪些私人所有等进行细致人微的调查研究。再比如，他们对经济运行背后的政治等因素进行研究，如英国出版的《谁掌控英国》。这类研究，有助于人们在纷繁的经济现象背后，找到造成这些现象的本质。

正是基于这点认识，西方的经济信息及其与其他因素的联系，成了笔者研究的重点。比如，对于2008年全球经济危机这个百年不遇的经济灾难，国内比较注重对此次危机发生的原理、对我国的影响等进行研究。然而究竟是谁导致了这次全球经济危机的爆发？国内研究却不多，而西方媒体一直对此追问不停，还出版专著，披露这些人的情况。这些造成全球经济危机的人都是些什么人？这值得我们研究。

同样值得研究的是，有哪些人准确预测到了这次全球经济危机，他们为什么能预测到，他们都是些什么样的人。这对于我们准确研判全球经济走势、寻找正确的信息来源很重要。一场造成全球经济萧条的大危机扑面而来，如果能提前得到准确的警报信息，如同得到地震、洪灾等重大灾害信息一样，提前做好应对措施，于国家能减少巨额损失，于企业，能降低投资风险。如果下一次再发生类似的全球经济危机，我们有没有可能提前预测到，从而减少巨额损失？我们怎样才能准确地提前预测到？谁能预测到？

让人欣喜的是，在此次全球经济危机中，国内翻译出版了一大批介绍此次全球经济危机方面的书，国内读者可从各个角度了解这次全球经济危机的真相。也有一些国内研究者，对此次全球经济危机进行了大胆的研究和探索。

记得英国一所大学的学院传达室放了一张小纸牌，上面写着“你没看到的那些东西，其实正在一个秘密的地方呆着”（Everything you can’t see is totally in a secret place）。在英国时，笔者有时在想，到底是谁造成了此次全球经济危机呢？一次偶然的机会，看到一本名为《所有的恶魔都在这里：揭开造成此次全球经济危机的那些人的面纱》（*All the Devils Are Here*）的书，再一看里面的照片，正是造成此次全球经济危机的那些所谓金融工具发明家、推销这些高风险金融工具的大银行家们。

还有一个现象引起笔者的注意。中国是一个人情社会，这一点西方人都很清楚，因此在英文中有一个词叫“guanxi”，就是“关系”的汉语拼音写法。西方国家就没有人情吗？《谁掌控英国》(*Who Runs Britain*)一书，就披露了英国前高级官员、军情5处负责人在退休后，担任英国著名超市连锁店玛莎百货(Marks & Spencer)的非执行董事。该公司为英国著名零售商，2012年营业收入高达99亿英镑(约合990亿元人民币)，在全球40个国家开有1 000家分店，雇员有81 223人。作为一家成立于1884年，在英国已有100多年经营历史的零售商，其经营经验曾被美国哈佛大学商学院进行过专门的案例研究。

西方有所谓“旋转门”的人事安排传统，高级政府官员可任命为大型企业高管，从而在政府和企业之间切换岗位。那么，西方国家的政府与企业之间究竟是什么关系呢？从美国政府应对此次全球经济危机的做法看，造成此次全球经济危机的是金融机构，所以当美国的大型投资银行雷曼兄弟公司(Lehman Brothers)出现倒闭风险时，美国政府大义凛然，全然不顾，任其倒闭，给人以市场经济理应如此，自由竞争，优胜劣汰，而美国政府完全中立的理想状态印象。而到了后来，其他几家金融机构出现如美国国际集团(American International Group，简称“AIG”)、花旗集团(Citi Group)等问题时，美国政府开始动用纳税人的钱大手笔援助。这就让人很困惑了。为何同样是金融机构出问题，得到的政府待遇却不同？而随着对高盛公司的研究，笔者发现，该公司的前雇员中不仅有3位美国财政部长、2位意大利总理，还有希腊总理、加拿大中央银行行长、世界银行行长、美国的1位州长、尼日利亚的1位部长等一大批西方政界要员。西方政治与经济的关系由这个资本大亨的豪华雇员构成，可窥见一斑。

美国政府高层与美国商界高层是什么关系？有没有一个组织或活动平台，为他们提供一种信息交流、利益协调的机制？应该有。那它究竟是什么呢？联想到国内最近几年披露出的骷髅会(Skull and Bones)、共济会(Freemasonry)、彼尔德伯格俱乐部(Bilderberg Club)等西方秘密政治、商业精英组织，美国可能存在一个能代表美国最高层政治和商业利益的秘密组织。

一次在一本介绍日本是如何打开美国市场的书中，笔者看到了紫苜蓿俱乐部(The Alfalfa Club)这个秘密社团组织。笔者偶然发现的这个俱乐部，在中文网络上信息却很少。在笔者收集到仅有的一些信息后发现，这个俱乐部在100年中已为美国培育出8位总统、7位副总统、12位国务卿，还有财政部长、美联储（美国联邦储备委员会）主席、国防部长、中情局长等一大批高级官员。其中，尼克松、福特、小布什3人曾分别在担任该俱乐部主席之后没几年，就真的当选了美国总统。这个俱乐部显然就是美国总统的"摇篮"。

紫苜蓿俱乐部的成员还包括股神沃伦·巴菲特（Warren Buffett）、通用公司原总裁杰克·韦尔奇等商界名流。美国政府的"大脑"基辛格，美联储原主席格林斯潘，美国军方的著名鹰派人物、原国防部长拉姆斯菲尔德等美国政界名流也均为该俱乐部成员。对于西方政治、经济关系，不知还有多少未知的秘密有待我们去发现。

在当前日趋激烈的国际经济竞争中，要想胜出，信息最重要。在过去30年的全球金融衍生品交易巨额损失案例中，损失最大的一笔发生在2008年，损失达87亿美元，折合相当于市场上130吨黄金的价值。信息不明和不准，给一个金融机构造成的损失可能是130吨黄金，对一个国家造成的损失就更难以估量了。

因此，笔者认为，信息比黄金重要。对于正在与西方合作、希望尽快走出去的中国企业来说，更是如此。如果一家企业并不了解西方合作伙伴的信息，就急于与其合作，其结果很可能就是"交学费"了。对于处于国际经济链条中下游的中国来说，想在与上游的西方国家合作中分得一杯羹，确实不易。尤其是喜欢"做大做强"、想把西方企业的"大羹"分到手，没有信息，不了解对手，恐怕就更难了。

最近，一些有关数据挖掘的概念开始流行。其实，一个国家如果没有从整体上对其他国家的政治、经济进行深入的信息挖掘、全面的认知，只知其文化、历史、科技，而不知其幕后的战略谋略，还是远远不够的。

由于本人能力有限，本书[①]连抛砖都谈不上，只能算是抛块朽木，期待更多的"玉雕大师"，找到西方政治、经济运行本质的"美玉"，精雕细琢，为我国参与世界经济竞争尤其是西方市场竞争提供强有力的信息保障。

侯旭鲲

2013年1月29日

① 本书搜集和整理的西方经济信息和资料中，由于一些网络文件的原作者和文献提供者难以查考，而未能一一标注来源，谨在此表示遗憾和歉意。

目　录

Content

第一章

“圈子”

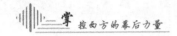

01/美国最高级、最神秘的政商“圈子”

2012年1月29日，美国ABC News新闻网报道，1月28日，美国总统奥巴马与第一夫人米歇尔参加了第99届紫苜蓿俱乐部年度晚宴。晚宴由第一夫人米歇尔主持，地点就在华盛顿的国会大厦希尔顿(the Capitol Hilton)饭店。

按照紫苜蓿俱乐部的传统，每年俱乐部晚宴活动不对媒体开放。通常，在该活动过去一段时间后，有关晚宴的一些细节才陆续为媒体所知晓。由于参加该活动的都是美国最有权势的政界高层和最有钱的商界精英，而其活动内容又高度保密，因此容易引起普通民众的疑虑。

2012年1月28日，在紫苜蓿俱乐部宴会举办地——国会大厦希尔顿饭店门外，数百名“占领华盛顿”运动者聚集在一起，抗议该俱乐部的年度晚宴。

图1-1　抗议第99届紫苜蓿俱乐部年度晚宴的“占领华盛顿”运动者①

① 图片来源：Jose Luis Magana/AP Photo。

紫苜蓿俱乐部成立于1913年，是为了纪念美国内战时一位名为罗伯特·爱德华·李(Robert Edward Lee)[①]的联邦军队将领的生日。

图1-2 罗伯特·爱德华·李

紫苜蓿是一种在全球被广泛种植的植物，2006年全球的紫苜蓿产量达4.36亿吨，其主要种植国家为美国、加拿大、阿根廷、法国、澳大利亚、中东国家和南非等。其中，美国是世界上最大的紫苜蓿生产国。在美国，紫苜蓿主要分布在加利福尼亚州(California)、南达科他州(South Dakota)、威斯康星州(Wisconsin)。美国中西部的紫苜蓿产量占了全国的50%，西部则占了40%，东北部则仅占10%。之所以以紫苜蓿这种植物作为紫苜蓿俱乐部的名字，据说是因为用这种植物可以很方便地换来一杯酒喝。

图1-3 紫苜蓿

图1-4 被挤压为车轮状的紫苜蓿

直到1974年，紫苜蓿俱乐部一直不接纳黑人成员。1993年，时任美国总统的威廉·杰斐逊·克林顿(William Jefferson Clinton)却拒绝参加那一年该俱乐部的年度晚宴，成为自吉米·卡特(Jimmy Carter)总统以来，首位拒绝参加该俱乐部年度晚宴的美国总统。作为回应，从1994年起，紫苜蓿

① 罗伯特·爱德华·李，生于1807年1月19日，逝于1870年10月12日，是美国南北战争时期联盟军最出色的将军，曾任联盟军总司令，其因以少胜多而闻名。曾继承丰厚遗产，拥有63名奴隶，但反对奴隶制，主张废除奴隶制。

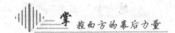

俱乐部开始邀请部分女士参加该俱乐部年度晚宴。而当小布什(George Walker Bush)任美国总统时,他每年都会参加该俱乐部的年度晚宴活动。而该俱乐部除了每年1月举行一次年度晚宴外,每年还举办一次夏季野餐会。

表 1-1 自 1994 年开始受邀参加紫苜蓿俱乐部年度晚宴的部分女士名单

姓 名	照 片	身 份
桑德拉·戴·奥康纳 (Sandra Day O'Connor)		出生于1930年3月26日,里根总统时期担任美国最高法院大法官,为美国最高法院历史上首位女性大法官,2006年退休。
伊丽莎白·苣勒 (Elizabeth Dole)		出生于1936年7月29日,曾任美国交通部长、劳工部长、红十字会主席等职,美国参议院议员。其夫鲍伯·苣勒(Bob Dole)曾于1976年、1999年被共和党分别提名为美国副总统、美国总统候选人。
凯瑟琳·葛兰姆 (Katharine Graham)		出生于1917年6月16日,逝于2001年7月17日。曾被誉为全世界最有影响力的女人。美国著名新闻出版商,掌管家族媒体《华盛顿邮报》(*The Washington Post*)长达20年,其自传回忆录《个人历史》(*Personal History*)曾获1998年普利策奖(Pulitzer Prize)。

每年1月份最后一个星期六,紫苜蓿俱乐部在华盛顿举行年度晚宴。该俱乐部有200名会员,每个会员可邀请2位客人,参加该俱乐部晚宴的美国政商界名流多达600人。在紫苜蓿俱乐部年度晚宴上,一盘菜通常要200美元,常见的两道菜是无骨鱼片和龙虾。

在2009年该俱乐部的晚宴上,美国总统奥巴马风趣地说:"这个俱乐部成立于约100年前,是为了纪念罗伯特·爱德华·李将军的生日,如果将军今晚还和我们在一起的话,他应该有202岁了。"

按照该俱乐部的传统，每年的年度晚宴上，俱乐部的领导层都会任命一位代表出任该俱乐部的主席，而该俱乐部主席则要在俱乐部的年度晚宴上发表讲话。

8 位美国总统的“摇篮”

美国历史上有 3 位被任命为紫苜蓿俱乐部主席的政商界名流，在几年后真的当选为美国总统。如，尼克松(Richard Nixon)1965 年曾任紫苜蓿俱乐部主席，4 年后当选美国总统(1969 年)；里根(Ronald Reagan)1974 年曾任紫苜蓿俱乐部主席，7 年后也成功当选美国总统(1981 年)；小布什 1998 年曾任紫苜蓿俱乐部主席，3 年后就当选美国总统(2001 年)。

这 3 位曾任紫苜蓿俱乐部主席的美国总统均为共和党人，共执政 21 年，平均每位执政 7 年。

表 1-2 3 位曾任紫苜蓿俱乐部主席的美国总统

姓 名	照 片	担任紫苜蓿俱乐部主席时间	就任美国总统时间
尼克松 (Richard Nixon)	 (1913 年 1 月 9 日—1994 年 4 月 22 日)	1965 年	1969—1974 年
里根 (Ronald Reagan)	 (1911 年 2 月 6 日—2004 年 6 月 5 日)	1974 年	1981—1989 年

续表 1-2

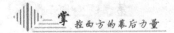

姓名	照片	担任紫苜蓿俱乐部主席时间	就任美国总统时间
乔治·沃克·布什 (George Walker Bush)	 (1946 年 7 月 6 日—)	1998 年	2001—2009 年

此外,还有老布什(George H. W. Bush)、杰拉尔德·福特(Gerald Ford)、约翰·肯尼迪(John F. Kennedy)、德怀特·艾森豪威尔(DWight D. Eisenhower)、哈利·S·杜鲁门(Harry S. Truman)5 位紫苜蓿俱乐部会员曾担任美国总统,这 5 位由紫苜蓿俱乐部培育出来的美国总统共执政 25 年,平均每位执政 5 年。这 5 位除了杜鲁门、肯尼迪 2 位是民主党人外,其余 3 位均为共和党人。

由此可看出,自 1913 年以来的 100 年中,紫苜蓿俱乐部共培育出 8 位美国总统,其中只有 2 位是民主党人,其余 6 位均为共和党人。显然,紫苜蓿俱乐部的政治倾向为共和党,说明该俱乐部是美国政治保守主义精英的大本营。这 8 位美国总统共执政 46 年。这表明,过去 100 年,美国这个最富裕、最强大的国家有 46%的时间为紫苜蓿俱乐部培育出的政治精英所统治。

表 1-3　5 位为紫苜蓿俱乐部会员的美国总统

姓名	照片	担任美国总统时间
乔治·赫伯特·沃克·布什 (George H. W. Bush)	 (1924 年 6 月 12 日—)	1989—1993 年

续表 1-3

姓 名	照 片	担任美国总统时间
杰拉尔德·福特 (Gerald Ford)	 (1913 年 7 月 14 日—2006 年 12 月 26 日)	1974—1977 年
约翰·肯尼迪 (John F. Kennedy)	 (1917 年 5 月 29 日—1963 年 11 月 22 日)	1961—1963 年
德怀特·艾森豪威尔 (DWight D. Eisenhower)	 (1890 年 10 月 14 日—1969 年 3 月 28 日)	1953—1961 年
哈利·S·杜鲁门 (Harry S. Truman)	 (1884 年 5 月 8 日—1972 年 12 月 26 日)	1945—1953 年

还有一些曾经担任该俱乐部主席的美国政商精英被美国两大政党提名，参加了美国总统大选。如，2001 年约翰·麦凯恩(John MaCain)被任命为紫苜蓿俱乐部主席，接着 2008 年他就代表共和党参加美国总统大选。

另外，1969年哈罗德·斯塔森(Harold Stassen)被提名出任紫苜蓿俱乐部主席。斯塔森生于1907年4月13日，逝于2001年3月4日，虽然一生与总统职位无缘，但却成为美国人心目中的总统。因为在长达48年中，其所在的共和党曾于1944—2000年的1944年、1948年、1952年、1964年、1968年、1976年、1980年、1984年、1988年、1992年共10次提名他参加美国总统大选。斯塔森于1939—1943年担任美国明尼苏达州(Minnesota)州长。1948—1953年担任宾夕法尼亚大学(University of Pennsylvania)校长。

除了政治家外，也有少量在其他领域有影响力的人物出任过紫苜蓿俱乐部主席。如，2004年美国电影协会(Motion Picture Association of America)前主席杰克·瓦伦提(Jack Valenti)被提名为该俱乐部主席。瓦伦提(1921年9月5日—2007年4月26日)曾在美国电影协会任职长达38年，在此期间，他创立了美国电影协会的电影分级体系和制度。

表1-4　部分紫苜蓿俱乐部主席情况

姓　名	照　片	担任紫苜蓿俱乐部主席时间	社会影响力
哈罗德·斯塔森(Harold Stassen)	 (1907年4月13日—2001年3月4日)	1969年	曾代表共和党10次参加美国总统大选而未果。
詹姆斯·沃尔芬森	 (1933年12月1日—)	2000年	1995—2005年担任世界银行行长。曾参加世界上最神秘、最有政治影响力的全球政界、商界精英组织彼尔德伯格俱乐部的会议。

续表 1-4

姓 名	照 片	担任紫苜蓿俱乐部主席时间	社会影响力
约翰·麦凯恩 (John MaCain)	 (1936 年 8 月 29 日—)	2001 年	2008 年代表共和党参加美国总统大选。
杰克·瓦伦提 (Jack Valenti)	 (1921 年 9 月 5 日—2007 年 4 月 26 日)	2004 年	曾在美国电影协会任职长达 38 年,创立了美国电影分级体系和制度。

1986 年当紫苜蓿俱乐部会员威廉·瑞恩奎斯特(William H. Rehnquist)被任命为美国的首席法官后,其在紫苜蓿俱乐部的会员资格成了美国参议院司法听证会上讨论的话题。在谈到该俱乐部时,瑞恩奎斯特称:"每年聚一次,聆听爱国音乐,听一些有趣的政治演说。"他还认为,他参加该俱乐部并不影响其作为首席法官的职业操守。

紫苜蓿俱乐部的座右铭是"Bis dat, qui cito dat",翻译为英文为"He gives twice who gives promptly",直译为中文,意思是"他给予迅速敏捷者以双倍回报",或许就是我们所说的"天道酬勤"吧。

蛛丝马迹

然而,紫苜蓿俱乐部究竟是什么样?紫苜蓿俱乐部的标志是什么?

由于其秘密性,有关资料难以查找,笔者仅从网络上找到少量蛛丝马迹。2013 年 1 月 25 日,在著名购物网站易贝网(Ebay)上,有一份 1965 年 1

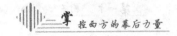

月23日紫苜蓿俱乐部第52届年度宴会的宴会单及请柬在拍卖，起拍价49.99美元，拍卖者是一个昵称为“哈里萨”(Halisa)的人。

这份拍卖品共4件，包括一份注明参加这次年度宴会的所有会员名字、身份等信息的席次图，整张图面积较大，尺寸为宽13英寸、高41.75英寸。1英寸为2.54厘米，也就是说，1965年1月23日紫苜蓿俱乐部第52届年度宴会的席次图宽为33.02厘米，高为106.045厘米。席次图中详细列出了参加此次紫苜蓿俱乐部年度宴会的美国政届、商界等各界精英人士的名单及宴会桌安排。

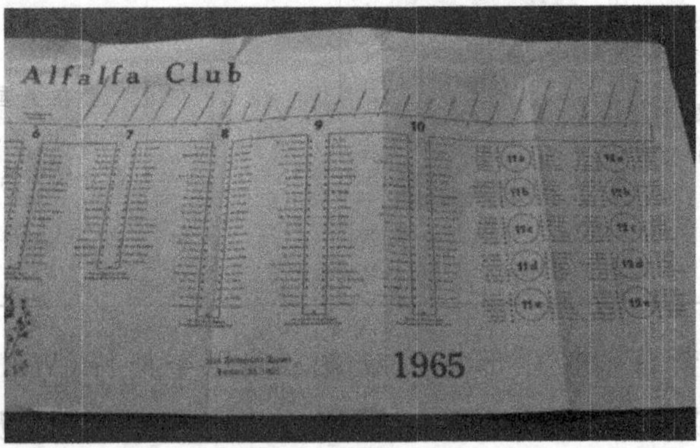

图1-5　1965年1月23日紫苜蓿俱乐部第52届年会宴会席次图

(易贝网拍卖品，13英寸×41.75英寸，相当于33厘米×106厘米)

由这张席次图还可看出，该俱乐部宴会规模之大。宴会厅至少分为12列，其中第8、9、10列为长桌，每个长桌一侧可坐22位宾客，一长桌的两侧可供44位宾客就餐，而每个长桌还有一位主持人，每张长桌共有45位宾客。除长桌外，还有一些中长桌，每桌一侧可坐17人，两侧加上主持人，一张中长桌可供35人就餐。图中第6、7列就是中长桌。还有规模更小的小桌，如第11、12列，分别分为a、b、c、d、e各5张小桌。每张小桌可供12人就餐，因此第11、12列，每列5张小桌可供60人就餐。

美国人追求大、追求排场的风格在这个美国最有权势、最神秘的政商俱乐部的宴会席次图上得到了充分体现。

据图1-6显示，1965年紫苜蓿俱乐部的标志为，两侧是绿色植物(或为

图 1-6 1965 年 1 月 23 日紫苜蓿俱乐部第 52 届年会宴会单(易贝网拍卖品)

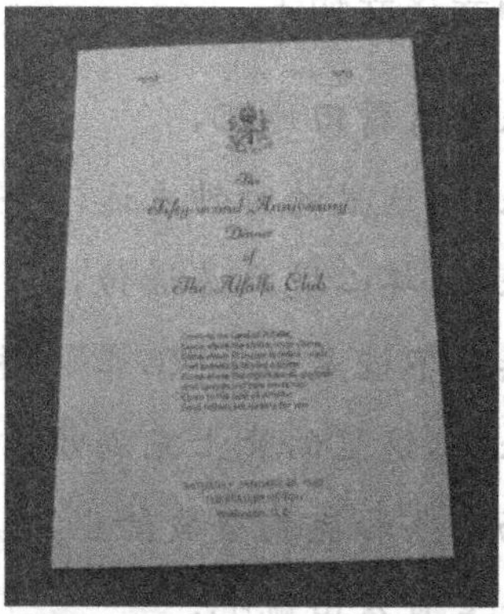

图 1-7 1965 年 1 月 23 日紫苜蓿俱乐部第 52 届年会单(易贝网拍卖品)

紫苜蓿),中间为燃烧的火炬。标志底部有英文词汇缩写"Alfalfa LUX EST"。其中"Alfalfa"是"紫苜蓿"。"LUX EST"是什么意思?笔者通过维基百科网(wikipedia)只查到"Scientia est lux lucis",这一英文词条为拉丁语,意思是"科学知识就是启蒙"(scientific knowledge is enlightenment),出自文艺复兴时期意大利著名画家、雕塑家、建筑师、音乐家、数学家、工程师、发明家、解剖学家——达·芬奇(Leonardo da Vinci)。显然,"LUX EST"为拉丁语,意思就是"启蒙"(enlightenment)。所以,"Alfalfa LUX EST"意思为"紫苜蓿启蒙"。

在该俱乐部标志下,8 行英文短语摘录如下:

Come to the Land of Alfalfa,
Come where the clocks never chime,
Come where ill humor is only a rumor,
And sadness is labeled a crime,
Come where the nights are all gladness,
And sorrows and care are taboo,
Come to the Land of Alfalfa,
Good fellows are waiting for you.

中文译文如下：

来紫苜蓿田地吧，
来吧，这里的时钟永远不会报时讨扰，
来吧，坏心境只是谣传，
悲伤不过是贴着“犯罪”的标签，
来吧，这里的晚上充满欢乐，
而悲伤和忧愁全被禁止，
来紫苜蓿田地吧，
好运正在等着你。

图 1-8　1965 年以紫苜蓿俱乐部主席尼克松名义发出的请柬

（易贝网拍卖品，5 英寸×7 英寸，相当于 12.7 厘米×17.78 厘米）

在国外著名购物网站亚马逊（amazon）网上，有 3 本有关紫苜蓿俱乐部的书。第一本的书名是《来紫苜蓿田地吧》（*Come to the Land of Alfalfa*），作者为温莎·佩特恩·布斯（Windosr Peyton Booth），全书共 119 页，出版者为紫苜蓿俱乐部，出版时间为 1958 年。

第二本书名为《农作物报告 1973—2000：紫苜蓿俱乐部早期历史》（*Crop Reports* 1973-2000：*Early Alfalfa Club History*），出版于 2002 年，出版者同样是紫苜蓿俱乐部，全书共 351 页。不过，仅从该书书名看，该书有可能是一本农业生产方面的书。

图 1-9 紫苜蓿俱乐部出版于 1958 年的《来紫苜蓿田地吧》一书(亚马逊网站有售)

第三本仅有 20 页,书名为《在尊敬的约瑟夫·格尔尼·坎侬[①]的晚宴上》(*Dinner in Honor of Hon. Joseph Gurney Cannon*),出版商为白伯利欧莱孚(BiblioLife),出版于 2009 年 7 月 17 日,是一本出版于 1923 年之前有关紫苜蓿俱乐部的书的再版,作者为华盛顿特区紫苜蓿俱乐部(Washington D. C. Alfalfa Club)。

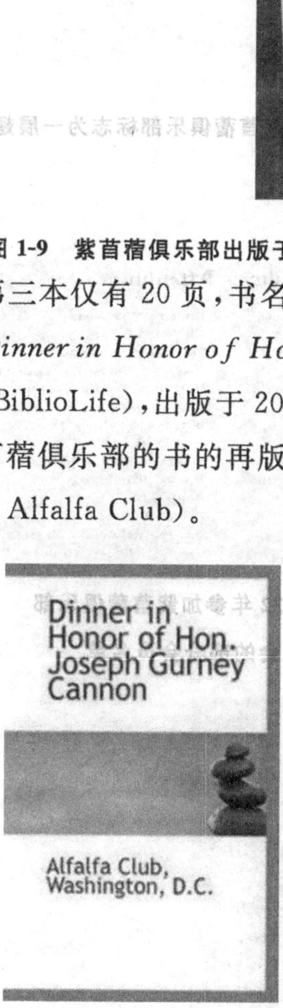

图 1-10 《在尊敬的约瑟夫·格尔尼·坎侬的晚宴上》一书(2009 年版)

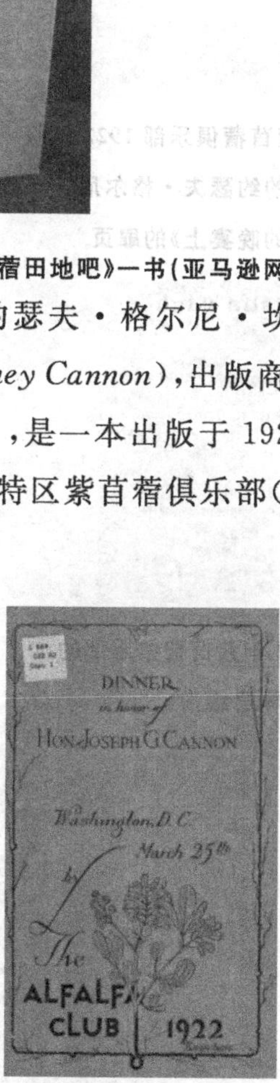

图 1-11 紫苜蓿俱乐部出版的《在尊敬的约瑟夫·格尔尼·坎侬的晚宴上》(1922 年版)

① 约瑟夫·格尔尼·坎侬(Joseph Gurney Cannon)出生于 1836 年 5 月 7 日,1926 年 11 月 12 日去世,是美国共和党领袖,曾为美国的共和党工作长达 46 年,长期担任美国众议院议长,成为美国历史上至今为该党服务时间最长的美国共和党人。

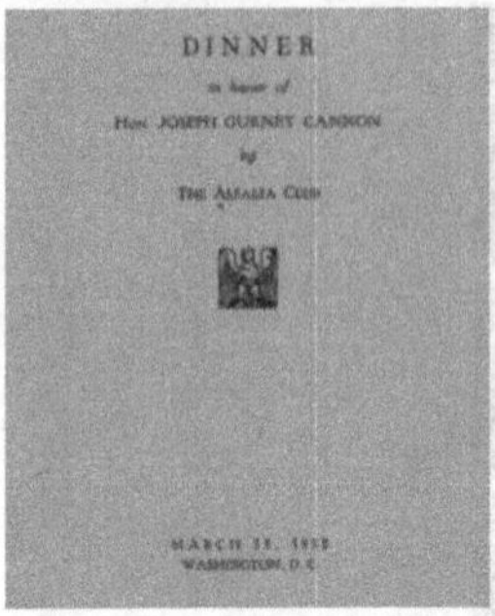

DINNER

in honor of

Hon. JOSEPH GURNEY CANNON

by

THE ALFALFA CLUB

MARCH [illegible]

WASHINGTON, D.C.

图 1-12　紫苜蓿俱乐部 1922 年版《在尊敬的约瑟夫·格尔尼·坎侬的晚宴上》的扉页

The Alfalfa Club

图 1-13　1922 年紫苜蓿俱乐部标志为一展翅的雄鹰

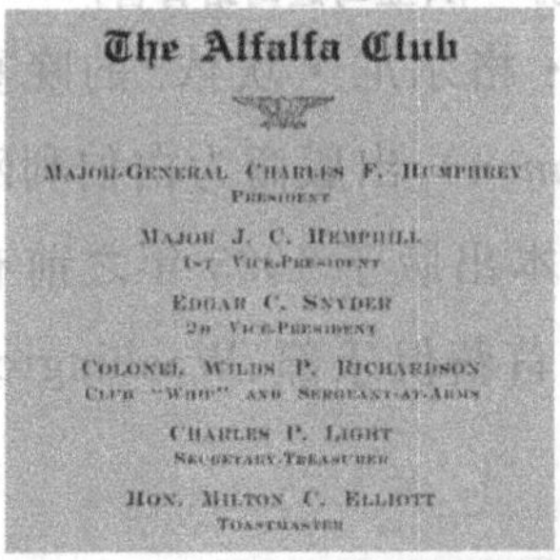

The Alfalfa Club

MAJOR-GENERAL CHARLES F. HUMPHREY
PRESIDENT

MAJOR J. C. HEMPHILL
1ST VICE-PRESIDENT

EDGAR C. SNYDER
2D VICE-PRESIDENT

COLONEL WILDS P. RICHARDSON
CLUB "WHIP" AND SERGEANT-AT-ARMS

CHARLES P. LIGHT
SECRETARY-TREASURER

HON. MILTON C. ELLIOTT
TOASTMASTER

图 1-14　1922 年紫苜蓿俱乐部的领导层结构

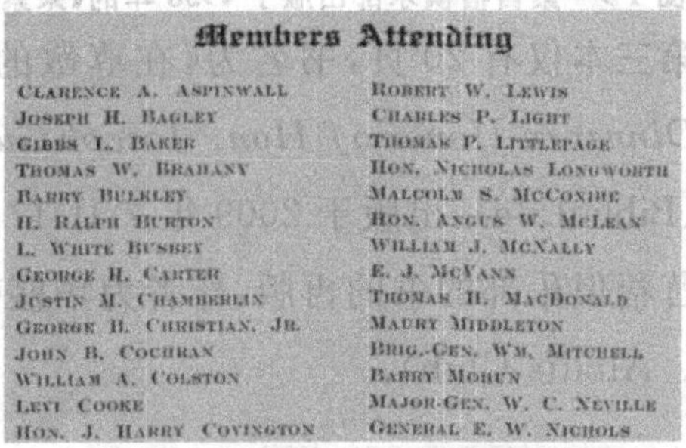

Members Attending

CLARENCE A. ASPINWALL
JOSEPH H. BAGLEY
GIBBS L. BAKER
THOMAS W. BRAHANY
BARRY BULKLEY
H. RALPH BURTON
L. WHITE BUSBEY
GEORGE H. CARTER
JUSTIN M. CHAMBERLIN
GEORGE B. CHRISTIAN, JR.
JOHN B. COCHRAN
WILLIAM A. COLSTON
LEVI COOKE
HON. J. HARRY COVINGTON
ROBERT W. LEWIS
CHARLES P. LIGHT
THOMAS P. LITTLEPAGE
HON. NICHOLAS LONGWORTH
MALCOLM S. MCCONIHE
HON. ANGUS W. MCLEAN
WILLIAM J. MCNALLY
E. J. MCVANN
THOMAS H. MACDONALD
MAURY MIDDLETON
BRIG.-GEN. WM. MITCHELL
BARRY MOHUN
MAJOR-GEN. W. C. NEVILLE
GENERAL E. W. NICHOLS

图 1-15　1922 年参加紫苜蓿俱乐部年度宴会的部分会员名单

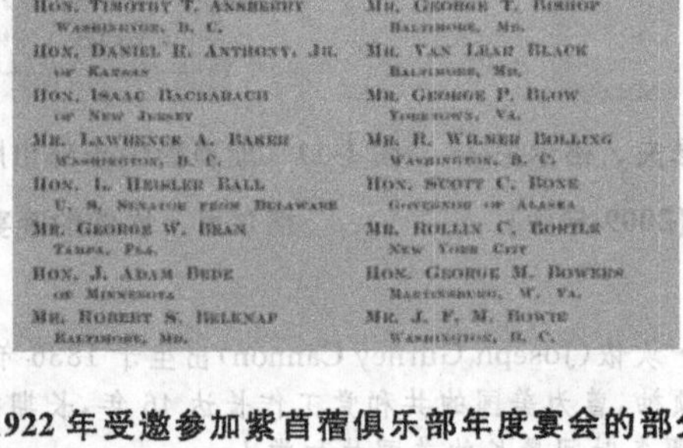

Our Guests

THE HONORABLE JOSEPH GURNEY CANNON

MR. FRANKLIN ADAMS
WASHINGTON, D. C.
MR. EUGENE E. AILES
NEW YORK CITY
MR. MILTON E. AILES
WASHINGTON, D. C.
HON. TIMOTHY T. ANSBERRY
WASHINGTON, D. C.
HON. DANIEL R. ANTHONY, JR.
OF KANSAS
HON. ISAAC BACHARACH
OF NEW JERSEY
MR. LAWRENCE A. BAKER
WASHINGTON, D. C.
HON. L. HEISLER BALL
U. S. SENATOR FROM DELAWARE
MR. GEORGE W. BEAN
TAMPA, FLA.
HON. J. ADAM BEDE
OF MINNESOTA
MR. ROBERT S. BELKNAP
BALTIMORE, MD.
DR. ELLWOOD FISHER BELL
SPARTANBURG, S. C.
MR. IRA E. BENNETT
WASHINGTON, D. C.
MR. CLIFFORD K. BERRYMAN
WASHINGTON, D. C.
MR. GEORGE T. BISHOP
BALTIMORE, MD.
MR. VAN LEAR BLACK
BALTIMORE, MD.
MR. GEORGE P. BLOW
YORKTOWN, VA.
MR. R. WILMER BOLLING
WASHINGTON, D. C.
HON. SCOTT C. BONE
GOVERNOR OF ALASKA
MR. ROLLIN C. BOTELER
NEW YORK CITY
HON. GEORGE M. BOWERS
MARTINSBURG, W. VA.
MR. J. F. M. BOWIE
WASHINGTON, D. C.

图 1-16　1922 年受邀参加紫苜蓿俱乐部年度宴会的部分宾客名单

由上面的图片可看出，1922 年紫苜蓿俱乐部的组织结构有：俱乐部主席、第一副主席、第二副主席、督导员、财务秘书、宴会主持人等。参加宴会的人员分为会员、宾客两类。

豪华阵容

紫苜蓿俱乐部的成员都是些什么样的人呢？

看过表 1-5 中该俱乐部的部分会员名单，你就知道其阵容之庞大了。

表 1-5 紫苜蓿俱乐部 1913 年成立以来部分会员名单①

姓 名	出生日期	曾任职务及任职时间
David Abshire	1926 年 4 月 11 日	美国驻北约组织大使(1983—1987 年)
Dean Acheson	1893 年 4 月 11 日	美国国务卿(1949—1953 年)
Spiro T. Agnew	1918 年 11 月 9 日	美国副总统(1969—1973 年)
Madeleine Albright	1937 年 5 月 15 日	美国国务卿(克林顿政府任期)
Joe L. Allbritton	1924 年 12 月 29 日	与美国政界有紧密联系的亿万富豪
Dwayne Andreas	1918 年 3 月 4 日	Archer Daniels Midland 公司总裁(1970—1997 年)
Anne L. Armstrong	1927 年 12 月 27 日	美国驻英国大使(1976—1977 年)
C. Michael Armstrong	1938 年 10 月 18 日	Comcast 公司总裁(2002—2004 年)
Neil Armstrong	1930 年 8 月 5 日	首位登上月球的宇航员
Norman Augustine	1935 年 7 月 27 日	Martin Marietta 公司总裁(1996—1997 年)
Warren R. Austin	1877 年 11 月 12 日	来自佛蒙特州的美国参议院议员(1931—1946 年)
Howard Baker	1925 年 11 月 15 日	里根政府白宫首席幕僚长官(1987—1988 年)
James Baker	1930 年 4 月 28 日	美国国务卿(1989—1992 年)
Alben W. Barkley	1877 年 11 月 24 日	美国副总统(1949—1953 年)

① 资料来源：Soylent Communications，NNDB：tracking the entire world，The Alfalfa Club Organization，2012。

续表 1-5

姓　名	出生日期	曾任职务及任职时间
Carter T. Barron	1905 年 1 月 30 日	华盛顿艺术倡导者
Evan Bayh	1955 年 12 月 26 日	来自印第安纳州的美国参议院议员（1999—2011 年）
Daniel W. Bell	1891 年 7 月 23 日	美国财政部副部长
Lloyd Bentsen Jr.	1921 年 2 月 11 日	美国参议院议员、美国财政部长
Clifford K. Berryman	1869 年 4 月 2 日	政治漫画家
Joseph Biden	1942 年 11 月 20 日	美国副总统
Leslie Biffle	1880 年 10 月 9 日	美国参议院秘书
James Billington	1929 年 6 月 1 日	美国国会图书馆第 13 任馆长
Hiram Bingham	1875 年 11 月 19 日	美国参议院议员
Michael Bloomberg	1942 年 2 月 14 日	纽约市长
Kit Bond	1939 年 3 月 6 日	来自密苏里州的美国参议院议员（1987—2011 年）
David L. Boren	1941 年 4 月 21 日	美国俄克拉何马州州长、美国参议院议员
Frank Borman	1928 年 3 月 14 日	首位环绕月球航行的宇航员
Larry Bossidy	1935 年 3 月 5 日	霍尼韦尔公司总裁
Omar Bradley	1893 年 2 月 12 日	美国陆军总参谋长
Nicholas F. Brady	1930 年 4 月 11 日	美国财政部长（1988—1993 年）
John Breaux	1944 年 3 月 1 日	来自路易斯安那州的美国参议院议员（1987—2005 年）
Warren Buffett	1930 年 8 月 30 日	来自奥马哈的美国亿万富豪
William Bulow	1869 年 1 月 13 日	来自南达科他州的美国参议院议员（1931—1943 年）
Dale Bumpers	1925 年 8 月 12 日	美国阿肯色州州长、美国参议院议员
Mac Bundy	1919 年 3 月 30 日	国家安全顾问（1961—1966 年）
Warren Burger	1907 年 9 月 17 日	美国首席法官（1969—1986 年）

续表 1-5

姓名	出生日期	曾任职务及任职时间
H. Ralph Burton	1882 年	Red-baiting Senate staffer
George H. W. Bush	1924 年 6 月 12 日	第 41 任美国总统(1989—1993 年)
George W. Bush	1946 年 7 月 6 日	第 43 任美国总统(2001—2009 年)
Jeb Bush	1953 年 2 月 11 日	美国佛罗里达州州长(1999—2007 年)
Marvin Bush	1956 年 10 月 22 日	Brother of Jeb,Dubya and Neil
Prescott Bush	1895 年 5 月 15 日	来自康涅狄格州的美国参议院议员(1952—1963 年)
Harry F. Byrd,Jr.	1914 年 12 月 20 日	美国参议院议员(来自弗吉尼亚州)(1965—1983 年)
James F. Byrnes	1882 年 5 月 2 日	美国国务卿(1945—1947 年)
Andrew Card	1947 年 5 月 10 日	白宫首席幕僚长官(2001—2006 年)
Steve Case	1958 年 8 月 21 日	AOL 总裁(1991—2001 年)
John H. Chafee	1922 年 10 月 22 日	来自罗德岛的美国参议院议员(1976—1999 年)
Elaine Chao	1953 年 3 月 26 日	美国劳工部长(2001—2009 年)
Buck Chapoton	1936 年 5 月 18 日	里根政府税务官员
Kenneth Chenault	1951 年 6 月 2 日	美国运通(American Express)公司总裁
Dick Cheney	1941 年 1 月 30 日	美国副总统(2001—2009 年)
Max Cleland	1942 年 8 月 24 日	来自佐治亚州的美国参议院议员(1997—2003 年)
Clark Clifford	1906 年 12 月 25 日	美国国防部长(1968—1969 年)
Thad Cochran	1937 年 12 月 7 日	来自密西西比州的美国参议院议员
Michael Collins	1930 年 10 月 31 日	阿波罗 11 号宇宙飞船驾驶舱宇航员
John Connally	1917 年 2 月 27 日	美国得克萨斯州州长(1963—1969 年)
John H. Dalton	1941 年 12 月 31 日	美国海军部长(1993—1998 年)
Tom Daschle	1947 年 12 月 9 日	来自南达科他州的美国参议院议员(1987—2005 年)
F. Elwood Davis	1915 年 12 月 15 日	华盛顿著名律师

续表 1-5

姓　名	出生日期	曾任职务及任职时间
Robert A. Day	1943 年	TCW 公司创始人，亿万富豪
John Dingell	1926 年 7 月 6 日	来自密歇根州的美国众议院议员
Everett Dirksen	1896 年 1 月 4 日	来自伊利诺伊州的美国参议院议员（1951—1969 年）
Chris Dodd	1944 年 5 月 27 日	来自康涅狄格州的美国参议院议员（1981—2011 年）
Elizabeth Dole	1936 年 7 月 29 日	来自北卡罗来纳州的美国参议院议员（2003—2009 年）
Pete Domenici	1932 年 5 月 7 日	来自新墨西哥州的美国参议院议员（1973—2009 年）
Bill Donaldson	1931 年 6 月 2 日	SEC 公司董事会主席（2003—2005 年）
Ken Duberstein	1944 年 4 月 21 日	里根政府首席幕僚长官（1988—1989 年）
John Foster Dulles	1888 年 2 月 25 日	（艾森豪威尔政府任内）国务卿
Lawrence Eagleburger	1930 年 8 月 1 日	美国国务卿（1992—1993 年）
Glen E. Edgerton	1887 年 4 月 17 日	运河区行政长官（1940—1944 年）
Dwight D. Eisenhower	1890 年 10 月 14 日	第 34 任美国总统（1953—1961 年）
John Fahey	c. 1953	国家地理协会总裁
Dante Fascell	1917 年 3 月 9 日	来自佛罗里达州的美国众议院议员（1955—1993 年）
Dianne Feinstein	1933 年 6 月 22 日	来自加利福尼亚州的美国参议院议员
John Spalding Flannery	1870 年 5 月 16 日	华盛顿著名律师
Jack Fletcher	1917 年	《国家地理》杂志摄影师
Timothy Foley	1946 年 5 月 6 日	美国海军军乐团指挥
Tom Foley	1929 年 3 月 6 日	白宫新闻发言人（1989—1995 年）
Steve Forbes	1947 年 7 月 18 日	福布斯杂志创始人
Gerald Ford	1913 年 7 月 14 日	第 38 任美国总统（1974—1977 年）
Peter Frelinghuysen, Jr.	1916 年 1 月 17 日	来自新泽西州、美国众议院议员（1953—1975 年）

续表 1-5

姓　名	出生日期	曾任职务及任职时间
Bill Frist	1952 年 2 月 22 日	美国参议院多数派领袖(2003—2007 年)
J. William Fulbright	1905 年 4 月 9 日	福尔布赖特奖学金倡议人
Newt Gingrich	1943 年 6 月 17 日	白宫新闻发言人(1995—1999 年)
John Glenn	1921 年 7 月 18 日	第一个环绕地球轨道飞行的美国人
Barry Goldwater	1909 年 1 月 1 日	来自亚利桑那州的美国参议院议员(1953—1965 年,1969—1987 年)
John Oliver La Gorce	1880 年	南极洲探险家,《国家地理》杂志编辑
Donald E. Graham	1945 年 4 月 22 日	《华盛顿邮报》总裁
Katharine Graham	1917 年 6 月 16 日	《华盛顿邮报》出版人(1966—1979 年)
Maurice R. Greenberg	1925 年 5 月 4 日	美国国际集团总裁(1967—2005 年)
Alan Greenspan	1926 年 3 月 6 日	美联储主席(1987—2006 年)
Joseph Grew	1880 年 5 月 27 日	美国驻日本大使(1932—1941 年)
Duke Guider	1900 年 3 月 10 日	Defense attorney for Hideki Tojo
Chuck Hagel	1946 年 10 月 4 日	来自内布拉斯加州的美国参议院议员(1997—2009 年)
Alexander Haig	1924 年 12 月 2 日	美国国务卿(1981—1982 年)
Lee H. Hamilton	1931 年 4 月 20 日	9·11 委员会副主席
Jane Harman	1945 年 6 月 28 日	来自加利福尼亚州的美国众议院女议员(1993—2011 年)
William B. Harrison, Jr.	1943 年 8 月 12 日	摩根大通公司总裁(2000—2005 年)
Nelson T. Hartson	1887 年 11 月 26 日	Solicitor of the IRS
Orrin Hatch	1934 年 3 月 22 日	来自犹他州的美国参议院议员
Howell Heflin	1921 年 6 月 19 日	来自亚拉巴马州的美国参议院议员(1979—1997 年)
John Heinz	1938 年 10 月 23 日	来自宾夕法尼亚州的美国参议院议员(1977—1991 年)
Richard Helms	1913 年 3 月 30 日	美国中央情报局局长(1966—1973 年)
A. Leon Higginbotham, Jr.	1928 年 2 月 25 日	美国第三上诉巡回法庭首席法官

续表 1-5

姓　名	出生日期	曾任职务及任职时间
Joseph H. Himes	1885 年 8 月 15 日	来自俄亥俄州的美国众议院议员（1921—1923 年）
Fritz Hollings	1922 年 1 月 1 日	来自南卡罗来纳州的美国参议院议员（1967—2005 年）
Kay Bailey Hutchison	1943 年 7 月 22 日	来自得克萨斯州的美国参议院议员
Daniel Inouye	1924 年 9 月 7 日	来自夏威夷州的美国参议院议员
Henry Scoop Jackson	1912 年 5 月 31 日	来自华盛顿的美国参议院议员（1953—1983 年）
Robert H. Jackson	1892 年 2 月 13 日	美国最高法院法官（1941—1954 年）
Eli S. Jacobs	1937 年 10 月 5 日	Former Baltimore Orioles owner
Robert L. Johnson	1946 年 4 月 8 日	BET 公司总裁
J. Bennett Johnston	1932 年 6 月 10 日	来自路易斯安那州的美国参议院议员（1972—1997 年）
David C. Jones	1921 年 7 月 9 日	美国参谋长联席会议主席（1978—1982 年）
Jesse H. Jones	1874 年 4 月 5 日	美国商务部长（1940—1945 年）
Vernon Jordan	1935 年 8 月 15 日	美国总统（克林顿）顾问
Paul X. Kelley	1928 年 11 月 11 日	第 28 任海军陆战队司令（1983—1987 年）
Jack Kemp	1935 年 7 月 13 日	美国政治家、足球运动员
Anthony Kennedy	1936 年 7 月 23 日	美国最高法院法官
John F. Kennedy	1917 年 5 月 29 日	第 35 任美国总统（1961—1963 年）
Bob Kerrey	1943 年 8 月 27 日	来自内布拉斯加州的美国参议院议员
James Kimsey	1939 年	AOL 公司创始人、总裁
Henry Kissinger	1923 年 5 月 27 日	美国国务卿（1973—1977 年）
Fred Kleisner	c. 1944	Wyndham International 公司总裁
Melvin Laird	1922 年 9 月 1 日	美国国防部长（1969—1973 年）
Paul Laxalt	1922 年 8 月 2 日	来自内华达州的美国参议院议员（1974—1987 年）
Curtis LeMay	1906 年 11 月 15 日	美国空军总司令

续表 1-5

姓　名	出生日期	曾任职务及任职时间
Drew Lewis	1931 年 11 月 3 日	美国交通部长(1981—1983 年)
Joseph Lieberman	1942 年 2 月 24 日	来自康涅狄格州的美国参议院议员
Charles P. Light,Jr.	1902 年	华盛顿著名律师、法学教授
Trent Lott	1941 年 10 月 9 日	来自密西西比州的美国参议院议员(1989—2007 年)
Ben F. Love	1924 年	得克萨斯商业银行总裁
Dick Lugar	1932 年 4 月 4 日	来自印第安纳州的美国参议院议员
Cecil B. Lyon	1903 年 11 月 8 日	美国驻智利、斯里兰卡大使
John Macomber	1928 年 1 月 13 日	JDM 投资集团
Fred Malek	1936 年 12 月 22 日	Thayer 资本伙伴公司
Donald Marron	1934 年 7 月 21 日	PaineWebber 公司总裁
George C. Marshall	1880 年 12 月 31 日	美国陆军总参谋长(1939—1945 年)
John McCain	1936 年 8 月 29 日	来自亚利桑那州的美国参议院议员
John J. McCloy	1895 年 3 月 31 日	世界银行、沃伦委员会(Warren Commission)
Mitch McConnell	1942 年 2 月 20 日	来自肯塔基州的美国参议院议员
David McCullough	1933 年 7 月 7 日	The American Experience
Ben McKelway	1895 年 10 月 2 日	《华盛顿星报》编辑
John G. Medlin,Jr.	1933 年 11 月 23 日	Wachovia 公司总裁(1977—1993 年)
Andrea Mitchell	1946 年 10 月 30 日	NBC 外交事务记者
Walter Mondale	1928 年 1 月 5 日	美国副总统(吉米·卡特总统任内)
R. Michael Mondavi	c. 1943	第二代葡萄酒商
Robert Mondavi	1913 年 6 月 12 日	葡萄酒商
Robert Mosbacher	1927 年 3 月 11 日	美国商务部长(1989—1992 年)
Daniel Patrick Moynihan	1927 年 3 月 16 日	来自纽约的美国参议院议员(1977—2001 年)
Terrence Murray	c. 1939	FleetBoston 公司总裁
Ed Muskie	1914 年 3 月 28 日	来自缅因州的美国参议院议员(1959—1980 年)

续表 1-5

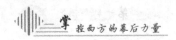

姓　名	出生日期	曾任职务及任职时间
Don Nickles	1948 年 12 月 6 日	来自俄克拉何马州的美国参议院议员(1981—2005 年)
Richard M. Nixon	1913 年 1 月 9 日	第 37 任美国总统(1969—1974 年)
Patrick Noonan	c. 1943	节约基金会(the Conservation Fund)主席
Sam Nunn	1938 年 9 月 8 日	来自佐治亚州的美国参议院议员(1972—1997 年)
John Lord O'Brian	1874 年 10 月 14 日	著名反垄断律师
John J. O'Connor Ⅲ	1930 年 1 月 10 日	Sandra Day O'Connor 的丈夫
Sandra Day O'Connor	1930 年 3 月 26 日	美国最高法院法官(1981—2006 年)
Rod Paige	1933 年 6 月 17 日	美国教育部长(2000—2004 年)
Arnold Palmer	1929 年 9 月 10 日	第 61 届职业高尔夫球协会锦标赛冠军(61 PGA tournaments)
Richard Parsons	1948 年 4 月 4 日	时代华纳公司(Time Warner)总裁(2002—2007 年)
Landon Parvin	1948 年 7 月 3 日	美国政要演讲稿撰写人(曾为里根、老布什、小布什、施瓦辛格撰写讲稿)
H. Ross Perot	1930 年 6 月 27 日	总统候选人
John J. Pershing	1860 年 9 月 13 日	美国陆军特级上将
Wilton B. Persons	1896 年 1 月 19 日	(艾森豪威尔总统任内)首席幕僚长官
Colin Powell	1937 年 4 月 5 日	美国国务卿(2001—2005 年)
Lewis F. Powell, Jr.	1907 年 9 月 19 日	美国最高法院法官(1972—1987 年)
Heinz C. Prechter	1942 年 1 月 19 日	The sunroof king
David Pryor	1934 年 8 月 29 日	来自阿肯色州的美国参议院议员(1979—1997 年)
Dan Quayle	1947 年 2 月 4 日	(老布什任内)美国副总统
Franklin Raines	1949 年 1 月 14 日	房利美公司(Fannie Mae)总裁(1999—2004 年)
J. Donald Rauth	1918 年	Martin Marietta 公司总裁(1973—1983 年)
Sam Rayburn	1882 年 1 月 6 日	美国白宫新闻发言人(1940—1961 年)

续表 1-5

姓　名	出生日期	曾任职务及任职时间
Ronald Reagan	1911 年 2 月 6 日	第 40 任美国总统(1981—1989 年)
Joseph Verner Reed	1937 年 12 月 17 日	美国驻摩洛哥大使(1981—1985 年)
Stanley Reed	1884 年 12 月 31 日	美国最高法院法官(1938—1957 年)
Donald Regan	1918 年 12 月 21 日	美国财政部长(1981—1985 年)
William Rehnquist	1924 年 10 月 1 日	美国首席法官(1986—2005 年)
Condoleezza Rice	1954 年 11 月 14 日	美国国务卿(2005—2009 年)
Elliot Richardson	1920 年 7 月 20 日	Refused to fire Watergate Special Prosecutor
James O. Richardson	1878 年 9 月 18 日	美国海军上将
Chuck Robb	1939 年 6 月 26 日	来自弗吉尼亚州的美国参议院议员(1989—2001 年)
Joe Robert	c. 1952	J. E. Robert 公司总裁
John G. Roberts, Jr.	1955 年 1 月 27 日	美国首席法官
Pat Roberts	1936 年 4 月 20 日	来自堪萨斯州的美国参议院议员
David Rockefeller	1915 年 6 月 12 日	三边委员会(the Trilateral Commission)创始人
Jay Rockefeller	1937 年 6 月 18 日	来自西弗吉尼亚州的美国参议院议员
Nelson Rockefeller	1908 年 7 月 8 日	(福特总统任内)美国副总统
Charles G. Ross	1885 年 11 月 9 日	(杜鲁门总统任内)白宫新闻秘书
Dan Rostenkowski	1928 年 1 月 2 日	来自伊利诺伊州的美国众议院议员(1959—1995 年)
Donald Rumsfeld	1932 年 7 月 9 日	美国国防部长(1975—1977 年,2001—2006 年)
Frederick Ryan, Jr.	1955 年 4 月 12 日	Allbritton Communications 公司总裁
Leverett Saltonstall	1892 年 9 月 1 日	来自马萨诸塞州的美国参议院议员(1945—1967 年)
Everett Sanders	1882 年 3 月 8 日	来自印第安纳州的美国众议院议员(1917—1925 年)
Roger W. Sant	c. 1930	亿万富豪,美国 AES 电力公司

续表 1-5

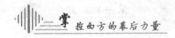

姓　名	出生日期	曾任职务及任职时间
Jim Sasser	1936 年 9 月 30 日	来自田纳西州的美国参议院议员 (1977—1995 年)
James R. Schlesinger	1929 年 2 月 15 日	曾在尼克松、福特、卡特 3 位美国总统的政府任职
William Schreyer	1928 年 1 月 13 日	美林(Merrill Lynch)公司总裁 (1984—1992 年)
William Sessions	1930 年 5 月 27 日	美国联邦调查局局长(1987—1993 年)
Donna Shalala	1941 年 2 月 14 日	美国卫生与公共服务部长 (1993—2001 年)
George Shultz	1920 年 12 月 13 日	美国国务卿(1982—1989 年)
Alan Simpson	1931 年 9 月 2 日	来自怀俄明州的美国参议院议员 (1979—1997 年)
Samuel K. Skinner	1938 年 6 月 10 日	(老布什总统任内)首席幕僚长官
George Smathers	1913 年 11 月 14 日	来自佛罗里达州的美国参议院议员 (1951—1969 年)
Roger Smith	1925 年 7 月 12 日	通用公司总裁(1980—1990 年)
Bertrand H. Snell	1870 年 12 月 9 日	来自纽约的美国参议院议员 (1915—1939 年)
A. Owsley Stanley	1867 年 5 月 21 日	来自肯塔基州的美国参议院议员 (1919—1925 年)
Harold Stassen	1907 年 4 月 13 日	总统候选人
Adolphus Staton	1879 年 8 月 28 日	美国海军上将
Ted Stevens	1923 年 11 月 18 日	来自阿拉斯加州的美国参议院议员 (1968—2009 年)
Potter Stewart	1915 年 1 月 23 日	美国最高法院法官(1958—1981 年)
Robert S. Strauss	1918 年 10 月 19 日	美国驻俄罗斯大使(1991—1992 年)
James Symington	1927 年 9 月 28 日	来自密苏里州的美国众议院议员 (1969—1977 年)

续表 1-5

姓 名	出生日期	曾任职务及任职时间
Robert A. Taft	1889 年 9 月 8 日	来自俄亥俄州的美国参议院议员（1939—1953 年）
Harry S. Truman	1884 年 5 月 8 日	第 33 任美国总统（1945—1953 年）
Millard E. Tydings	1890 年 4 月 6 日	来自马里兰州的美国参议院议员（1927—1951 年）
Jack Valenti	1921 年 9 月 5 日	总统顾问，MPAA 负责人
Cyrus Vance	1917 年 3 月 27 日	美国国务卿（1977—1980 年）
Alexander A. Vandegrift	1887 年 3 月 13 日	第 18 任海军陆战队司令（1944—1948 年）
Arthur Vandenberg	1884 年 3 月 22 日	来自密歇根州的美国参议院议员（1928—1951 年）
John Vessey	1922 年 6 月 29 日	美国参谋长联席会议主席（1982—1985 年）
Fred Vinson	1890 年 1 月 22 日	美国首席法官（1946—1953 年）
James W. Wadsworth, Jr.	1877 年 8 月 12 日	来自纽约的美国参议院议员（1915—1927 年）
John Warner	1927 年 2 月 18 日	来自弗吉尼亚州的美国参议院议员（1979—2009 年）
Mark Warner	1954 年 12 月 15 日	来自弗吉尼亚州的美国参议院议员
Earl Warren	1891 年 3 月 19 日	美国首席法官（1953—1969 年）
James Watkins	1927 年 3 月 7 日	美国能源部长（1989—1993 年）
James E. Watson	1864 年 11 月 2 日	来自印第安纳州的美国参议院议员（1916—1933 年）
William Webster	1924 年 3 月 6 日	美国联邦调查局局长（1978—1987 年），美国中央情报局局长（1987—1991 年）
Jack Welch	1935 年 11 月 19 日	通用公司总裁（1981—2001 年）
Togo West	1942 年 6 月 21 日	美国陆军部长（负责退伍军人事务）
William Westmoreland	1914 年 3 月 26 日	越南战争美军陆军司令
George White	1872 年 8 月 21 日	美国俄亥俄州州长（1931—1935 年）

续表 1-5

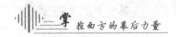

姓　名	出生日期	曾任职务及任职时间
Wallace H. White,Jr.	1877 年 8 月 6 日	来自缅因州的美国参议院议员（1931—1949 年）
Christine Todd Whitman	1946 年 9 月 26 日	GWB's first head of EPA
John A. Wickham,Jr.	1928 年 6 月 25 日	美国陆军参谋长（1983—1987 年）
Anthony A. Williams	1951 年 7 月 28 日	华盛顿特区市长（1999—2007 年）
James Wolfensohn	1933 年 12 月 1 日	世界银行主席（1995—2005 年）
Andrew Young	1932 年 3 月 12 日	亚特兰大市市长（1982—1990 年）

由上面的紫苜蓿俱乐部 1913 年成立以来部分会员名单可看出，该俱乐部会员级别之高。这里有美国的总统、副总统、国务卿、国防部长、财政部长、陆军总参谋长、海军部长、空军总司令、参谋长联席会议主席、海军陆战队司令、中央情报局长、联邦调查局长、劳工部长、交通部长、商务部长、教育部长、能源部长、美国驻外大使、白宫首席幕僚长官、州长、纽约市长、华盛顿市长、国会参众两院的议员、白宫新闻发言人、总统顾问、最高法院法官等美国政界、军界、司法界最高层。除了 8 位美国总统外，紫苜蓿俱乐部的会员中还有至少 7 位美国副总统、12 位国务卿。

由于资料有限，该名单仅列出通用公司、摩根大通（JP Morgan）、霍尼韦尔、美国国际集团、时代华纳、美国在线等少量美国著名商界领袖，实际参加该俱乐部的美国商界领袖应该更多。除此之外，还有少量的社会名流，如首位登上月球的美国宇航员、美国著名律师等。

与骷髅会的联系

近几年，国内陆续出版了一些介绍国外秘密精英组织的书，如，美国的骷髅会，全球性的有彼尔德伯格俱乐部、共济会等。

有趣的是，与紫苜蓿俱乐部相似，骷髅会也曾培育出 3 位美国总统，即威廉·霍华德·塔夫脱（William Howard Taft）、老布什、小布什。

表 1-6 骷髅会培育出的 3 位美国总统

姓　名	照　片	出任美国总统时间
威廉·霍华德·塔夫脱 (William Howard Taft) (1857 年 9 月 15 日—1930 年 3 月 8 日)		1909 年 3 月 4 日—1913 年 3 月 4 日
乔治·赫伯特·沃克·布什 (George Herbert Walker Bush) (1924 年 6 月 12 日出生)		1989 年 1 月 20 日—1993 年 1 月 20 日
乔治·沃克·布什 (George Walker Bush) (1946 年 7 月 6 日出生)		2001 年 1 月 20 日—2009 年 1 月 20 日

由此可以发现，老布什与小布什这两位美国前总统既是骷髅会的成员，又是紫苜蓿俱乐部的成员，其中小布什还曾担任紫苜蓿俱乐部的主席。

与共济会的联系

有西方的网友在互联网上称，紫苜蓿俱乐部(Alfalfa Club)"Alfalfa"中的"L"代表共济会(Freemasonry)中"masonry"的直角"square"，而"A"则代表圆规(compass)。

其中，不少紫苜蓿俱乐部会员也是共济会成员，如美国前总统福特、杜鲁门等。

表 1-7　同时加入紫苜蓿俱乐部、共济会两个秘密组织的部分人员名单

姓　名	职　务
Gerald Ford	美国前总统
Harry S. Truman	美国前总统
Neil Armstrong	首位登上月球的宇航员
Arnold Palmer	第 61 届职业高尔夫球协会锦标赛冠军
John Glenn	首位环绕地球轨道飞行的美国宇航员
Barry Goldwater	美国参议院议员
Trent Lott	美国参议院议员
Sam Nunn	美国参议院议员(1972—1997 年)
Saltonstall Leverett	美国参议院议员(1945—1967 年)
Lloyd Bentsen	美国财政部长、美国参议院议员
Andrew Young	亚特兰大市长(1982—1990 年)

与彼尔德伯格俱乐部的联系

表 1-8　同时加入紫苜蓿俱乐部、彼尔德伯格俱乐部的部分成员名单

姓　名	参加彼尔德伯格俱乐部会议情况
福特(Gerald Ford)	美国总统(1974—1977 年),曾于 1964 年、1966 年两次参加彼尔德伯格俱乐部年会
赛姆·楠(Sam Nunn)	美国参议院议员(1972—1997 年),曾于 1996 年、1997 年两次参加彼尔德伯格俱乐部年会
恰克·黑格尔(Chuck Hagel)	美国参议院议员(1997—2009 年),曾于 1999 年、2000 年两次参加彼尔德伯格俱乐部年会
亨利·基辛格(Henry Kissinger)	美国国务卿,曾于 1957 年、1964 年、1966 年、1971 年、1973 年、1974 年、1977 年、2008 年、2009 年、2010 年、2011 年、2012 年共 12 次参加彼尔德伯格俱乐部年会
柯林·鲍威尔(Colin Powell)	美国国务卿(2001—2005 年),曾于 1997 年参加彼尔德伯格俱乐部年会

续表 1-8

姓 名	参加彼尔德伯格俱乐部会议情况
赖斯(Condoleeaaz Rice)	美国国务卿(2005—2009 年),曾于 2008 年参加彼尔德伯格俱乐部年会
李·H·汉密尔顿 (Lee H. Hamilton)	9·11 委员会副主席,曾于 1997 年参加彼尔德伯格俱乐部年会

四大秘密社团组织比较

紫苜蓿俱乐部、骷髅会、彼尔德伯格俱乐部、共济会这四大秘密社团组织之间是什么关系呢?

显然,紫苜蓿俱乐部、骷髅会是美国国内的政治、商业精英组织,都培育有美国的总统。而彼尔德伯格俱乐部、共济会是全球性的组织,其中彼尔德伯格俱乐部为全球政治、金融、商业组织,而共济会则带有一定宗教组织的色彩,但实为更庞大的政治组织。

表 1-9 紫苜蓿俱乐部、骷髅会、彼尔德伯格俱乐部、共济会四大秘密社团组织比较

秘密社团组织名称	特 点
紫苜蓿俱乐部 (The Alfalfa Club)	成立于 1913 年 1 月,是美国国内顶级政治秘密社团组织。曾有 3 位紫苜蓿俱乐部主席在几年后出任美国总统,还有 5 位该俱乐部会员出任美国总统,另有 7 位美国副总统、12 位美国国务卿来自该俱乐部。该俱乐部会员还包括美国的国防部长、财政部长、美联储主席、最高法院首席法官等。每年 1 月最后一个周六,在华盛顿进行一次年度晚宴,参加人数在 600 人左右。无网站。
骷髅会 (Skull and Bones)	成立于 1832 年,美国国内精英社团组织,由耶鲁大学毕业生威廉·拉塞尔创立。为耶鲁大学的秘密学生社团,每年吸收 15 名学生加入该组织。布什家族、洛克菲勒家族等显赫世家为该组织成员。曾经有 3 名骷髅会成员当上了美国总统,分别为威廉·塔夫脱、老布什和小布什。与美国中央情报局有密切联系,中央情报局不少骨干来自骷髅会。

续表 1-9

秘密社团组织名称	特　点
彼尔德伯格俱乐部 (Bilderberg Club)	成立于1954年5月29日，为全球政治、外交、金融高层秘密社团组织。每年邀请120—140位世界各国政治、金融、商业精英参加内部会议。会议内容、每年参会人员公开，但具体每个人谈论内容保密。与正式的国际会议相比，其内部讲话不受约束，可充分发表意见甚至争论，但对外保密。有网站。
共济会 (Freemasonry)	成立于16世纪晚期、17世纪早期，是带宗教色彩的兄弟会组织，为世界上最大的秘密组织。全球约有600万会员。美国历届总统至少有15位是共济会成员。

02/培育出10多位西方政要的超级资本大亨

世界上有一个资本大亨，其国际战略眼光实在是厉害，其赢利目标不仅仅在当下，更在未来；其触角和目标不仅仅在一个国家之内，其触角伸向世界各地。

为此，这个资本大亨，不惜花费大量精力培养具有国际财经影响力的政界、商界精英。在其精心培养下，从该公司陆续走出了亨利·H·福勒(Henry H. Fowler)、罗伯特·鲁宾(Robert Rubin)、亨利·保尔森(Henry Paulson)3位美国财政部长，罗马诺·普罗迪(Romano Prodi)、马里奥·蒙蒂(Mario Monti)2位意大利总理，还有希腊总理卢卡斯·帕潘德里欧(Lucas Papademos)、加拿大中央银行行长马克·卡尼(Mark Carney)、世界银行行长罗伯特·佐利克(Robert Zoellick)、美国白宫首席幕僚长官乔舒亚·博尔滕(Joshua Bolten)、美国新泽西州州长乔恩·科尔津(Jon Corzine)、美国副国务卿睿本·杰弗瑞(Reuben Jeffery Ⅲ)、纽约联邦储备银行董事会主席威廉·C·杜德利(William C. Dudley)、尼日利亚联邦贸易和投资部长欧卢瑟甘·阿干伽(Olusegun Olutoyin Aganga)等一大批政界要人。

这个超级资本大亨虽历经百年不遇的全球金融危机而仍屹立不倒，能免于像雷曼兄弟公司倒闭那样的命运，这或许与其独特的运作方式——"要想投资赚大钱、先要培养政要人脉资源”有关。

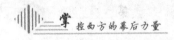

这个超级资本大亨就是美国著名投资银行高盛公司。

表 1-10　超级资本大亨高盛公司所培育出的西方政要和商界精英

排序	人物	任职
1	 亨利·保尔森 (Henry Paulson)	2006 年 7 月 10 日—2009 年 1 月 20 日任美国财政部长。 1999—2006 年任高盛总裁。
2	 罗伯特·鲁宾 (Robert Rubin)	1995 年 1 月 11 日—1999 年 7 月 2 日任美国第 70 任财政部长。 1990—1992 年任高盛董事会联席主席。 2007 年 11 月 4 日—2007 年 12 月 11 日任花旗银行集团第 12 任董事会主席。
3	 卢卡斯·帕潘德里欧 (Lucas Papademos)	2011 年 11 月 11 日—2012 年 5 月 16 日任希腊总理。 2002 年 5 月 31 日—2010 年 5 月 31 日任欧洲中央银行董事会副主席。 1994 年 10 月 26 日—2002 年 5 月 31 日任希腊中央银行行长。
4	 安东尼奥·鲍格斯 (António Borges)	2000 年—2008 年任高盛董事会副主席兼高盛伦敦公司总裁，2011 年开始负责葡萄牙企业私有化。 2011 年任国际货币基金组织(IMF)欧洲部负责人。
5	 马里奥·德拉吉 (Mario Draghi)	2011 年 11 月 1 日起任欧洲中央银行行长。 2006 年 1 月 16 日—2011 年 10 月 31 日任意大利中央银行行长。

续表 1-10

排序	人物	任职
6	 马里奥·蒙蒂 (Mario Monti)	2011年11月16日任意大利总理。 2011年11月16日—2012年7月11日兼任意大利经济与财政部长。
7	 乔舒亚·博尔滕 (Joshua Bolten)	2006年4月14日—2009年1月20日任美国白宫首席幕僚长官。 2003年6月—2006年4月任美国白宫预算管理办公室主任。
8	 罗马诺·普罗迪 (Romano Prodi)	2006年5月17日—2008年5月8日任意大利总理。 1999年9月16日—2004年10月30日任欧盟委员会主席。
9	 欧卢瑟甘·阿干伽 (Olusegun Olutoyin Aganga)	2011年7月11日任尼日利亚联邦贸易和投资部长。 2010年4月6日—2011年6月任尼日利亚联邦财政部长。 曾任高盛伦敦公司国际部对冲基金部门负责人。
10	 马克·卡尼 (Mark Carney)	2008年2月1日起任加拿大中央银行行长。 2011年11月4日任金融稳定理事会主席。 将于2013年7月1日出任英国英格兰银行行长。 2004年11月—2007年10月任加拿大财政部联席副部长。 曾在高盛集团伦敦、东京、纽约、多伦多等分部任职长达13年。

续表 1-10

排　序	人　物	任　职
11	 迈克尔·科尔斯 (Michael Cohrs)	英格兰银行金融政策委员会成员、德意志银行集团执行委员会成员。1981 年在高盛集团纽约分部任职，1989 年在高盛集团伦敦分部任职。1991—1995 年在伦敦 S. G. Warburg & Co 投资银行任总裁，该投资银行在伦敦证券交易所上市，曾一度为英国《金融时报》FT-SE100 指数成分股，后为瑞士银行集团所替代，现有雇员 6 000 人。
12	 乔恩·科尔津 (Jon Corzine)	2006 年 1 月 17 日—2010 年 1 月 19 日任美国新泽西州州长。 2010—2011 年任 MF Global 公司首席执行官。该公司从事金融衍生品经纪人服务，雇员有 3 271 人，2010 年总资产为 424.6 亿美元。 1994—1999 年任高盛集团首席执行官。 2001—2006 年为美国参议院代表新泽西州的议员。
13	 威廉·C·杜德利 (William C. Dudley)	2009 年 1 月 27 日起任纽约联邦储备银行董事会主席。美联储公开市场委员会副主席。2010 年其薪酬高达 41 万美元，被称为美联储 12 位高管中薪酬最高的两位之一。 1986—2007 年在高盛集团任首席经济学家。受纽约联邦储备银行董事会前任主席、现任美国财政部长盖特纳邀请，到纽约联邦储备银行执掌该行政府债券交易部。
14	 迈克尔·D·范希特利 (Michael D. Fascitelli)	Vornado Realty Trust 董事会主席，该公司位于纽约，从事房地产信托业务，2011 年该公司收益为 29.15 亿美元，雇员有 4 020 人。 1985 年加入高盛公司房地产部，1992 年为该公司合伙人之一。1996 年 Vornado 公司董事会主席斯蒂芬·洛斯(Steven Roth)邀请范希特利加入该公司，并许以 5 000万美元高薪。 2007 年被哈佛大学商学院评为当年的年度人物。2006 年鉴于对未来经济预期的担忧，抛售其 1/3 的股票，共计 130 万股，换回 1.57 亿美元资金。 2010 年被 MSNBC 评选的薪酬最高首席执行官中排名第 8，2010 年收入达 6 440 万美元。其妻伊丽莎白(Elizabeth)为高盛公司合伙人之一。

续表 1-10

排 序	人 物	任 职
15	 亨利·H·福勒 (Henry H. Fowler)	1965 年 4 月 1 日—1968 年 12 月 20 日任美国财政部长。 在其任美国财政部长期间，曾花费大量时间进行税制改革，包括 115 亿美元的减税计划。其从财政部离职后，加入位于纽约的高盛公司，成为合伙人之一。
16	 葛涵明 (Guy Hands)	Terra Firma Capital Partners 公司创始人、董事会主席，该公司为欧洲最大的私募基金公司之一，公司总部位于伦敦，总资产为 47 亿英镑，在法兰克福、英属根西岛、北京等地有分部。 1994 年组建 Nomura Principal 金融集团，在欧洲从事投资业务，曾成功完成总额超过 200 亿美元的杠杆收购案。 2000 年有报道，其从银行获利超过 19 亿美元，成为伦敦金融界一颗明星。 2007 年 8 月，其公司出资 64 亿美元收购英国著名音乐公司百代公司(EMI)，成为金融危机前欧洲最大的并购案之一。葛涵明出任百代公司董事会主席。
17	 睿本·杰弗瑞 (Reuben Jeffery Ⅲ)	2010 年 7 月 27 日，被聘为 Rockefeller & Co 公司首席执行官，该公司位于纽约市，管理资产 270 亿美元。 2007 年 6 月被美国总统小布什任命为美国国务院主管经济、商业和农业事务的副国务卿。2005 年被任命为远期商品交易委员会主席。2003—2005 年为美国国家安全委员会成员之一。1997 年为高盛公司巴黎分部合伙人之一。1992 年为高盛公司伦敦分部负责欧洲金融机构的合伙人之一。
18	 纽尔·卡史卡瑞 (Neel Kashkari)	2008—2009 年任美国财政部金融稳定部长助理。其金融稳定办公室负责美国政府的问题资产处理项目，基金规模为 7 000 亿美元。2006 年 7 月加入美国财政部，任时任财长保尔森的高级顾问。进入美国财政部之前，为高盛公司旧金山分部董事会副主席。

续表 1-10

排序	人物	任职
19	 爱德华·兰伯特 (Edward Lampert)	Sears Holdings Corporation 公司创始人、董事会主席，ESL Investments 公司首席执行官。2007 年前兼任 AutoNation 公司总裁。 Sears Holdings Corporation 公司为零售业集团，为美国第十大零售商，拥有 4 000 家零售店，2010 年收益为 433.26 亿美元，雇员有 28 万人。ESL Investments 公司为一家私人拥有的对冲基金公司，2004 年资产超过 90 亿美元，当年赢利 10.2 亿美元，成为当时华尔街第一个年收入超过 10 亿美元的基金经理，被称为“第一对冲基金经理人”。2006 年其身价高达 38 亿美元，当年收入预期在 10 亿—15 亿美元。 兰伯特的投资模式与巴菲特的风格相似，被称为“下一个巴菲特”，其身价为 20 亿美元。其投资技巧为投资廉价股票，方法与巴菲特一样，即大量阅读上市公司的股东信件，分析上市公司股票行情。 AutoNation 公司为美国最大的汽车零售商，在全美国有 215 个汽车零售商，雇员有 20 000 人，2011 年该公司成为第一家年销量达 800 万辆的汽车零售商，当年收益为 138 亿美元。2011 年财富 500 强排行榜，该公司位列第 197 名。1984 年加入高盛公司，1985—1988 年到高盛公司风险套利部，直接在鲁宾(后来的美国财政部长)手下工作。2003 年曾遭绑架，两天后被绑架者放掉。2012 年拥有财富 31 亿美元，在福布斯财富排行榜名列第 367 位。
20	 斯科特·迈德 (Scott Mead)	1986—1988 年，在高盛公司纽约分部工作。1988—2003 年在高盛公司伦敦分部任职，主要负责全球的通信、媒体业务及欧洲银行业务。 1999 年开始策划全球通讯业巨头沃达丰(Vodafone)恶意收购其竞争对手 Mannesman AG 公司，投资额为 1 800亿美元，成为历史上最大一笔并购案。
21	 R·斯科特·莫瑞斯 (R. Scott Morris)	2006—2008 年任波士顿期权交易所总裁。Morris Consulting 公司、LLC 公司董事会主席。曾任 Hull Trading公司合伙人。

续表 1-10

排　序	人　物	任　职
22	 罗伯特·K·斯蒂尔 (Robert K. Steel)	2010 年 7 月由纽约市市长麦克尔·布隆伯格(Michael Bloomberg)提名,任纽约市负责经济发展的副市长。2006 年 10 月 10 日—2008 年 7 月 9 日任美国财政部国内金融司副司长,负责处理国内两大房地产商房利美(Fannie Mae,又名"联邦国民抵押贷款协会",the Federal National Mortgage Association)、房地美改革事宜。 1976—2004 年在高盛公司工作,1976 年在芝加哥分部工作,1987 年到伦敦分部工作,创办了欧洲股票资本市场集团。1988 年为高盛公司合伙人之一,1994 年回到纽约,1996—2002 年为高盛公司股票部负责人之一,2002 年任高盛公司董事会副主席。 2005—2006 年在巴克莱银行董事会任职,负责调和该行商业部和投资银行部的纷争,当时这两个部门都在争夺收购南非一家银行的业务。时任美国财政部长的保尔森后来曾称赞其"非常善于化解矛盾冲突"。 2008 年 7 月 9 日任美国第四大金融控股公司 Wachovia 公司总裁,该公司于当年被美国富国银行收购。
23	 约翰·赛恩 (John Thain)	CIT Group 总裁兼董事会主席,该公司为美国一家银行控股公司,2010 年资产总额达 510 亿美元,为财富 500 强公司之一,为标准普尔 500 指数成分股公司,2009 年 7 月 24 日为 Red Hat 公司所替代。 曾任美林银行(Merrill Lynch)最后一任总裁兼董事会主席,该银行曾有超过 1.5 万名的财务顾问,客户资产达 2.2 万亿美元,为世界上最大的经纪公司,2008 年 9 月 14 日被美洲银行(Bank of America)所并购。在其操作下,将美林银行以每股 29 美元,超出市场价 70%的价格卖给美洲银行,该交易佣金高达 500 亿美元。 1985—1990 年任高盛公司房地产抵押贷款部负责人,1999—2004 年任高盛公司董事会主席兼联席执行总裁。 2004 年 1 月—2007 年 12 月任纽约股票交易所总裁,2004 年其年薪为 400 万美元。在 2007 年金融危机时,曾一度成为花旗集团高管热门人选。 在美林银行任职时,其签约奖金为每年 1 500 万美元,该银行称,赛恩每年将收到至少 5 000 万美元薪酬,最高年薪为 1.2 亿美元,薪酬高低要看其股票价格。美国联合通讯社称其 2007 年年薪为 8 310 万美元,为标普 500 指数公司总裁中最高者之一。2007 年其实际年收入为 8 378.502 1 万美元,其中基本工资为 75 万美元,现金奖金为 1 500 万美元,股票奖励为 3 301.315 1 万美元,期权补助为 3 501.742 1 万美元。

续表 1-10

排 序	人 物	任 职
24	 马蔻穆·特恩布尔 (Malcolm Turnbull)	2008 年 9 月 16 日—2009 年 12 月 1 日任澳大利亚反对党领袖。2007 年 1 月 23 日—2007 年 12 月 3 日任澳大利亚环境与水资源部长。2007 年 12 月 3 日—2008 年 9 月 16 日任澳大利亚影阁财政部长。 1990—1997 年任高盛公司部门经理，后成为其合伙人之一，1997—2001 年为高盛公司澳大利亚分部负责人。2005 年其个人财产为 1.33 亿美元，为澳大利亚最富的议员。2009 年为澳大利亚财富榜前 200 名，位列第 182 名。
25	 罗伯特·佐利克 (Robert Zoellick)	2007 年 7 月 1 日—2012 年 6 月 30 日任世界银行行长。2005 年 2 月 22 日—2006 年 7 月 7 日任美国副国务卿。2001 年 1 月 20 日—2005 年 2 月 22 日任美国贸易代表。1993—1997 年任美国房利美公司执行副主席。1991 年 5 月 20 日—1992 年 8 月 23 日任美国经济与农业事务部副部长。1992 年 8 月任美国总统助理兼白官副首席幕僚长。1985—1988 年在美国财政部任职。

03/2 500万平方英尺伦敦房产与35.6万英亩土地的主人

我歌唱

雅典人的美丽

当那里不再有奴隶

我歌唱这样一个世界，当它不再有

什么国王、女王

还有那些遗老遗少们

以往那些所谓的贵族

我歌唱这样的地球，

当它不再有异常富裕的北半球

或者过于贫瘠的南半球

不再有隐蔽的窗帘

或铁墙

我歌唱它们都将终结

那些战争贩子和军火商们

还有那些被仇恨和恐惧囚禁起来的人们

我歌唱沙漠成了树的海洋
棵棵结果
在一场疾雨过后

我歌唱太阳驱散无知
星星照亮深不可测的夜

我歌唱这个再造的世界

这首名为《我歌唱改变》的诗是由尼意·奥散黛尔(Niyi Osundare)作于1947年。2011年的一天,笔者在伦敦沃伦街地铁站(Warren Street Station)里,看到一些新到的小宣传册,本以为又是提醒哪些地段的地铁站由于施工或罢工,可能在某段时间临时关闭。可是拿来打开一看,竟然是几首诗。地铁公司和诗歌有什么关系呢?原来伦敦地铁公司自1986年以来一直在开展“诗歌进地铁”活动,这本印刷的小册子,就是为纪念开展这项活动25周年印制的。自1986年以来,已有超过300首诗歌进入伦敦地铁站。在这个宣传册封面上,一个头裹长巾的女孩正趴在一张小桌上写着什么。宣传册背面一句宣传口号用黑体字标明,很是显眼——“每个家庭、每个学校的必需品”。

THE CROWN ESTATE

图1-17 皇室地产(Crown Estate)标志

这本小册子里就有《我歌唱改变》这首诗。诗中,作者表达了对没有皇权、没有贫富差距、没有战争机器、没有环境破坏的一个理想世界的向往。这首诗出现在英国这样一个皇室仍然存在的国家,的确有点意思。

诗人可以歌唱美好的理想世界,而现实是当今世界还有一些国家的皇室仍然存在,其中就有英国。皇室的存在需要一定财力支持。在英国,皇室地产至今仍是英国皇室重要的财力来源。伦敦有一条著名的商业街——摄政街(Regent Street),这条街上店铺林立,苹果公司在欧洲最大的专卖店就在这条街上。就在这条街距离英国广播电视公司(BBC)原总部西北方向一两百米处的新伯灵屯广场(New Burlington Place)16 号就是英国皇室地产总部所在地。

图 1-18 皇室地产董事会主席兼第一委员司徒阿特·汉普森爵士(Sir Stuart Hampson)、皇室地产首席执行官、大英帝国司令勋章(CBE)获得者艾利森·妮姆(Alison Nimmo)与英国女王在一起①

皇室地产是历史上英国安妮女王遗赠用于慈善的地产,后来随着一些慈善组织和贵族不断捐赠给该组织,其地产规模越来越大。如今,虽然名为皇室地产,其收益权已移交给政府,每年其收益情况要向英国议会报告,盈余则要上缴英国财政部。皇室地产项目包括城市、农村及英国周围海域 12 海里(注:1 海里=1 852 米)范围内的一切资源,如渔业、石油、矿产和风力、潮汐等自然能源。

在伦敦市区,皇室地产拥有 14 处、超过 2 500 万(25 196 029)平方英尺(注:1 平方英尺≈0.09 平方米)的写字楼和店铺,占其总地产资产的一半以上。这 14 处位于伦敦市区中心的房产,价值最为昂贵,平均每处面积约为 180 万(1 799 716)平方英尺。其中面积最小的有约 3 万(29 604)平方英尺,面积最大的则超过 307 万(3 071 424)平方英尺。而这最大一处恰好就在摄政街,这里是伦敦最繁华的几条商业街之一,与著名的牛津街相连。

租赁皇室地产房产的有英国几个中央政府部门及部长级官员的宅第。

① 资料来源:2012 年皇室地产报告。

在这些房地产中，肯辛顿宫花园(Kensington Palace Gardens)和摄政街最为昂贵，即便是超过20万英亩(注：1英亩≈4 047平方米)的农田和森林，其价值也不及这两处房产价值的1/3。

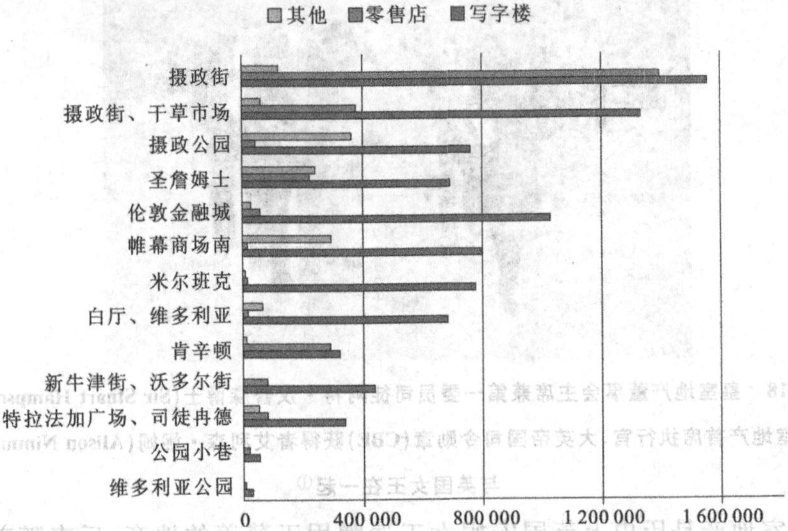

图1-19 皇室地产在伦敦市区不同地段拥有各类房地产项目面积①(平方英尺)

表1-11 皇室地产在伦敦市区拥有各类房地产面积②(平方英尺)

房地产位置	写字楼	零售店	其他	总计
伦敦金融城	1 030 094	58 687	25 245	1 114 026
福海姆	—	—	—	—
肯辛顿	323 588	291 644	11 165	616 397
摄政街、干草市场	1 333 037	375 475	56 942	1 765 454
米尔班克	776 809	11 825	3 600	792 234
新牛津街、沃多尔街	439 202	79 005	—	518 207

① 资料来源：2012年皇室地产报告。

② 资料来源：1997年皇室地产委员会委员报告(The Crown Estate: Commissioners' Report, 1997)。

续表 1-11

房地产位置	写字楼	零售店	其他	总计
公园小巷	53 949	17 279	—	71 228
摄政公园	760 239	39 483	361 525	1 161 247
摄政街	1 556 998	1 397 264	117 162	3 071 424
帷幕商场南	794 212	10 452	293 426	1 098 090
圣詹姆士	695 936	222 602	240 094	1 158 632
特拉法加广场、司徒冉德	338 587	77 412	49 758	465 757
维多利亚公园	27 668	1 936	—	29 604
白厅、维多利亚	682 381	11 540	64 808	758 729
总计	8 812 700	15 169 604	1 213 725	25 196 029

最近，在摄政街南端与皮卡迪利街(Piccadilly Cirus)交叉的地方，皇室地产投资3亿英镑，且比工期提前4个月建成了名为Quadrant 3的综合性商业区，该商业区的建成已吸引不少公司、店铺入驻，其中包括美国前副总统戈尔(Al Gore)与人合作成立的一家公司。而这只是皇室地产为期20年、投资10亿英镑改造商业区计划的一部分。目前，该计划已完成一半，未来10年还将再投资5亿英镑，改善商业区环境。

图 1-20 2011年皇室地产投资3亿英镑新建综合性商业区 Quadrant 3

此外，皇室地产在伦敦之外的城市还拥有23处、共计约310万(3 110 994)平方英尺的房地产，平均每处房地产面积为13.5万平方英尺。其中，规模最小的有14 760平方英尺，规模最大的达385 766平方英尺，后者为前者的26倍。

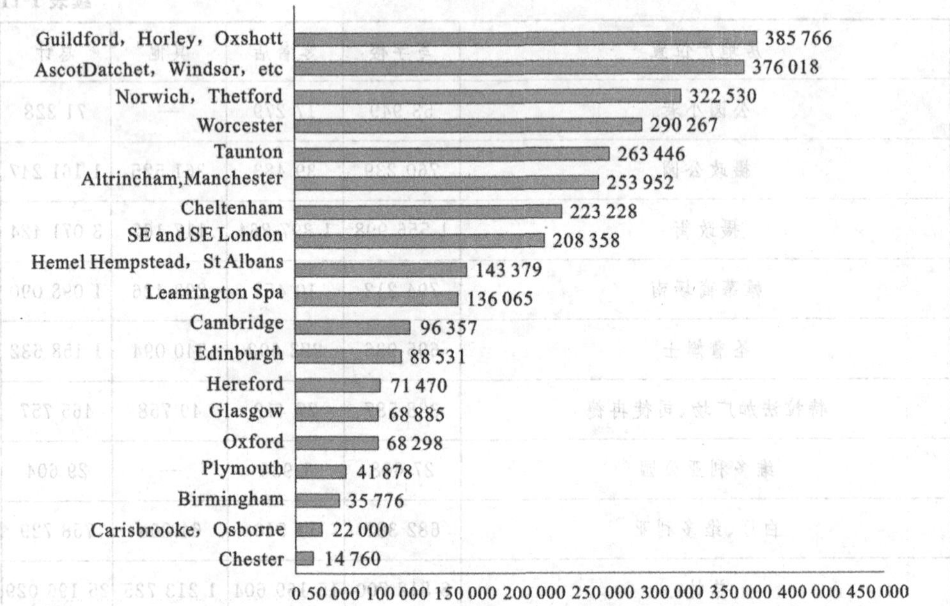

图 1-21　皇室地产在伦敦以外城市拥有写字楼和店铺面积①

表 1-12　皇室地产在伦敦之外其他城市拥有房地产情况②(平方英尺)

郡	市	项目	面积
Berkshire	Ascot,Datchet,Windsor,etc	各类	376 018
Cambridgeshire	Cambridge	商业公园	96 357
Cheshire	Chester	Chester 城堡	14 760
Devon	Plymouth	Marine Biol	41 878
Essex	Tibury to Gravesend	Ferru Rights Only	—
Gloucestershire	Cheltenham	零售公园	223 228
Greater Manchester	Altrincham,Manchester	零售公园写字楼	253 952
Hampshire	Portsmouth,Gosport	超市	—
Herefordshire	Hereford	超市、写字楼	71 470
Herefordshire	Hemel Hempstead,St Albans	商业公园	143 379

① 资料来源：1997 年皇室地产委员会委员报告。

② 资料来源：1997 年皇室地产委员会委员报告。

续表 1-12

郡	市	项目	面积
Ise of Wight	Carisbrooke,Osborne	城堡、高尔夫球场	22 000
Kent	Dover	—	—
Greater London	SE and SE London	商业、公园用地	208 358
Norfolk	Norwich,Thetford	商业公园	322 530
Northamptonshire	Crick	Distribution Depot	—
Oxfordshire	Oxford	商业公园	68 298
Somerset	Taunton	商业、农业	263 446
Surrey	Guildford,Horley,Oxshott	商业公园	385 766
Warwickshire	Leamington Spa	零售公园	136 065
West Midlands	Birmingham	写字楼	35 776
Worcestershire	Worcester	Crown Gate Centre	290 267
Lothian	Edinburgh	写字楼、零售店	88 531
Strathclyde	Glasgow	写字楼	68 885
总计	—	—	3 110 994

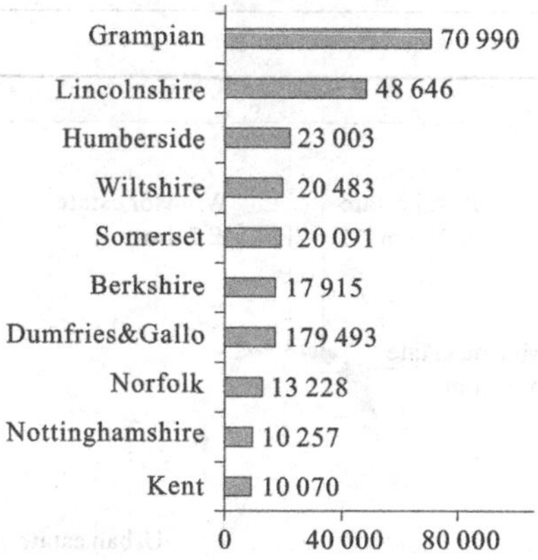

图 1-22　皇室地产在英国各地拥有 10 000 英亩以上农业用地和林地及其面积(英亩)

在农村,皇室地产拥有 356 000 万英亩农业用地和林地。其中面积在 10 000英亩的农地和林地有 10 处,规模最小的为 10 070 英亩,最大的为 70 990英亩,总计达 252 176 英亩,平均每处面积为 25 000 英亩。另有 21 处面积在10 000英亩以下的农地和林地，这些规模较小的皇室地产农地和林地面积总计为118 885英亩，平均每处面积为5 560英亩。

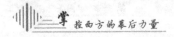

表1-13　皇室地产拥有10 000英亩以上农业用地和林地情况①

郡	县	面积(英亩)
Berkshire	Windsor Great Park, Ascot Race Course	17 915
Humberside	Sunk Island, Swine, Derwent, Gardham	23 003
Kent	Bedgebury, Isle of Sheppey, Romney Marsh	10 070
Lincolnshire	Billingborough, Ewerby, Friskney, Louth	48 646
Norfolk	Groxton, King's Lynn	13 228
Nottinghamshire	Bingham, Laxton	10 257
Somerset	Dunster, Taunton	20 091
Wiltshire	Devizes, Savernake	20 483
Dumfries & Galloway	Applegirth	17 493
Grampian	Fochabers, Glenlivet	70 990
总计	—	252 176
	其他21处面积在10 000英亩以下的农地林地总面积	118 885
总计	—	371 061

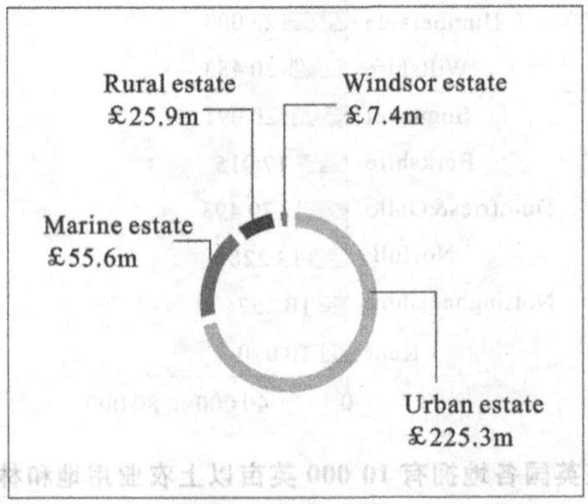

图1-23　2012年英国皇室地产收入结构图②

① 资料来源：1997年皇室地产委员会委员报告。
② 资料来源：2012年英国皇室地产报告(Crown Estate Report 2012)。

由图 1-23 可看出，2012 年英国皇室地产收入中，城市房地产项目所占比重最大，年收入达 2.253 亿英镑，这其中就包括在伦敦最繁华的商业街——摄政街上的房地产项目。第 2 名为海产品收益，达 5 560 万英镑，这主要是英国沿海地带海洋里的海产品及石油、矿产等资源收益，也包括皇室地产最近几年投资的海洋风力发电项目收益。第 3 名是农村地产收益 2 590万英镑。第 4 名是温莎房地产项目收益 740 万英镑。2012 年，皇室地产收益总计3.142亿英镑。

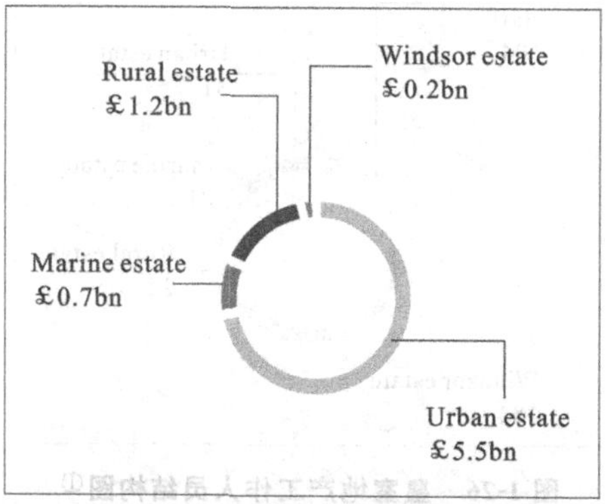

图 1-24　2012 年英国皇室地产资产结构图①

由图 1-24 可知，2012 年英国皇室地产资产中，占比重最大的是城市房地产项目，价值 55 亿英镑；第 2 名是农村地产项目，价值 12 亿英镑；第 3 名为海洋地产项目，价值 7 亿英镑；第 4 名为温莎房地产项目，价值 2 亿英镑。皇室地产资产总额为 76 亿英镑。

Year to 31 March	Salary		Pension Payments	
	2011-2012	2010-2011	**2011-2012**	2010-2011
	£'000	£'000	**£'000**	£'000
The Rt Hon. The Earl Peel	**82**	82	**12**	12
The Rt Hon. Sir Christopher Geidt	**146**	146	**22**	22
Sir Alan Reid	**180**	180	**34**	34
Air Marshal Sir David Walker	**120**	123	**31**	48
Lt Col. Andrew Ford	**109**	103	**16**	15

图 1-25　2011—2012 年英国皇室 5 位最高级管家薪酬和养老金收入②

① 资料来源：2012 年英国皇室地产报告。
② 资料来源：2012 年英国皇室财务报告。

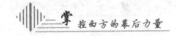

上图为英国皇室最高级别的5位皇室总管家，其2011—2012年度薪酬，最少的为82 000英镑，最高的有180 000英镑，虽然都是最高级皇室管家，收入差距还是比较大的。而这5位最高级皇室管家，其2011—2012年度养老金最少的有12 000英镑，最多的有34 000英镑。包括养老金在内，英国这5位最高级皇室管家，年收入最低的有94 000英镑，最高的有214 000英镑。

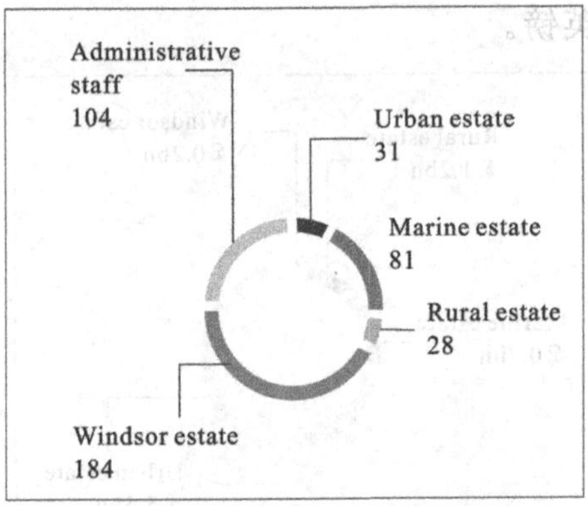

图 1-26　皇室地产工作人员结构图①

由图1-26可知，皇室地产工作人员主要来自温莎房地产项目（184人）、皇室地产管理团队（104人）、海洋地产（81人）、城市房地产（31人）、农村地产（28人），共计428人。76亿英镑的皇室地产就由这428人管理，平均每位雇员管理皇室地产资产1 775.7万英镑。

① 资料来源：2012年英国皇室地产报告。

04/拥有52亿英镑股票、债券和房地产资产的教会

提起英国，去过的人可能都有这个感觉，英国有"三多"——教堂多、城堡多、酒吧多。没错，英国的教堂的确很多。英格兰的天主教大教堂有43座，各种普通教堂和小教堂有13 000个。这些教堂可分为三种：①天主教堂(Cathedral)，规模较大，数量较少，通常英国每个大城市都会有一个大天主教堂；②普通教堂(Church)，这种教堂数量最多，几乎每个城市、乡镇、村庄和社区都会有这种教堂；③小教堂或修道院(Parish)，这种小教堂通常是一些大学、贵族的私人教堂，英国皇室也有专用的小教堂。

如果你去这些教堂，里面有时会有人在祈祷，也有人在唱宗教歌曲，也有不少人只是去参观游览。有的教堂会免费赠送圣经，有的提供唱诗的小册子。有的教堂里有张贴板，供人们写下心愿。有的教堂还展出儿童的画作，给寂静、庄严的教堂增添一点亮丽的色彩。英国的教堂里大多有当地名人的墓葬。有的在教堂里，有的在教堂院子里。

如此多的教堂，谁来提供资金支持，维护其运转呢？

表 1-14　1996 年英国游客最多的十大天主教堂及其收费情况①

天主教堂名称	游客人数(单位:人)	是否收费
威斯敏斯特教堂(Westminister Abbey)	250 万	是
约克教堂(York Minister)	220 万	否
圣保罗大教堂(St Paul's)	200 万	是
坎特伯雷大教堂(Canterbury)	170 万	是
切斯特教堂(Chester)	100 万	否
诺维治教堂(Norwich)	63.8 万	否
塞利斯伯里教堂(Salisbury)	60 万	否
德海姆教堂(Durham)	50 万	否
埃克斯特教堂(Exeter)	40 万	否
温切斯特教堂(Winchester)	35.747 5 万	是

图 1-27　英格兰教会标志

原来，英格兰这 13 000 多个大小教堂都隶属于英格兰教会(The Church of England)，教会每年会投入 10 亿英镑，用于支持所有大小教堂的正常运转。这 10 亿英镑的资金，其中 3/4，也就是 7.5 亿英镑来自于前来祈祷的信徒们。英国大多数教堂都是免费的，只有很少的大教堂收费，费用一般在 10 英镑左右。在过去 5 年里，英格兰的 13 000 多个大小教堂用于牧师及其养老金的开支增长了 1 亿英镑，原因是牧师的人数增加了。

1999—2004 年，整个英格兰教会的税收补助增长了近 50%。如今，每年通过赠品援助(gift aid)有 2 亿英镑的税收补助收入，另有 6 000 万英镑的内陆税收入(the Inland Revenue in tax)。每年有 2 亿英镑现金收入来自信

① 资料来源:1996 年英格兰旅游委员会(the English Tourist Board)。

徒和游客的捐赠。此外,每年通过举办各种纪念活动、场地出租、摆书摊、筹集善款、办信徒杂志等方式,获得 2.5 亿英镑收入。其中,有 15% 的收入,超过 1.6 亿英镑的资金来自教会委员们(the Church Commissioners),这些人代表英格兰教会管理着价值 44 亿英镑的资产。在过去 10 年里,教会委员们平均每年取得 5.7% 的投资回报,投资回报率高于同类的超过 200 种基金。正因为这高出的部分,每年教会委员们为教会额外增加 2 600 万英镑收入。

此外,英格兰教会还有以下收入渠道:①有 5 000 万英镑来自小教堂的储备基金;②有 5 000 万英镑来自主教区、天主教大教堂的储备基金;③有 3 000万英镑来自教堂提供的婚葬仪式和牧师募集资金。

图 1-28 伦敦市大史密斯街教会大楼

伦敦市大史密斯街(Great Smith Street)的教会大楼(Church House),是英格兰教会委员会秘书处所在地。就在这里,整个英格兰 13 000 万个大小教堂、总计 52 亿英镑的资产,就由英格兰教会进行投资管理。为提高资金使用效益,英格兰教会对这些资产进行商业化运作,广泛投资政府债券、股票等金融产品和房地产等领域。

图 1-29 英格兰教会房地产委员会首席委员安德瑞斯·维泰姆·史密斯

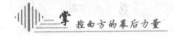

目前负责投资管理这52亿英镑资金的是英格兰教会房地产委员会首席委员(First Church Estates Commissioner)安德瑞斯·维泰姆·史密斯(Andress Whittam Smith)先生。

	Notes	At 1 January	Transfers (note 10)	Additions	Proceeds from disposals	Realised gains	Unrealised gains/ (losses)	Realised and unrealised deficit on forward foreign currency contracts	At 31 December
		£m	£m	£m	£m	£m	£m	£m	£m
Consolidated									
Securities portfolio	11(a)	3 485.8	-	1 972.3	(2 159.7)	190.5	(328.3)	2.3	3 162.9
Investment properties	11(b)	1 083.5	0.7	40.5	(64.4)	14.4	121.3	-	1 196.0
Indirect property interests	11(c)	409.4	-	27.0	(14.0)	-	23.0	(1.5)	443.9
Value linked loans	11(d)	143.3	-	0.4	(11.0)	3.0	(6.0)	-	129.7
Timberland	11(e)	-	-	41.5	-	-	-	-	41.5
Total investment assets		5 122.0	0.7	2 081.7	(2 249.1)	207.9	(190.0)	0.8	4 974.0

图 1-30 英格兰教会 2011 年投资收益图①

2011年12月31日,英格兰教会委员会(The Church Commissioners for England)发布《2011年教会委员会年度报告》(*Church Commissioners Annual Reoport* 2011)。报告称,以往英格兰教会委员会投资产品中没有英国政府或美国政府的长期债券。然而,2011年英国、全球和新兴经济体国家的股市值分别下跌了3.5%、6.2%和17.6%。股市风险加大,所以,该教会于2011年开始投资政府债券和黄金。报告显示,截至2011年12月31日,英格兰教会投资证券类资产31.629亿英镑、投资房地产11.96亿英镑、房地产出租利息收入4.439亿英镑、价值连接贷款1.297亿英镑、林地投资0.415亿英镑,共计投资资产额达49.74亿英镑。而在2011年1月,英格兰教会委员会投资总资产为51.22亿英镑,显然2011年英格兰教会委员会的投资总资产下降了1.48亿英镑。

① 资料来源:2011年12月31日英格兰教会委员会的《2011年教会委员会年度报告》。

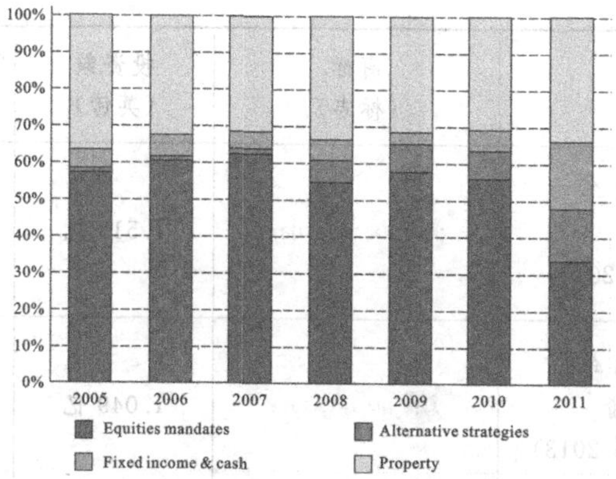

图 1-31　2005 年以来英格兰教会资产结构变化图①

由上图可看出英格兰教会投资的三个特点：①股票投资占大头，但投资比重已明显下降。自 2005 年以来，英格兰教会资产中，股票投资占的比重最大，2005—2010 年，股票投资占总资产比由约 60%下降至 55%，而 2011 年则大幅降至 32%，或许这与 2010 年以来英国股市和全球股市动荡、投资风险加大有关。②固定收入和现金收入比重自 2009 年以来明显加大。③房地产资产比例基本保持稳定。

如果让你管理一笔价值 31.629 亿英镑的资金，投资于英国和全球的股票市场，你会怎样投资？我们且看英格兰教会是怎么投资 31.629 亿英镑来买股票的。

表 1-15　2011 年英格兰教会委员会投资债券、股票情况②

（单项投资额在 1 000 万英镑以上投资品种）

投资债券、股票	商标（标志）	投资额（英镑）	2011 年上市公司收益（或政府年收入）
英国财政部 2012 年利息 5.25%国债（UK Treasury 4.5% 2013）	HM TREASURY	2.553 亿	5 890 亿英镑（财政收入）

① 资料来源：2011 年 12 月 31 日英格兰教会委员会的《2011 年教会委员会年度报告》。

② 资料来源：2011 年 12 月 31 日英格兰教会委员会的《2011 年教会委员会年度报告》。

续表 1-15

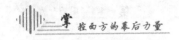

投资债券、股票	商标（标志）	投资额（英镑）	2011 年上市公司收益（或政府年收入）
英国财政部 2012 年利息 5%国债（UK Treasury 5% 2012）		1.513 亿	5 890 亿英镑（财政收入）
英国财政部 2013 年利息 4.5%国债（UK Treasury 4.5% 2013）		1.049 亿	5 890 亿英镑（财政收入）
皇家壳牌石油公司（Royal Dutch Shell）		4 290 万	4 701.71 亿美元
沃达丰通讯公司（Vodafone）		3 280 万	464.17 亿英镑
英国石油公司（BP）		2 940 万	3 864.6 亿美元
联合利华公司（Unilever）		2 820 万	464.67 亿欧元
汇丰银行（HSBC）		2 730 万	1 058.04 亿美元
葛兰素史克制药公司（GlaxoSmithKline）		2 270 万	273.87 亿英镑
英国财政部 2017 年浮动指数债券（UK Treasury Variable Index Linked 2017）		2 230 万	5 890 亿英镑（财政收入）

续表 1-15

投资债券、股票	商标（标志）	投资额（英镑）	2011 年上市公司收益（或政府年收入）
美国财政部 2015 年利息 1.625%债券（US Treasury 1.625% 2015）		2 030 万	48 500 亿美元（财政收入）
马士达卡公司（Mastercard）	MasterCard Worldwide	1 660 万	55.39 亿美元
谷歌公司（Google）	Google	1 570 万	379.05 亿美元
英国煤气公司（BG）	BG GROUP	1 440 万	211.5 亿美元
雀巢咖啡公司（Nestle）	Nestlé	1 440 万	836.4 亿瑞士法郎
渣打银行（Standard Chartered）	Standard Chartered	1 410 万	165.8 亿美元
泰斯购超市（Tesco）	TESCO	1 410 万	609.3 亿英镑
沃尔玛超市（Wal-Mart）	Walmart	1 400 万	4 669.5 亿美元
阿斯利康制药公司（AstraZeneca）	AstraZeneca	1 390 万	335.9 亿美元
英国财政部 2055 年浮动指数债券（UK Treasury Variable Index Linked 2055）	HM TREASURY	1 370 万	5 890 亿英镑（财政收入）
美国财政部利息 1.625%债券（US Treasury 1.625%）		1 340 万	48 500 亿美元（财政收入）

续表 1-15

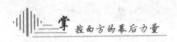

投资债券、股票	商标（标志）	投资额（英镑）	2011年上市公司收益（或政府年收入）
强生公司（Johnson & Johnson）	Johnson & Johnson	1 310 万	650.3 亿美元
力拓公司（Rio Tinto）	RioTinto	1 280 万	605 亿美元
康帕斯食品公司（Compass）	COMPASS GROUP	1 220 万	158.33 亿英镑
Marsh & McLennan 保险经纪公司（Marsh & McLennan）	MARSH & McLENNAN COMPANIES	1 200 万	115 亿美元
必和必拓矿业公司（BHP Billiton）	bhpbilliton	1 170 万	717 亿美元
思科系统公司（Cisco Systems）	CISCO	1 110 万	432 亿美元
美国碧迪医疗公司（Becton Dickinson）	BD	1 090 万	73.7 亿美元
法国道达尔石油公司（Total）	TOTAL	1 080 万	1 665.5 亿欧元
英国 Impax 环境市场投资信托公司（Impax Environmental Markets）	IMPAX	1 060 万	
瑞士诺华制药公司（Novartis）	NOVARTIS	1 010 万	585.66 亿美元
英国保诚保险公司（Prudential）	PRUDENTIAL	1 000 万	20.7 亿英镑（运营收益）
共计		9.929 亿	

由表 1-15 可以看出,英格兰教会投资股票和债券的三个特点。①政府债券投资比重较大,投资比较谨慎。在这 32 项单项投资 1 000 万英镑以上的产品中,英国政府债券就有 5 种,另有 2 种美国政府债券,这 7 种政府债券投资共计 5.812 亿英镑,平均每项投资额为 8 300 万英镑。而 32 项股票和债券总投资额为 9.929 亿英镑,平均每笔投资额为 3 100 万英镑。显然,英格兰教会在投资最大的 32 项金融产品中,仅政府债券投资额就占了 58.5%,平均每项政府债券投资额为股票投资额的 2.68 倍。尽管英、美两国的政府债务沉重,但其政府债券还是英格兰教会投资的首选。②投资的 25 支股票中,大多为资本规模较大的公司。其中,上市公司的年收益在 1 000亿美元以上的就有 5 个。投资额最大的股票为皇家壳牌石油公司,投资额为 4 290 万英镑,另外还投资英国石油公司 2 940 万英镑,而这两个公司的年收益分别为 4 701.71 亿美元、3 864.6 亿美元。石油类大盘股是英格兰教会投资股票的首选,其次则是通讯类的沃达丰(Vodafone)公司、金融类的汇丰银行(HSBC)等。③英国四大银行中,巴克莱银行(Bank of Barclays)、皇家苏格兰银行两大银行不在此投资额最大的前 32 名中,这反映出教会在金融危机时期对部分银行股比较审慎。

过去 10 年,英格兰教会投资股票的回报率怎样?由图 1-32 可看出,英格兰教会投资股票的回报率与 FTSE 全部股票指数的涨跌几乎同步。当股市行情好的时候,如 2003 年、2005 年、2009 年,投资回报率都在 15%以上,而 2009 年投资股市的回报率更是高达 30%左右。而当股市行情不好时,如 2002 年和 2008 年,股市跌幅也分别高达 24%和 33%。同样在金融危机时期,2008 年投资回报率下跌 33%,而紧接着 2009 年的投资回报率又变成了正回报 33%。显然,英国的股市与实体经济的表现是脱节的。在这样的股市里投资股票,也只能听天由命了。

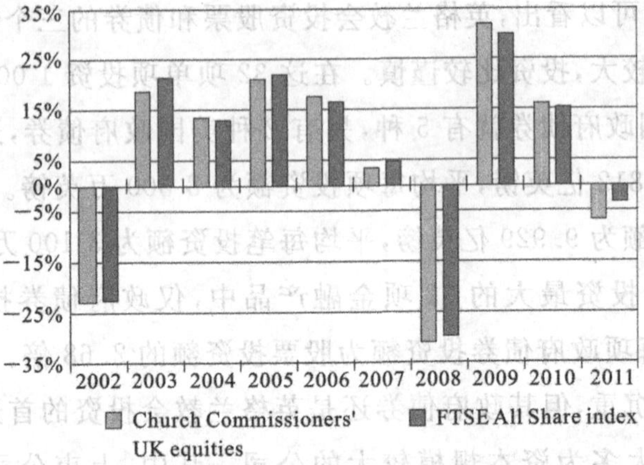

图 1-32　2002—2011 年英格兰教会委员会投资英国股票市场汇报率与 FTSE 全部股票指数比较图①

除投资股票外，英格兰教会还投资房地产市场，投资最大的 20 个房地产项目见图 1-33。

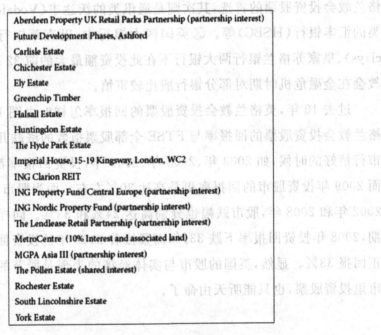

Aberdeen Property UK Retail Parks Partnership (partnership interest)
Future Development Phases, Ashford
Carlisle Estate
Chichester Estate
Ely Estate
Greenchip Timber
Halsall Estate
Huntingdon Estate
The Hyde Park Estate
Imperial House, 15-19 Kingsway, London, WC2
ING Clarion REIT
ING Property Fund Central Europe (partnership interest)
ING Nordic Property Fund (partnership interest)
The Lendlease Retail Partnership (partnership interest)
MetroCentre (10% Interest and associated land)
MGPA Asia III (partnership interest)
The Pollen Estate (shared interest)
Rochester Estate
South Lincolnshire Estate
York Estate

图 1-33　英格兰教会委员会投资的 20 个最大房地产项目②

① 资料来源：2011 年 12 月 31 日英格兰教会委员会的《2011 年教会委员会年度报告》。

② 资料来源：2011 年 12 月 31 日英格兰教会委员会的《2011 年教会委员会年度报告》。

第二章 人

05/预测到2008年将爆发全球经济危机的12位“先知”

此次全球经济危机的爆发，出乎人们的意料。“为什么没有人注意到?”(Why did noboday notice?)2008年11月，英国女王伊丽莎白(Queen Elizabeth)在视察伦敦经济学院(LSE)时这样问道。

而2009年，荷兰格罗宁根大学(University of Groningen)一位名为德克·伯泽玛(Dirk Bezemer)的人撰文指出，2000—2006年，有12位经济学家和研究人员预测到此次全球经济衰退，理由就是当时的美国房地产市场异常火爆。预测到此次全球经济衰退的这12位经济学家和研究人员分别是狄恩·贝克尔(Dean Baker)、韦尼·高德利(Wynne Godley)、弗莱德·哈瑞森(Fred Harrison)、麦克尔·哈德森(Michael Hudson)、埃瑞克·杰森(Eric Janszen)、斯蒂夫·科恩(Steve Keen)、捷克伯·麦德森(Jakob Brochner Madsen)、简斯·索仁森(Jens Kjaer Sϕrensen)、柯特·瑞奇伯彻(Kurt Richebächer)、鲁里埃尔·鲁比尼(Nouriel Roubini)、彼得·斯契夫(Peter Schiff)、罗伯特·施勒(Robert Shiller)。

Table 1: Anticipations of the Housing Crisis and Recession

Analyst	Capacity	Forecast
Dean Baker, US	co-director, Center for Economic and Policy Research	"…plunging housing investment will likely push the economy into recession." (2006)
Wynne Godley, US	Distinguished Scholar, Levy Economics Institute of Bard College	"The small slowdown in the rate at which US household debt levels are rising resulting form the house price decline, will immediately lead to a …sustained growth recession … before 2010". (2006). "Unemployment [will] start to rise significantly and does not come down again." (2007)
Fred Harrison, UK	Economic commentator	"The next property market tipping point is due at end of 2007 or early 2008 …The only way prices can be brought back to affordable levels is a slump or recession." (2005)
Michael Hudson, US	professor, University of Missouri	"Debt deflation will shrink the "real" economy, drive down real wages, and push our debt-ridden economy into Japan-style stagnation or worse." (2006)
Eric Janszen, US	investor and *iTulip* commentator	"The US will enter a recession within years" (2006). "US stock markets are likely to begin in 2008 to experience a "Debt Deflation Bear Market"(2007).
steve Keen, Australia	associate professor, University of Western Sydney	"Long before we manage to reverse the current rise in debt, the economy will be in a recession. On current data, we may already be in one." (2006)
Jakob Brøchner Madsen & Jens Kjaer Sørensen, Denmark	professor & graduate student, Copenhagen University	"We are seeing large bubbles and if they bust, there is no backup. The outlook is very bad."(2005)" The bursting of this housing bubble will have a severe impact on the world economy and may even result in a recession" (2006).
Kurt Richebächer, US	private consultant and investment newsletter writer	"The new housing bubble – together with the bond and stock bubbles– will invariably implode in the foreseeable future, plunging the U.S. economy into a protracted, deep recession" (2001). "A recession and bear market in asset prices are inevitable for the U.S. economy… All remaining questions pertain solely to speed, depth and duration of the economy's downturn." (2006)
Nouriel Roubini, US	professor, New York University	"Real home prices are likely to fall at least 30% over the next 3 years" (2005). "By itself this house price slump is enough to trigger a US recession." (2006)
Peter Schiff, US	stock broker, investment adviser and commentator	"[t]he United States economy is like the Titanic ...I see a real financial crisis coming for the United States." (2006). "There will be an economic collapse" (2007).
Robert Shiller, US	professor, Yale University	"There is significant risk of a very bad period, with rising default and foreclosures, serious trouble in financial markets, and a possible recession sooner than most of us expected." (2006)

图 2-1 德克·伯泽玛文中 12 位预测到 2008 年全球经济危机的"先知"①

① 资料来源：Dirk Bezemer, *No One Saw This Coming：Understanding Financial Crisis Through Accounting Models*，Groningen University，16 June，2009。

图 2-2 "先知"之一：狄恩·贝克尔

狄恩·贝克尔，生于 1958 年 7 月 13 日，美国宏观经济学家，美国巴克奈尔大学(Bucknell University)经济与政策研究中心(Center for Economic and Policy Research)创始人。该机构顾问理事会成员包括 3 位诺贝尔经济学奖得主：罗伯特·索洛(Robert Solow)、约瑟夫·斯蒂格利茨(Joseph Stiglitz)、瑞查德·弗里曼(Richard B. Freeman)。该研究所重点关注社会保障、美国房产泡沫、拉美国家经济等。据该机构分析，该机构在美国 2004—2008 年 25 个引用率最高的智库中，平均每美元开支中产出效果(研究成果被媒体引用)排名第 1 或第 2。尽管英国伦敦也有一家名为"经济政策研究中心"(Center for Economic Policy Research)的机构，但这两家机构没有任何联系。

贝克尔曾为世界银行、美国国会联合经济委员会、经济合作与发展组织(OECD)工会顾问委员会等提供咨询服务。1996—2006 年，一直为《纽约时报》(*New York Times*)、《华盛顿邮报》这两家报纸网络版做每周经济评论。自 2006 年以来，每周仍坚持在"Beat the Press"网站上发表经济评论，批评包括全国公共广播电台(NPR)在内的主流媒体的经济报道和评论。

早在 2002 年 8 月就预测到美国房地产市场存在泡沫，而美国的房地产市场价格在 2005 年 12 月达到顶峰，还预测美国的房地产泡沫破裂后将导致经济衰退，预测经济衰退将发生在 2007 年。曾批评美国对房地产市场和金融市场的监管框架，反对美国政府对华尔街的救助。

图 2-3 "先知"之二：韦尼·高德利

韦尼·高德利，1926 年 9 月 2 日生于英国伦敦，2010 年 5 月 13 日去世，以对英国经济的悲观和批评英国政府而闻名。

曾成功预言英国经济繁荣将于 1973—1974 年结束，且失业人数将达 300 万人，因此被人们称为

“英国沼泽里的卡姗德拉”(the Cassandra of the Fens)(卡姗德拉是希腊女神,凶事预言家)。

高德利曾在牛津大学新学院(New College)学习政治、哲学和经济学,同时还接受专业音乐知识学习。1956—1970 年在英国财政部从事宏观经济研究工作。1976—1987 年曾任皇家歌剧院院长。

图 2-4 英国圣迈克教堂外墙“维克多战胜邪恶”的青铜塑像

在英国圣迈克教堂(St Michael's)外墙的“维克多战胜邪恶”(Victory Over the Devil)的青铜塑像中,恶魔的头部塑像即来自高德利的头部模型。

弗莱德·哈瑞森,1944 年生于塞浦路斯,英国作家、经济学家、企业政策顾问,以要求改革土地政策而闻名。他认为依赖土地、房地产、抵押贷款等产业将损害一个国家的经济结构。

图 2-5 “先知”之三:弗莱德·哈瑞森

1997 年哈瑞森就在其书中预测到 2008 年的次级抵押贷款危机,是 12 位预言 2008 年全球经济危机中,预言最早的人。早在 1997 年就曾警告当时英国首相布朗,称英国经济增长的周期将在 2007 年终结,且将在 2010 年进入萧条期。自那时起,就大量撰写文章,警告政府不要依靠土地和房地产来驱动经济增长。

他对宏观经济的分析基于这样一个理论,即商业运行需适应 18 年一个循环周期,而这个循环周期的特点则取决于土地市场情况。多数经济学家都错误地认为,房地产市场是否健康,要看其他产业的经济状况如何。而他则持相反的观点,认为正是房地产市场决定了整个经济其他产业的商业周期,是决定商业周期的关键因素。

哈瑞森曾在俄罗斯10年，为俄罗斯议会和地方当局做政策咨询，建议进行不动产税改革。直到2008年，由于其准确预言2008年全球经济危机，被英国和全世界的媒体称为“毁灭先知”(Prophet of Doom)。

图2-6 “先知”之四：麦克尔·哈德森

麦克尔·哈德森，1939年出生于美国的芝加哥市，美国密苏里—堪萨斯城市大学(University of Missouri-Kansas City)经济学研究教授，曾在华尔街从事研究分析工作，曾任长期经济趋势研究所(the Institute for the Study of Long-term Economic Trends，简称“ISLET”)主席。1968年获得纽约大学经济学博士学位，学位论文是有关19世纪美国经济和科技思想。2008年曾任美国总统候选人丹尼斯·库辛尼奇(Dennis Kucinich)的总统竞选团队首席经济顾问。曾为冰岛、中国、拉脱维亚、美国、加拿大等国政府及联合国培训与研究所(United Nations Institute for Training and Research)提供经济顾问服务。

他认为，金融在引导政治从而降低美国和欧洲的生产率上很关键，美国和欧洲利用在金融上的优势和技巧从中受益，而智利、俄罗斯、拉脱维亚、匈牙利等国则因此利益受到损害。他称，食利金融(parasitic finance)感兴趣的是研究各种产业和劳动者，以确定能从他们身上获得多少费用、利息、税收优惠，而不是给他们提供必要的资本，以提高他们的生产率。他认为，美国的税收体系、对银行的救助、量化宽松等都是以牺牲普通劳动者和各类产业的利益为代价，只有金融业从中受益。

关于“华盛顿共识”(Washington Consensus)，他认为该共识鼓励世界银行和国际货币基金组织对其他国家采取紧缩的财政政策，而对美国则予以例外。这种做法逼迫其他国家实行不公平的贸易，造成自然资源减少、基础设施私有化，然后在食利金融技巧(包括西方式的所谓“税收减免”)的引导下，这些最终都以低价被出售，这样该国才能最大化其货币盈余，而不是提供更有价格竞争力的服务。他认为，在此次全球经济危机中，政府应允许银行倒闭，政府只需介入，保护储户存款，然后继续向真正有效率的产业提供贷款，而不是任由金融贷款造成资产价格上涨。他认为，美联储必须意识到，用低利率来推高资产价格的做法，对于一个国家经济的长期效率增长并没有帮助。

他还认为，由于中国开始与金砖国家和亚洲部分国家以非美元货币进行贸易结算，世界开始出现两种货币圈。

著有《超级帝国主义：美帝国经济战略》(*Super Imperialism: The Economic Strategy of American Empire*)、《全球折断：新国际经济秩序》(*Global Fracture: The New International Economic Order*)、《超级帝国主义：新版本：美国称霸世界的起源和基础》(*Super Imperialism-New Edition: The Origin and Fundamentals of U. S. World Dominance*)、《泡沫及其之后》(*The Bubble and Beyond*)等书。

图 2-7 "先知之五"：埃瑞克·杰森

埃瑞克·杰森，是一位经济评论家和风险投资家，有长达 28 年的高科技公司、风险投资公司工作经验。1998 年创办著名的金融咨询公司 iTulip。

2008 年在《哈泼斯》杂志(*Harper's Magazine*)撰文讨论经济泡沫时，称 2010 年年中将发生又一场"能源泡沫破裂"。曾任 AutoCell Laboratories, Inc. 公司董事会主席兼首席执行官。1999 年美国 CNBC 的 Bill Griffeth 称其创办的 iTulip 公司网站 iTulip. com 为"对市场持相反看法的地方"。曾被人们普遍认为是能在长达 10 年中准确预测市场趋势的人。《商业周刊》(*Business Week*)、《纽约时报》也持这种观点。

曾为《哈佛商业评论》(*Harvard Business Review*)、《独立报》(*The Independent*)等报纸或网络媒体撰文。经常接受 CNBC、NPR、《华尔街日报》(*Wall Street Journal*)、Barron's、《今日美国》(*USA Today*)、《纽约时报》、《华盛顿邮报》、《波士顿环球报》(*Boston Globe*)、BBC、路透社(Reuters)等媒体采访或其观点被这些媒体引用。

2007 年著有《美国的泡沫经济》(*America's Bubble Economy*),2010 年著有《后灾难经济》(*The Postcatastrophe Economy*)。

图 2-8 “先知”之六:斯蒂夫·科恩

斯蒂夫·科恩,生于 1953 年 3 月 28 日,澳大利亚人。现为澳大利亚西悉尼大学(University of Western Sydney)经济学和金融学教授。

自认为是“后凯恩斯”(Post-Keynesian)者。他批评新古典经济学为“矛盾的、不科学的、缺乏经验支持的”。其经济学思想来源主要有:凯恩斯(John Maynard Keynes)、海曼·闵斯基(Hyman Minsky)、皮耶罗·斯拉法(Piero Sraffa)、约瑟夫·熊彼特(Joseph Schumpeter)、弗朗索瓦·魁奈(François Quesnay)。

现为澳大利亚智库“政策发展中心”(Centre For Policy Development)的研究人员。其近期研究内容有数学模型和金融不稳定模拟。近期研究重点是闵斯基的金融不稳定假设(financial instability hypothesis)和欧文·费雪(Irving Fisher)的债务紧缩(debt deflation)。金融不稳定假设认为,过高的债务与 GDP 比例将造成通货紧缩和大萧条。

2001 年著《揭露真相经济学》(*Debunking Economics*)。为宣传其研究成果,创建有专门的网站,通过视频讲解来阐述其观点。该网站地址为“www.debunkingeconomics.com”,如需进一步浏览该网站内容,则需缴纳每月 40 美元或每年 400 美元的会员费。

捷克伯·麦德森出生于丹麦,1984—1988 年在日德兰半岛银行(Bank of Jultland)工作,曾任金融分析师、副首席经济学家等。1991 年在澳大利亚国民大学(Australian National University)获得经济学博士学位。1992—1995 年在澳大利亚的福林德斯大学(Flinders University)任教。1995—1996 年在英国的南安普顿大学(University of Southampton)任教。1997—2000 年在西澳大利亚大学(University of Western Australia)任教。2000—2002 年在英国的布鲁内尔大学(Brunel University)任教。2002—2006 年在哥本哈根大学(University of Copenhagen)任教。2006 年至今在澳大利亚的蒙纳士大学(Monash University)任教。在各种经济学国际刊物上发表论文超过 60 篇。

图 2-9 “先知”之七：捷克伯·麦德森

最近，欧洲经济协会(the European Economic Association)的研究表明，麦德森在全球超过 5.5 万名经济学家排名中，名列第 949 名。

麦德森是少数几个预测到 2001 年信息产业泡沫、2006 年房地产泡沫和 2007—2008 年全球经济危机的人之一。2003 年 1 月，他在丹麦的《智慧报》(*Politiken*)上称：“我们将经历比 1982 年更糟糕的时刻，而那次是第二次世界大战以来最糟糕的一次经济衰退。”2005 年 9 月，他说：“丹麦在用房的价格比建房成本要高出 30%，甚至更高，我们正在经历价格泡沫。”

图 2-10 “先知”之八：简斯·索仁森

简斯·索仁森，2006 年获得哥本哈根大学科学硕士学位。曾有 6.5 年的投资银行工作经历。曾在美国的硅谷的一家金融软件公司工作 1 年。

2006 年 3 月，在其长达 120 页的硕士学位论文《房价的活力：国际例证》(*The Dynamics of House Prices-International Evidence*)中，他预测西方国家即将迎来灾难性的信用危机、房地产泡沫危机和金融危机。他还预测到瑞典的房地产市场泡沫很快将遭到泡沫破裂的打击。2006 年他说：“历史上第一次出现西方国家房地产价格持续多年两位数增长，而这些国家的通货膨胀率又控制在 2%—3% 的水平，这是不可持续的。像这样房地产价格长期且不断增长的经济是不合道理的。”

对于美联储主席格林斯潘(Alan Greenspan)在信息产业泡沫破裂后为重振美国经济，而将基准利率降至 1% 且维持长达 31 个月，他认为实行低利率政策的时间过长了。

柯特·瑞奇伯彻，生于 1918 年，国际银行家、经济学家，2007 年 8 月 24 日去世。自认为是奥地利经济学派追随者。曾跟踪全球货币市场情况长达

图 2-11 "先知"之九：柯特·瑞奇伯彻

60 年。成功预测 20 世纪 90 年代巴西货币崩溃，2000 年 1 月成功预测股票市场过热，还成功预测美元兑欧元汇率将大幅贬值。以撰写时事简讯(newsletter)闻名。第二次世界大战之前，其父送其到英国学习英语，而他则想以后能从事记者职业。在伦敦，他喜欢上了经济学。后来，他又返回德国柏林学习经济学，在第二次世界大战结束那年，获得经济学博士学位。回到西德后，他成了一名经济问题媒体评论员。1957 年又回到英国伦敦，成为有关英国经济政策的媒体评论员。1964 年，他成了位于法兰克福的德累斯顿银行(Dresdner Bank)的首席经济学家。晚年在法国度过。

鲁里埃尔·鲁比尼，1959 年 3 月 28 日生于土耳其的伊斯坦布尔，美国经济学家。曾成功经预测到 2008—2009 年美国房地产市场泡沫破裂和全球经济衰退。现在美国的纽约大学斯特恩商学院(New York University Stern School of Business)任教。他还是咨询公司"鲁比尼全球经济"(Roubini Global Economics)董事会主席。

图 2-12 "先知"之十：鲁里埃尔·鲁比尼

身为伊朗犹太人的孩子，从小在意大利长大。大学毕业于意大利米兰的博科尼大学(Bocconi University)，后又获得哈佛大学国际经济博士学位。曾在耶鲁大学从事学术研究，后来在国际货币基金组织、美联储、世界银行、以色列银行担任经济学家。早期大量研究主要集中在新兴经济体方面。曾任克林顿政府的经济顾问委员会(Council of Economic Advisers)的高级经济学家，后来又到美国财政部任职，担任蒂莫西·F·盖特纳(Timothy Geithner)的高级经济顾问。盖特纳则于 2009 年担任美国财政部长。

由于其成功预测到此次全球经济危机，媒体给其绰号"末日博士"(Dr. Doom)。

图 2-13 "先知"之十一：彼得·斯契夫

彼得·斯契夫，1963 年 3 月 23 日生于美国康涅狄格州(Connecticut)纽黑文市(New Haven)，是一位投资经纪人、作家、金融评论家。现为欧洲太平洋资本公司(Euro Pacific Capital Inc)首席执行官、首席全球战略分析师，欧洲太平洋贵金属公司(Euro Pacific Precious Metals)首席执行官，该公司为纽约一家黄金、白银交易商。以对美国经济和美元看跌而闻名，对商品市场、国外股票市场、国外货币则持乐观态度，支持奥地利经济学派思想，最早从其父亲那里了解到该学派思想。经常在电视、广播、网络等媒体上发表对金融业的看法。其父亲埃文·斯契夫是美国抗税运动(U.S. tax protester movement)中的骨干份子，因偷漏税被判入联邦监狱 13 年。1987 年斯契夫毕业于美国加利福尼亚大学金融和会计专业。

斯契夫最早曾在著名投资银行公司雷曼兄弟公司(Shearson Lehman Brothers)做股票交易员。2006 年 8 月在接受采访时，他说："美国就像泰坦尼克号巨轮一样，而我则在救生艇旁，帮助人们离开巨轮。我看到一场真正的金融危机正在向美国袭来。"(The United States is like the Titanic and I am here with the lifeboat trying to get people to leave the ship. I see a real financial crisis coming for the United States.)

2006 年 12 月 31 日，在美国的福克斯新闻(Fox News)辩论中，斯契夫预测"2007 年房地产价格将出现硬着陆"。(What's going to happen in 2007 is that real estate pricesare going to come crashing back down to earth.)

罗伯特·施勒，1946 年 3 月 29 日生于美国的底特律(Detroit)，是一位美国经济学家、畅销书作者。现为美国耶鲁大学经济学教授。自 1980 年以来为美国国民经济研究局(The National Bureau of Economic Rese arch，简称"NBER")研究人员，2005 年当选美国经济学会(American Economic Association)副主席，创办并担任投资管理公司宏观市场公司(MacroMarkets LLC)首席经济学家。

图 2-14 "先知"之十二：罗伯特·施勒

施勒位列全球最有影响力的100位经济学家，曾被著名传媒集团汤森路透公司（Thomson Reuters）提名为2012年诺贝尔经济学奖得主。1967年获得美国密歇根大学学士学位，1968年、1972年分别获美国麻省理工大学硕士、博士学位。1982年开始在美国的耶鲁大学任教。2007年9月，就在著名投资银行雷曼兄弟公司倒闭前整1年，施勒撰写文章预测，美国的房地产市场很快就要崩盘，接着就是金融阵痛。

2011年被彭博社（Bloomberg）评为50位全球金融界最有影响力的人之一。选出的50位人物分别划分为政策制定者、银行家、理财者、金融创新者、思想家共5类。施勒被列入思想家一类，与保罗·克鲁格曼（Paul Krugman）、斯蒂格利茨、吉姆·奥尼尔（Jim O′Neill）等10位著名经济学家共获此殊荣。

06/制造了2008年全球经济危机的那些“恶魔”

此次全球经济危机对世界经济造成的损失非常惨重。2009年彭博社报道称，全球的公司价值从此次经济危机开始已损失了14.5万亿美元。2010年西方国家男性人均年收入为32 137美元，与1968年的32 844美元年收入水平相当。而据“影子统计”(Shadowstats)网站信息，在此次经济危机中，美国的实际失业率已超过20%，适龄工薪阶层实际就业率下滑至58%，与1984年美国经济衰退时水平相当。截至2012年7月，美国官方报告的失业率高达8.3%。美国中产阶级人数占全国人口比例由1971年的61%下滑至2011年的51%。经济危机还进一步加剧了西方国家不同阶层之间的收入差距。2009年美国最富裕的20%家庭掌握了87.2%的财富，而最富裕的1%家庭掌握了35.6%的财富。

自2008年全球经济危机爆发以来，有关究竟是谁造成了此次全球经济危机的讨论一直在持续。有的人认为，是房地产泡沫破裂、金融衍生品交易不透明、经济失衡等造成的。也有的人认为是雷曼兄弟公司、美国国际集团等贪婪的金融机构毁了全球经济体系，还有的西方媒体把矛头指向中国、德国、日本等贸易盈余国。

同时，西方媒体开始调查追踪到底是谁造成了此次全球经济危机。英国的《泰晤士报》(*The Times*)、《卫报》(*The Guardian*)及美国的报纸均披露了造成此次全球经济危机的25个人，包括设计发明造成此次全球金融危机的高风险金融衍生品的人。

高风险金融衍生品交易员

西方国家有人认为，西方国家的金融体系本质上是赌博经济(Casino Economy)。究竟是不是这样？

表2-1 1987—2012年全球金融衍生品交易实际损失超10亿美元案例表①

排名	实际损失(亿美元)	公司	交易国家	损失交易品种	年份	交易员
1	86.7	摩根斯坦利	美国	信用违约掉期	2008	Howie Hubler
2	69.5	法国兴业银行	法国	欧洲指数远期	2008	Jérôme Kerviel
3	66.9	Amaranth Advisors	美国	天然气远期	2006	Brian Hunter
4	58.0	摩根大通	英国	信用违约掉期	2012	Bruno Iksil
5	58.5	长期资本管理	美国	利率和股票衍生品	1998	John Meriwether
6	34.6	住友商事株式会社	日本	铜远期	1996	Yasuo Hamanaka
7	24.3	Aracruz	巴西	汇率期权	2008	IsacIsac Zagury, Rafael Sotero
8	18.3	瑞银集团	英国	Equities ETF and Delta 1	2011	Kweku Adoboli
9	23.8	橙县(加利福尼亚州)	美国	杠杆债券投资	1994	Robert Citron

① 资料来源：List of trading losses，维基百科网。

续表 2-1

排名	实际损失（亿美元）	公司	交易国家	损失交易品种	年份	交易员
10	22.8	Metallgesellschaft	德国	石油远期	1993	HeinzHeinz Schimmelbusch
11	21.4	日本昭和壳牌石油	日本	外汇远期合约	1993	—
12	20.9	日本鹿岛石油株式会社	日本	外汇远期合约	1994	—
13	18.2	中信泰富有限公司	中国	外汇	2008	Yung, Frances
14	17.4	德意志银行	美国	衍生品	2008	Weinstein, Boaz
15	17.8	巴林银行	英国	Nikkei Futures	1995	Leeson, Nick
16	15.6	BAWAG	奥地利	外汇	2000	Fl öttl, Wolfgang, Helmut Elsner
17	15.0	理索纳控股	日本	债券	1995	Iguchi, Toshihide
18	14.6	索罗斯基金	英国	标准普尔500远期	1987	Soros, George
19	10.6	Groupe Caisse d'Epargne	法国	衍生品	2008	Picano-Nacci, Boris
20	10.5	Sadia	巴西	外汇和信用期权	2008	Ferreira, AdrianoAdriano Ferreira, Álvaro Ballejo

表2-1为维基百科网整理的1987—2012年全球金融衍生品交易实际损失10亿美元以上案例。其中，一笔交易损失在50亿美元以上的就有5笔。最大的一笔交易损失发生在2008年，交易品种为信用违约掉期（credit default swap，简称“CDS ”），为此，美国的投资银行公司摩根斯坦利公司（Morgan Stanley）损失高达86.7亿美元（按当前的市场行情，1美元兑换6.29元人民币，相当于545亿元人民币），该笔巨亏交易的操作者为豪威·哈伯勒（Howie Hubler）。按照目前的1克黄金价值400元人民币的市场行情，1吨黄金价值4亿元人民币，则2008年发生的迄今为止最大一笔金融衍生品交易巨额损失案，造成的损失相当于136.3吨黄金的价值。过去人们

所谓的“一掷千金”比起这样一次损失上百吨黄金，显然是小巫见大巫了。

即便是该表中损失最低的，2008 年发生在巴西，因外汇和信用期权(FX and Credit Options)交易造成 10.5 亿美元损失，折合为黄金也有 16.5 吨之多。令人奇怪的是，在全球经济危机爆发已 4 年之久的 2012 年，摩根大通的交易员布鲁诺·伊克斯奇(Bruno Iksil)因信用违约掉期交易竟又造成58亿美元实际损失。显然，西方这些非银行金融机构、或者说“影子银行”们并没有从此次全球金融危机和经济危机中吸取教训，仍一门心思企图在市场中赌博获暴利。

表 2-1 所列 20 起损失在 10 亿美元以上的金融衍生品交易损失案例，共造成实际损失达 625.4 亿美元，平均每个案例造成实际损失 31.27 亿美元，相当于每次损失 49 吨黄金。其中 2008 年发生的案例最多，有 8 起，共造成 237.6 亿美元损失，相当于 1 494.5 亿元人民币或 373.5 吨黄金的价值。如果说 20 世纪 30 年代美国爆发经济危机时，还只是把生产过剩的牛奶或牲畜抛弃到密西西比河里，2008 年这次全球经济危机的爆发，则是交易员们每次等同于以数十吨计地抛弃黄金拉开序幕的。

而造成这些巨额损失的金融衍生品种类则是五花八门，既有信用违约掉期，也有欧洲指数远期(European Index Futures)、天然气远期(Gas Futures)、利率和股票衍生品(Interest Rate and Equity Derivatives)等。而每笔交易的操作者多数为一人，也有少数案例的操作者为两人或三人。总之，就是这少数几个交易员，就造成平均每笔高达 30 亿美元以上的损失。西方国家的“影子银行”们竟拿着客户们的投资资金从事这样高风险的所谓“投资交易”，这不是赌博经济又是什么呢?

金融的本源为融通资金，其目的是为实体经济扩张或研发提供资金支持，而如今，这些“自说自话”、内部循环的虚拟金融成了压倒全球实体经济的最后一根“稻草”。追逐短期利润最大化、企图大赚一笔就溜之大吉的投机心理主宰了华尔街和美国的金融界的精英们。正是这种西方金融业的短视和贪婪毁了西方的金融体系，也毁了整个世界经济体系。

“影子银行”们

前面提到发生在过去30年的一些金融衍生品交易巨额亏损案。事实上，在此类金融投机交易中，有赔就有赚。在此次全球金融危机和经济危机中，一些对冲基金(hedge fund)、私募基金(private equity)等“影子银行”的基金经理们非但没有亏损，还趁乱大赚了一笔。

1. 冲击财富榜的英国对冲基金经理

在2010年英国BBC著名记者罗伯特·湃斯特恩(Robert Peston)撰写的《谁操纵英国》一书中，作者称英国前商务大臣曼德尔森认为，所有这些“影子银行”机构对实体经济没有任何贡献，纯粹是只图一时暴利、不管实体经济死活的投机商。全球经济危机中，实体经济遭到沉重打击，但不少“影子银行”机构却从中以“投资有道”为名，大发实体经济的横财。

在英国《星期日泰晤士报》(*The Sunday Times*)发布的2012年财富排行榜(2012 Rich List)上，出现了大量英国金融界的精英们，这些金融精英均来自对冲基金行业。

表2-2 2012年英国对冲基金经理财富排名表[①]

排名	对冲基金经理	公司名称	财富(亿英镑)
1	Alan Howard	Brevan Howard	14
2	Robert Miller	Sail Advisors	9.55
3	David Harding	Winton	8
4	Michael Platt	Bluecrest	6.5
5	Michael Hintze	CQS	5.8
6	Crispin Odey	Odey	4.55
7	John Beckwith	Rivercrest Capital	3.5
8	Stephen Butt	Silchester Partners	3.4

① 资料来源：英国《星期日泰晤士报》2012年财富排行榜。

续表 2-2

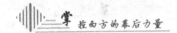

排名	对冲基金经理	公司名称	财富(亿英镑)
9	Paul Marshall	Marshall Wace	3.15
10	Ian Wace	Marshall Wace	3.15

由表 2-2 可知，排在第 1 位的是 Brevan Howard 公司的经理阿兰·霍华德(Alan Howard)，这位英国对冲基金经理拥有财富高达 14 亿英镑，折合约 140 亿元人民币，相当于当前市场上 35 吨黄金的价值。排在第 10 位的 Ian Wace 拥有财富 3.15 亿英镑，折合约 31.5 亿元人民币，相当于 7.875 吨黄金的价值。可以说，这些所谓的对冲基金经理从金融投机市场中所掘取的个人财富，也正是实体经济所损失的部分，实体经济无法得到应有的资金支持，只能任由实体经济衰退下去、失业人数增加、劳动者收入减少等社会问题的不断出现。

2. 平均每年实现数亿美元净收入、持续赢利长达二三十年的世界十大对冲基金公司

在 2008 年全球金融危机中，正是对冲基金公司的参与，使得极具风险的各种金融衍生品大行其道，金融泡沫越吹越大，最终泡沫破裂，把那些所谓"太大而不能倒"的超级大银行拉下水，等待政府用纳税人的钱来拯救这些在金融市场上"一掷千金"、所谓金融创新、实则胆大妄为的金融"赌徒"们。这些对冲基金公司在金融危机中的赢利，正是部分实体经济在全球金融市场投机活动中的损失。

表 2-3　2011 年世界十大对冲基金公司①经营净收入情况表

排序	对冲基金公司名称	公司成立时间	经营时间	净收入(亿美元)②	年均净收入(亿美元)
1	Bridgewater Pure Alpha	1975 年	36 年	358	9.94
2	Quantum Endowment Fund	1973 年	38 年	312	8.21

① 指扣除费用后收入，统计时间为自公司成立至 2011 年 12 月 31 日，资料来源：list of hedge funds，维基百科网。

② 资料来源：list of hedge funds，维基百科网。

续表 2-3

排序	对冲基金公司名称	公司成立时间	经营时间	净收入（亿美元）	年均净收入（亿美元）
3	Paulson & Co.	1994 年	17 年	226	13.29
4	Baupost	1983 年	28 年	160	5.71
5	Brevan Howard	2003 年	8 年	157	19.62
6	Appaloosa	1993 年	18 年	137	7.61
7	Caxton Global	1983 年	28 年	131	4.68
8	Moore Capital	1990 年	21 年	127	6.05
9	Farallon	1987 年	24 年	122	5.08
10	SAC	1992 年	19 年	122	6.42

表 2-3 列出了在全球金融投机市场的实战中的“胜者”。排名第 1 的 Bridgewater Pure Alpha 公司自 1975 年以来，已实现净收入 358 亿美元，在长达 36 年经营中，平均每年实现净收入 9.94 亿美元。排名第 10 位的 SAC 公司成立于 1992 年，自成立以来已实现净收入 122 亿美元，平均每年实行净收入 6.42 亿美元。而在这些金融市场豪赌胜者的背后，则是大量小资本、小基金公司的惨败。

3. 募集资金达数百亿美元的私募基金

除了对冲基金，募集资金达数百亿美元的私募基金也是这次全球金融危机的制造者。他们同样参与了这场全球金融市场投机活动中的豪赌。他们以所谓高回报率为诱饵，吸引大量资金，然后投入金融投机市场中，胜者为王，大赚一笔，败者则称，市场不景气，投资有风险是正常现象。

表 2-4 2011 年世界十大私募基金公司筹集资金规模表①

排名	私募基金公司名称	国家	募集资金总额②（亿美元）
1	TPG Capital	美国	505.5
2	Goldman Sachs Capital Partners	美国	472.2

① 资料来源：list of private equity firms，维基百科网。

② 数据截至 2012 年 5 月。

续表 2-4

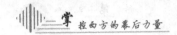

排名	私募基金公司名称	国家	募集资金总额(亿美元)
3	The Carlyle Group	美国	405.4
4	Kohlberg Kravis Roberts	美国	402.1
5	The Blackstone Group	美国	364.2
6	Apollo Management	美国	338.1
7	Bain Capital	美国	294.0
8	CVC Capital Partners	英国	250.7
9	First Reserve Corporation	美国	190.6
10	Hellman & Friedman	美国	172.0

表 2-4 列出了当前全球十大私募基金公司。排名第 1 的为美国的 TPG Capital 公司，共筹集资金达 505.5 亿美元。即便排名在第 10 的 Hellman & Friedman 公司筹集资金也高达 172.0 亿美元。就是这样一些筹集有大量客户资金、在全球金融市场上豪赌的所谓非银行金融机构的"影子银行"们，其交易情况在金融危机之前一直是无须向政府报告的。

高风险金融衍生品的发明者与推销者

各种"影子银行"机构里那些从事高风险的金融衍生品交易且造成巨额亏损的交易员固然是造成此次全球金融体系坍塌的最直接的罪魁祸首。然而相比之下，设计发明并大力推广这些高风险金融工具的人，则是隐藏在其后的真正幕后黑手。

2010 年，佰斯安尼·迈克里恩(Bethany McLean)和乔·诺塞拉(Joe Nocera)出版的《所有的恶魔都在这里》(*All the Devils Are Here*)一书，揭开了造成这次金融危机的那些所谓金融创新者和金融冒险家们的神秘面纱。笔者将部分人物资料整理为表 2-5，以便研究参考使用。

表 2-5 造成 2008 年全球金融危机的高风险金融衍生品部分发明者和推广者名单[①]

姓 名	对全球金融危机的作用
 莱维斯·阮尼瑞 (Lewis Ranieri)	1947 年生于美国纽约市，曾任所罗门兄弟(Salomon Brothers)公司董事会副主席、债券交易员。20 世纪 80 年代发明了房产抵押债券(mortgage-backed security，简称“MBS”)，因此被誉为“抵押融资之父”(the godfather of mortgage finance)。2004 年被美国《商业周刊》评为过去 75 年最伟大的金融创新人物。 据《商业周刊》报道，1977 年当阮尼瑞发明房产抵押债券，并到处推销时，当时美国只有 15 个州承认这种金融新产品为合法产品。后来，在其努力游说下，华盛顿终于放弃了对这种新产品的法律和税收障碍。2008 年 3 月，诺贝尔经济学奖得主蒙戴尔(Robert Mundell)称，阮尼瑞为“造成金融危机的五人”(Five Goats Who Contributed to the Financial Crisis)之一。其他四人为美国前总统克林顿、前美国国际集团总裁 Hank Greenburg、前美联储主席伯南克(Ben Bernanke)、前美国财政部长保尔森。
 劳伦斯·芬克 (Laurence D. Fink)	1952 年出生于美国加利福尼亚州一个名为 Van Nuys 地方的犹太人家庭，其父亲拥有一个鞋店，其母亲为一名英语教授。20 世纪 80 年代加入纽约市一大型投资银行“第一波士顿”(Fist Boston)，并发明了一些最早的房产抵押债券。1986 年因误判利率走势，损失 1 亿美元。1988 年在黑石集团(The Blackstone Group)旗下与人一起创办贝莱德公司(BlackRock)，并出任该公司董事会主席兼首席执行官。截至 2012 年 9 月 30 日，贝莱德公司管理资产 3.67 万亿美元，为世界上规模最大的资产管理公司。 2003 年，芬克帮助时任纽约证券交易所(New York Stock Exchange)首席执行官瑞查德·格拉索(Richard Grasso)协商辞职，当时格拉索因为高达 1.9 亿美元的薪酬安排而广受批评。尽管其领导下的贝莱德公司投资一直比较成功，但 2006 年其投资 54 亿美元的曼哈顿(Manhattan)房地产项目，投资失误造成包括加利福尼亚养老金和退休系统(California Pension and Retirement System)在内的投资者损失 5 亿美元。同年，决定并购“美林投资经理人”(Merrill Lynch Investment Managers)公司，贝莱德公司管理资产规模翻了 1 倍。2008 年，美国政府与贝莱德公司签约，委托该公司清理金融危机造成的金融漏洞和损失。2009 年 12 月，贝莱德公司成立 22 周年之际，成功并购巴克莱全球投资者(Barclays Global Investors)公司。至此，贝莱德公司成为全球最大的资产管理公司。2010 年，贝莱德公司为芬克支付年薪 2 360 万美元。

① 资料来源：Bethany McLean，Joe Nocera，*All the Devils Are Here*，2010。

续表 2-5

姓　名	对全球金融危机的作用
 布蕾兹·玛斯特斯 (Blythe Masters)	全名为布蕾兹·塞莉·杰斯·玛斯特斯(Blythe Sally Jess Masters),生于 1969 年 3 月 22 日,英国牛津(Oxford)人。1991 年毕业于剑桥大学圣三一学院,获经济学学士学位,随后进入摩根大通,并于 1994 年为摩根大通设计了"信用违约掉期",这一被著名投资家巴菲特称为"大型毁灭性金融武器"(financial weapons of mass destruction)、造成此次金融危机的金融工具。 2004—2007 年为摩根大通投资银行部首席财务官,之前曾任全球信用部、信用政策和战略部(Global Credit Portfolio and Credit Policy and Strategy)负责人。2006 年任著名投资银行摩根大通全球商品部(Global Commodities)负责人、经济学家。现任证券业和全球市场协会(Securities Industry and Financial Markets Association)理事会会员、主席。 "信用违约掉期"出现于 20 世纪 90 年代,2003 年开始兴起。2007 年底,全球未付清的"信用违约掉期"金额达 62.2 万亿美元,到 2010 年年中,该交易未付清金额降至 26.3 万亿美元。2012 年年初,该交易未付清金额为 25.5 万亿美元。由于"信用违约掉期"交易并不发生在交易所,也不需向任何一个政府机构报告,因此正是由于其交易的不透明性产生了系统性风险,并造成了 2007 年全球金融危机。 目前,多数"信用违约掉期"产品的标准格式来自"国际掉期与衍生品协会"(the International Swaps and Derivatives Association,简称"ISDA"),但仍有很多此类产品的格式不尽相同。除了单一名称的"信用违约掉期"产品外,还有"篮子违约掉期"(basket default swaps,简称"BDSs")、"指数信用违约掉期"(index CDSs)、"基金信用违约掉期"(funded CDSs,或 credit-linked notes)、"仅限贷款信用违约掉期"(loan-only credit default swaps,简称"LCDS")。 全球"信用违约掉期"市场交易数据的来源主要有三个:①"国际掉期与衍生品协会"自 2001 年以来,每年或每半年公布一次数据;②"国际清算银行"(the Bank for International Settlements,简称"BIS")自 2004 年以来每年或每半年公布一次;③"委托人信托与清算集团"(The Depository Trust & Clearing Corporation,简称"DTCC")通过其全球委托人"交易信息库"(Trade Information Warehouse,简称"TIW"),提供每周交易信息,但其向公众提供的信息仅限于过去 1 年的信息。由于各机构公布数据参照模型不同,其公布数据并不能总是相互一致。货币审计办公室(The Office of the Comptroller of the Currency)每季度公布一次美国商业银行和信托公司投保的信用衍生品交易数据。

续表 2-5

姓　名	对全球金融危机的作用
 丹尼斯·瓦泽斯通 (Dennis Weatherstone)	1930 年 11 月 29 日出生于英国伦敦市区的马里波恩(Marylebone),2008 年 6 月 13 日去世。20 世纪 90 年代早期的摩根大通董事会主席兼首席执行官,1994 年从摩根大通退休。在摩根大通任职时,帮助该公司获得美联储许可从事企业股票交易和销售的资格。1987 年股市动荡,他向其下属询问"到明天股市关闭之前,究竟最多会有多大损失的风险?"他致力于发明一种能测量所有银行风险的全能风险模型(all-purpose risk model),于是就有了风险价值(Value at Risk,简称"VaR"),风险价值后来成了华尔街的一项风险评估标准。 与其他华尔街总裁们所不同的是,瓦泽斯通不但知道风险价值这个评估工具的有限性,还知道它的真正用途。1995—2001 年,任英国英格兰银行的银行监管理事会独立成员。他还曾任默克药厂(Merck & Co)、通用公司(General Motors)、纽约证券交易所等公司董事会成员。
 汉克·格林伯格 (Hank Greenberg)	名字全称为茂莱斯·瑞蒙德·汉克·格林伯格(Maurice Raymond Hank Greenberg),1925 年生于美国芝加哥。曾任美国国际集团董事会主席兼首席执行官。现任 C. V. Starr & Co 公司董事会主席兼首席执行官,该公司名称取自美国国际集团的创始人 Cornelius Vander Starr。格林伯格是基辛格的好朋友。 1987 年他任命基辛格为美国国际集团的国际顾问委员会主席,帮助其公司在全球尤其是亚洲的运作。曾任外交关系委员会主任、副主席。由于其广泛的国际关系背景,曾有机会获任中央情报局(CIA)副局长一职,但他谢绝了该职位。1990 年获任中国上海市市长国际商业领袖顾问委员会主席,1994 年任北京市政府高级经济顾问,1997 年获得上海市荣誉市民称号。曾任清华大学经济管理顾问委员会成员。1998—2005 年任香港行政长官国际顾问委员会成员。曾任纽约联邦储备银行董事会主席、总裁,还曾任美中关系国家委员会副主席。 由于受到纽约市总审计长 Eliot Spitzer 的批评,2005 年 3 月 15 日,美国国际集团董事会迫使其辞去董事会主席和首席执行官职务。2005 年 5 月 26 日,Eliot Spitzer 披露文件指控其与美国国际集团首席财务官 Howard I. Smith 违反保险和证券法律,涉嫌金融欺诈等犯罪活动。后来,格林伯格缴纳了 1 500 万美元罚金。

续表 2-5

姓　名	对全球金融危机的作用
 久·卡散诺 (Joe Cassano)	生于 1955 年 3 月 12 日。1987—2008 年在美国国际集团金融产品部门工作。他被认为是 2000 年后期经济危机的关键人物。被政治作家马特·泰比(Matt Taibbi)称为全球经济衰退的"零号患者"(Patient Zero)。曾在伦敦率领美国国际集团团队销售信用违约掉期这一极具风险的金融衍生品，每销售 1 美元此类产品，他可获得其中利润的 30%，他最终从中获利 2.8 亿英镑。在此次全球金融危机中，他的团队损失达 110 亿美元，但仍享有每月 100 万美元的咨询费。
 吉姆·约翰逊 (Jim Johnson)	名字全称为詹姆斯·A·约翰逊(James A. Johnson)，1943 年 12 月 24 日生于美国明尼苏达州的本森(Benson)，房利美公司前首席执行官。1966 年获美国明尼苏达大学(University of Minnesota)政治学学士学位。1968 年获美国普林斯顿大学(Princeton University)伍德罗·威尔逊公共和国际事务学院(the Woodrow Wilson School of Public and International Affairs)公共事务硕士学位。 他先在普林斯顿大学工作，后又到美国参议院工作。1977—1981 年任美国副总统沃特·蒙德里(Walter Mondale)的助手。1985—1990 年任雷曼兄弟公司部门经理。1991—1998 年任房利美公司董事会主席兼首席执行官。 2004 年，联邦住房企业监管办公室(Office of Federal Housing Enterprise Oversight，简称"OFHEO")的报告称，在其任职期间，有 2 亿美元的开支存在问题。2006 年该机构的报告称，以前报告称约翰逊从中获得 600 万—700 万美元，实际他从中获得 2 100 万美元。2001 年起，约翰逊任私人银行 Perseus LLC 董事会副主席。

续表 2-5

姓　名	对全球金融危机的作用
 弗兰克林·瑞恩斯 (Franklin Raines)	1949 年 1 月 14 日生于美国华盛顿的西雅图，其父为房屋管理员。1991 年曾任房利美公司董事会副主席。1996—1998 年任克林顿政府的美国管理与预算办公室主任。1999 年又回到房利美公司任首席执行官。2004 年 12 月 21 日接受从房利美公司首席执行官位置上提前退休的要求。而美国证券交易委员会继续对其进行调查。后来，房利美公司被罚款 4 亿美元。联邦住房企业监管办公室曾试图从其与另两名公司高管身上追回 1.15 亿美元，并给这三人共计 1.1 亿美元罚款。2008 年 4 月 18 日，这三位受指控滥发薪酬的房利美公司高管拒绝接受政府的指控，但接受对其罚款 300 万美元的要求。瑞恩斯还同意将其最初持有的当时价值 1 560 万美元而后来仅值 180 万美元的房利美公司股票捐给慈善机构。2003 年其年薪超过 2 000 万美元。 瑞恩斯毕业于哈佛大学法学院，曾作为罗德奖学金(Rhodes Scholarships)获得者到英国牛津大学访问。该奖学金有"全球本科生诺贝尔奖"之称(该奖由英国矿业大亨塞西尔·罗兹(Cecil Rhodes)于 1902 年设立，每年 11 月在全球 18 个国家挑选 80 名杰出本科生到英国牛津大学攻读硕士或博士学位，每位学生可获得 3 万英镑或 5 万美元的学费和生活费，最多可领取 4 年)。1969 年瑞恩斯为尼克松当局提供了一份研究越南战争引发美国年轻人骚动原因的报告。1977—1979 年在卡特政府内任管理与预算办公室经济学家、白宫国内政策雇员部主任助理。曾在瑞德集团(Lazard Ltd)工作长达 11 年。该公司为投资公司，截至 2012 年，该公司在全球 27 个国家有 2 300 名雇员，管理资产达 1 553.37 亿美元，营业额达 19.02 亿美元，净收入为 1.75 亿美元。
 罗伯特·鲁宾 (Robert Rubin)	1938 年 8 月 29 日生于美国纽约市，曾在克林顿政府担任美国财政部长。而在此之前，曾在高盛公司工作长达 26 年，他掌握有大量有关金融衍生品的第一手资料，他也很清楚这些金融衍生品交易会带来什么后果，但他拒绝对这些风险极大的金融产品提出监管措施。2007 年 11 月—2009 年 1 月 9 日，在花旗集团担任董事会主席，在此期间共赚得现金和股票价值超过 1.26 亿美元。直到其从美国财政部长位置上退下之前，时任美国总统克林顿称其为"自汉密尔顿(Alexander Hamilton)以来，美国最伟大的财政部长"。2010 年 4 月 18 日，克林顿在接受 ABC 的"这一周"(This Week)栏目组采访时则称，鲁宾当时对克林顿提出的不需对金融衍生品进行监管的建议是错误的。1997 年鲁宾与美联储主席格林斯潘一起坚决反对授权"商品远期交易委员会"(Commodity Futures Trading Commission)加强对信用衍生品交易的监管。然而在鲁宾的自传里，他称，他相信金融衍生品交易会带来显著的问题，他也知道很多进行衍生品交易的人并不清楚其中的风险有多大。1999 年有人提出恢复 1933 年的《格拉斯—斯蒂格尔法案》(*Glass-Steagall Act*)，把金融业的投资银行业务和普通银行业务拆开，而时任美国财政部长的鲁宾、副部长萨默斯(Lawrence Summers)却不赞成这样做。

由表2-5可看出，该书揭露了造成此次全球金融危机的一些核心人物。如，发明信用违约掉期的剑桥大学本科生、英国牛津人玛斯特斯。1994年当她发明这种被著名投资家巴菲特称为“大型毁灭性金融武器”的高风险金融投机工具时，年仅35岁。

阮尼瑞，发明了房产抵押债券，被誉为“抵押融资之父”。

瓦泽斯通设计发明了能测量所有银行风险的全能风险模型和风险评估。风险评估后来成了华尔街评估金融系统风险的标准工具。

卡散诺率领世界上最大的保险公司——美国国际集团团队在英国伦敦大力推广销售信用违约掉期这一极具风险的金融衍生品，而他之所以如此热心于此，则是因为每销售1美元此类产品，他可获得其中利润的30%。

另外，曾担任房利美公司前首席执行官的约翰逊、瑞恩斯，都全然不顾潜在的风险，乐于向大量根本不具备抵押贷款能力的低收入群体发放巨额住房抵押贷款，而其个人则从中获利数千万美元。

还有曾在高盛公司工作长达26年，掌握有大量有关金融衍生品风险第一手资料，也很清楚这些金融衍生品交易会带来什么后果，但又拒绝对这些风险极大的金融产品提出监管措施的美国财政部长鲁宾。

西方有人认为，此次全球经济危机完全是人为造成的。无论是美国的政府高层、金融界高层均掌握有大量金融系统的风险性数据信息，而最终任由这种风险爆发，完全出于西方金融业利益集团和少数个人利益。

为金融业利益代言、阻碍金融监管的西方政界要员们

对于2008年全球金融危机和全球经济危机爆发的原因，西方媒体看得很清楚，认为这次全球经济危机纯粹是人为造成的。而造成此次全球经济危机的最核心人物正是美国、英国等国政府最高决策层，包括时任美国总统小布什、英国首相布朗及其高层经济官员们。因为他们对高风险、大规模金融衍生品交易的放纵，拒绝甚至阻碍对其严格监管，酿成了这次自第二次世界大战以来最严重的全球经济危机。而这些西方政要之所以拒绝甚至阻碍

对高风险金融工具进行监管的理由则非常冠冕堂皇，这就是所谓的“新自由主义”经济思想，市场经济会自我调节、高效运行，政府最好靠边站，不要做任何干预。而西方民众所不知的是，这些西方国家政府最高层之所以这样做，完全是处于对自身利益和其背后的金融集团利益的考虑。之所以这样下结论，看了如下的例证就可以一目了然。

1. 英国议会中为金融业代言的124位上议院议员

英国是金融大国，同时也是金融风险大国。1990—2007年英国金融业规模迅速扩张，其业务规模、金融衍生产品交易量、负债占GDP比例等持续增长。①金融业规模急速扩张。英国银行业合并资产负债表项目余额（Aggregate balance sheet）由1990年的1.2万亿英镑增长到2008年的7.3万亿英镑。②金融衍生产品交易量高速增长。2000—2007年，英国的住宅抵押债券（RMBS）、商业抵押债券（CMBS）、其他资产抵押债券（Other ABS）、债务担保证券（CDO）等衍生金融产品业务量由200亿英镑急速攀升至1 800亿英镑，增长800%。③英国金融杠杆率不断增长。（债务余额与自有资本之间的比例）由2000年的17倍升至2008年的32倍，增长88%。④银行资金缺口不断扩大。自2000年起，由于银行发放贷款量大于吸收存款量，英国几家主要银行自2000年开始出现资金缺口，2001年时资金缺口仅为500亿英镑，到2007年时银行资金缺口高达6 600亿英镑，比2001年增长1200%。到2008年底时，英国居民消费资金缺口高达7 200亿英镑，随着银行贷款的减少和居民储蓄的增加，到2010年底，英国居民的消费资金缺口降至3 300亿英镑。⑤英国金融业、企业和居民负债占GDP比例持续攀升。金融业债务占GDP的比例由1987年的25%增至2007年的240%，企业债务占GDP比例由1987年的25%增至2007年的130%，居民债务占GDP比例由1987年的25%增至2007年的100%。1987—2007年这20年间，英国金融业、企业和居民的债务总量占GDP比例由75%增长至470%，债务风险凸现。

英国的GDP只有1.5万亿英镑，而英国仅巴克莱银行、汇丰银行、皇家苏格兰银行这三大银行的金融衍生品交易面值就近100万亿英镑，为英国

GDP 的 66 倍。其中仅巴克莱银行的金融衍生品交易面值就达 43 万亿英镑,为英国 GDP 的 28 倍。就是这样大规模的金融投机交易产品,却无须向政府报告其交易状况,甚至至今国际上也没有统一的产品划分标准,用英国《独立报》的话说,高风险、不透明的巨额衍生品工具已成为全球金融市场上一颗名副其实、威力巨大的"定时炸弹"。

在这种情况下,英国民众要求政府拆分大银行的呼声越来越高,人们希望通过将这些金融巨无霸的传统银行存贷业务与高风险的投资银行业务分开,来降低其风险,减少对普通储户资金的侵蚀和挥霍。但就是这样对金融业有好处、对民众也有好处的政策建议却迟迟得不到政府的采纳。原因很简单,这样将影响英国金融业的赢利能力。金融业的特点是高风险、高收益。选择了以高赢利为目标,就要以承担高风险、牺牲普通民众的存储利益为代价。而英国政府之所以不敢、不愿对贪婪又不负责任的金融机构开刀,更是有其自身的原因,因为不少英国政界要员本身就是金融业利益的代言人。

2012 年 7 月 20 日,英国记者调查局(the bureau of investigative journalism)网站称,英国上议院议员利益登记表显示,有 124 位上议院议员为金融业利益代言人,有的在金融行业任职。如需了解所有 124 位英国上议院议员在金融业利益登记情况,请参考表 2-7。

2. 为美国金融业利益代言的各国政界要员

同样道理,数十年来经济最具活力、创新力量的美国,在面对金融业改革时,同样显得力不从心。原因与英国一样。很多美国政界要员已成为其金融业的利益代言人。这正是当初金融危机爆发后,美国总统奥巴马呼吁金融界大亨们与政府一道共度难关,配合政府的改革倡议,而响应者却不见一人的原因。

美国政界与金融界利益关系密切,这里仅以美国著名投资公司高盛公司为例。很多人都知道,美国的高盛公司的雇员包括前美国财政部长。不过,高盛公司的前雇员并不仅仅有美国的财政部长,还有美国的州长及不少欧洲国家政要,包括意大利前总理 2 名、欧洲中央银行行长、加拿大中央银行行长、世界银行行长等。一个拥有如此众多各国财经政要人脉资源的投资公司，其业绩不凡、其行业利益能得到维护、事业能做大就不难理解了。

造成此次全球经济危机的机构和人还有很多，包括给风险极大的债券和金融产品给予较高安全等级评级的、唯利是图、不负责任的几大评级机构。研究造成此次全球经济危机的目的并只是找到这些人是谁，而是想说明，这次全球经济危机并不是单纯由所谓“新自由主义经济思想”造成那么简单，完全是一起人为造成的“人祸”。

07/决定美国金融市场稳定的13位银行家

2009年3月27日，星期五。美国的股市已在过去7个月狂跌了40%，已有410万人在这场经济危机中丢掉工作。尽管政府已进行了三次救助，花旗集团的股票成交价已跌至每股3美元以下，与其股价最高时相比，已跌了95%。

美洲银行虽然接受了两次救助，但其股价也跌了85%。更让人们感到焦虑的是，美国国际集团这个接受了政府1 800亿美元救助的金融大鳄，竟然还在向2008年9月份发生的、造成公司巨额损失的部门高管及交易人员发放高达1.65亿美元的奖金。尽管奥巴马政府在2009年2月就提出不能再向这些大金融机构提供救助资金了，但这些呼声在媒体和市场上几乎没有得到任何回应。一些著名经济学家开始呼吁，对一些主要的银行进行重组和国有化，华尔街的运作方式开始受到威胁。

2009年，美国总统奥巴马会见了来自美国规模最大的13家金融机构的银行家。奥巴马对这13位银行家说："帮助我，就是在帮你们(help me help you)。"美国白宫新闻秘书Robert Gibbs回想起来，总统当时要传递的信息就是"我们都连在这里"(We are all in this together)。尽管正是这些银行造成了这次金融危机，但奥巴马和其前几任美国总统小布什、克林顿一样，认为这些银行也是美国经济复苏和繁荣所必须依靠的对象。因此，当奥巴马政府对这13位银行家们说“我们都连在这里”时，他的意思就是，美国的13个大银行正是美国整个政治体系的心脏所在。

表 2-6 决定美国金融稳定的13个大银行及银行家情况①

银行负责人	银行名称	银行总资产（美元）	雇员数量（人）
 Ken Chenault	AMERICAN EXPRESS 美国运通公司 America Express	1 533 亿	6.25 万
 Ken Lewis	Bank of America 美洲银行 Bank of America	21 900 亿	28.2 万
 Robert Kelly	BNY MELLON 纽约银行梅隆公司 New York Bank Mellon	3 252.7 亿	4.87 万

① 资料来源：Goldman Sachs，维基百科网。

续表 2-6

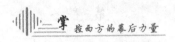

银行负责人	银行名称	银行总资产（美元）	雇员数量（人）
 Vikram Pandit	花旗集团 CitiGroup	18 730 亿	26.6 万
 John Koskinen	房地美公司 Freddie Mac	22 600 亿	0.53 万
 Lloyd Blankfein	高盛公司 Goldman Sachs	9 230 亿	3.33 万
 Jamie Dimon	摩根大通契斯 JP Morgan Chase	22 650 亿	26.009 5 万

续表 2-6

银行负责人	银行名称	银行总资产（美元）	雇员数量（人）
 John Mack	Morgan Stanley 摩根斯坦利 Morgan Stanley	8 076.9 亿	6.19 万
 Rick Waddell	Northern Trust 北部信托 Northern Trust	838.44 亿	1.28 万
 James Rohr	PNC 匹兹堡国家集团 PNC Pittsburgh National Corporation	2 712.05 亿	5.189 1 万
 Ronald Logue	STATE STREET 州街集团 State Street	2 168.3 亿	2.974 万

续表 2-6

银行负责人	银行名称	银行总资产（美元）	雇员数量（人）
 Richard Davis	usbancorp 美国银行 US Bank	3 530 亿	6.3 万
 John Stumpf	WELLS FARGO 富国集团 Wells Fargo	13 130 亿	26.42 万
共计		13.035 万亿	144.142 6 万

由表 2-6 可看出，美国 13 家规模最大银行的资产总额为 13.035 万亿美元，平均每家银行的资产为 1 万亿美元。这 13 家规模最大的银行从业人员达 144.142 6 万人，平均每个银行雇员为 11.087 9 万人。这 13 家银行、144.142 6 万名雇员，其人均管理资产达 904.31 万美元。

08 /为金融集团代言的 124 位英国上议院议员

2012 年 7 月 20 日，英国记者调查局网站称，据英国上议院议员利益登记表显示，在 775 位非选举产生议员中，有 124 位议员为金融业利益代言人，有的在金融行业任职，这表明，英国有 16%的上议院议员为金融业利益服务。

图 2-15 英国议会大厦

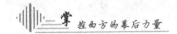

表 2-7 2012 年英国议会上议院议员代言金融业名单①

	议员爵位	议员姓名	议员服务金融业或在金融业任职情况
1	Ahmad of wimbledon 勋爵	Tariq Ahmad	Sucden 金融有限公司（商品，金融期货，期权经纪与交易）战略和市场部经理。
2	Arran 伯爵	Arthur Gore	Lloyd's 保险公司成员（海洋险，非海洋险，航空险，机动车保险）。
3	Ashton of Hyde 勋爵	Henry Ashton	Faraday 保险有限责任公司首席执行官，Faraday 再保险有限责任公司首席执行官。Faraday 控股有限公司、Faraday 资本有限公司、GRF 服务有限公司、Lloyd's 保险公司理事会成员、世纪资本 LLP 公司（美国波士顿一家私募公司）理事会顾问。
4	Astor 子爵	William Astor	Cliveden 证券有限公司（集团财务顾问）。
5	Baker of Dorking 勋爵	Kenneth Baker	Trilantic 资本伙伴欧洲商业银行顾问委员会（EMBAC）主席。
6	Bhatia 勋爵	—	Prime 联合有限责任公司（咨询公司，向 Casley 金融有限公司、Solraye 有限责任公司收取咨询服务费）总经理、董事会主席，Solraye 有限责任公司总经理。
7	Birt 勋爵	John Birt	PayPal 欧洲网络支付公司董事会主席，Terra Firma 资本伙伴公司（私募公司）顾问。
8	Blackwell 勋爵	Norman Blackwell	劳埃德银行集团非执行董事、苏格兰寡妇集团有限公司（Scottish Widows Group Ltd，为劳埃德银行集团下属保险公司，2012 年 9 月 1 日起开始经营）董事会主席。
9	Blencathra 勋爵	David Maclean	Two Lions 咨询有限公司（公关公司，客户包括 Castlepines 投资集团公司）总经理，开曼群岛政府驻英国办公室主任（负责游说保护该岛金融业利益）。
10	Blyth of Rowington 勋爵	James Blyth	Greenhill & Co（投资银行）公司高级顾问。

① 资料来源：Melanie Newman，Lords for Hire，2012 年 7 月 10 日英国记者调查局网站信息。

续表 2-7

	议员爵位	议员姓名	议员服务金融业或在金融业任职情况
11	Brennan 勋爵	Daniel Brennan	NBNK 投资公司(银行业、储蓄业)非执行董事,Omega 商业方案有限公司(消费者金融债务服务)董事会主席,Juridica 投资有限公司董事会主席兼非执行董事。
12	Brittan of Spennithorne 勋爵	Leon Brittan	UBS 投资银行董事会副主席。
13	Brookeborough 子爵	Alan Brooke	Basel 信托集团(设在避税天堂海峡群岛)非执行董事。
14	Browne of Ladyton 勋爵	—	皇家苏格兰银行顾问。
15	Browne of Madingley 勋爵	John Browne	Riverstone LLC 私募基金公司(投资能源和电力)合伙人、管理部门经理,Stanhope 资本顾问理事会(财富管理)主席,Accenture 全球能源理事会(管理咨询)主席,德意志银行顾问委员会气候变化问题成员,Brevan Howard 顾问理事会(资产管理)委员,德意志银行欧洲顾问理事会(管理咨询)委员。
16	Burns 勋爵	Terence Burns	Santander 英国有限公司主席,Banco Santander SA 银行非执行董事。
17	Butler of Brockwell 勋爵	Robin Butler	TT 国际有限公司(投资管理)顾问。
18	Carlile of Berriew 勋爵	Alex Carlile	劳埃德保险执行理事会(劳埃德伦敦保险公司)主席。
19	Carter of Coles 勋爵	Patrick Carter	Primary 集团有限公司(保险业)总经理,Shareholders Executive 公司总经理,Warburg Pincus 国际有限公司顾问。
20	Cathcart 伯爵	William Cathcart	劳埃德保险公司保险业者(从事海洋险、房地产险、责任险、航空险、机动车险、人寿险、再保险)。
21	Chadlington 勋爵	—	Huntsworth 有限公司(公关行业国际咨询集团)总裁,Carlyle 集团(全球资产管理)总裁,伦敦证券交易所总裁。

续表 2-7

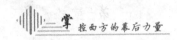

	议员爵位	议员姓名	议员服务金融业或在金融业任职情况
22	Chalker of Wallasey 女男爵	—	伦敦 MerchantBridge & Co Ltd(投资公司)顾问理事会成员,伦敦 8 英里(私募股权)基金总裁。
23	Chandos 子爵	—	Northbridge 英国有限公司(投资管理)总裁,Northbridge 管理有限公司(投资管理)总裁,Queen's Walk 投资有限公司(投资公司)总裁,Sand Aire 有限公司(投资管理)总裁。
24	Christopher 勋爵	—	TU 基金经理有限公司总裁(主席),TU Additions 有限公司总裁(主席)。
25	Cohen of Pimlico 女男爵	Janet Cohen	伦敦证券交易所有限公司(LSE plc)非执行董事,Borsa Italiana SpA(意大利主要的股票交易所)非执行董事。
26	Collins of Highbury 勋爵	Ray Collins	Embignell 有限公司(其下属子公司 Union Income Benefit 控股有限公司主要从事保险、预付卡服务、印刷管理服务)咨询师。
27	Crisp 勋爵	Nigel Crisp	与妻子一起共同担任全球 HDE 有限责任公司(医疗、设计、教育行业出版、研究、咨询公司)总裁,接受来自 KPMG 的签约合同和报酬,参加演讲活动并提供咨询意见(2011 年 11 月 28 日—2011 年 12 月 2 日在澳大利亚和加拿大,2012 年 1 月 16—20 日及 2012 年 3 月 5—7 日在南非,2012 年 1 月 30 日—2 月 2 日在印度)。
28	Cunningham of Felling 勋爵	Jack Cunningham	Aeternum 资本管理 LLP 公司顾问。
29	Currie of Marylebone 勋爵	David Currie	Semperian PPP 投资伙伴控股有限公司(投资机动车)主席,金融监管国际中心主席,迪拜金融服务局局长,IG 集团(金融、贸易平台)总裁。

续表 2-7

	议员爵位	议员姓名	议员服务金融业或在金融业任职情况
30	Davies of Abersoch 勋爵	Mervyn Davies	Corsair 资本投资有限责任公司董事会副主席兼合作伙伴，PineBridge 投资有限责任公司非执行主席，Moelis & Company（投资银行）顾问理事会主席兼首席执行官高级顾问，Monitise 集团有限公司（手机银行）特别顾问，Mobile Money Network 有限责任公司（手机支付、手机市场、手机银行创新）非执行董事。
31	Dear 勋爵	Geoffrey Dear	Blue Star 资本有限公司（投资国内安全公司）非执行主席。
32	Deben 勋爵	John Gummer	独立金融顾问协会主席，Castle 信托资本有限公司（房产投资、抵押贷款公司）非执行董事。
33	Desai 勋爵	—	Elara 资本有限公司（伦敦，针对印度的投资顾问公司）非执行董事，官方货币和金融机构论坛（OMFIF）顾问理事会主席。
34	Drake 女男爵	Jeannie Drake	Alliance & Leicester 养老金项目托管人（主要雇主为 Santander 有限公司），Walker Guidelines Monitoring 集团（为英国私募公司服务、由英国风险资本协会支付费用）独立成员。
35	Eatwell 勋爵	John Eatwell	SAV 信用有限公司（信用卡业务）非执行董事，EM Warburg Pincus & Co 国际有限责任公司经济顾问，Palamon 资本伙伴 LLP 公司经济顾问，泽西金融服务局局长。
36	Edmiston 勋爵	Robert Edmiston	IM 集团有限公司及其子公司（机动车、房地产、金融服务业）董事会主席。
37	Evans of Temple Guiting 勋爵	—	EFG 私人银行董事会主席。

续表 2-7

	议员爵位	议员姓名	议员服务金融业或在金融业任职情况
38	Fink 勋爵	Stanley Fink	Beetle 资本伙伴 LLp 公司(为公司、基金从事环境融资提供顾问服务)总裁,Earth 资本伙伴 LLp 公司(投资新能源项目的资产管理公司)总裁,ISAM(英国)有限责任公司(资产经理)总裁,ISAM 服务(英国)公司(资产经理)总裁,Marex 集团有限公司(远期交易经纪人)总裁,ISAM 公司首席执行官。
39	Flight 勋爵	Howard Flight	Flight & Partners 有限公司(私募基金)主席,Investec 资产管理有限公司(国际投资经理)总裁,CIM 投资管理有限责任公司(新兴市场国家投资经理)主席,Loudwater 信托有限公司(私募基金)主席,CorporActive 基金有限责任公司(大中国区开放基金)主席,Downing Structured Opportunities VCT1 有限责任公司(风险资本信托)主席,Metro 银行有限公司(零售银行业)经理,Arden 伙伴有限公司(股票经纪人)主席,Marechale 资本(集团融资服务)公司总裁,Aurora 投资信托有限公司(主要投资伦敦证券交易所上市公司股票)主席,Edge Performance VCT 公司(投资娱乐、媒体行业)总裁,根西(Guernsey)金融服务局局长,Kinetic 伙伴公司(投资管理咨询服务)咨询师,IAM 养老金基金托管人,储蓄税收鼓励协会(代表零售投资管理行业)顾问,EIS 协会(代表律师、会计师、企业投资项目质量行业)主席,Guinness 新能源 EIS 基金(投资委员会成员)。
40	Forsyth of Drumlean 勋爵	Michael Forsyth	NBNK 投资有限公司(银行业、储蓄业)非执行董事。
41	Foster of Bishop Auckland 勋爵	—	Equity in Finance 有限责任公司非执行董事。
42	Fraser of Carmyllie 勋爵	Peter Lovat Fraser	ICE 清算公司(为 ICE 欧洲业务提供远期清算服务)非执行董事,ICE 远期欧洲公司(为全球能源市场远期交易提供服务)非执行董事。

续表 2-7

	议员爵位	议员姓名	议员服务金融业或在金融业任职情况
43	Garel-Jones 勋爵	Tristan Garel-Jones	UBS 拉美公司(银行业)董事会主席,UBS(银行业)管理经理。
44	Gibson of Market Rasen 女男爵	Anne Gibson	LINK 公司(自动取款机网络服务)消费者问题常务委员。
45	Gold 勋爵	David Gold	Marylebone 资本投资有限公司总裁。
46	Goudie 女男爵	Mary Goudie	德勤会计师事务所(审计、金融咨询服务)。
47	Griffiths of Fforestfach 勋爵	Brian Griffiths	高盛公司国际部总裁,高盛公司资产管理国际部总裁。
48	Guthrie of Craigiebank 勋爵	Charles Guthrie	Sciens 资本公司(投资管理)非执行董事,Canaccord Genuity 有限责任公司(金融服务)顾问理事会成员。
49	Hamilton of Epsom 勋爵	Archibald Hamilton	Jupiter 股息和增长信托有限责任公司(投资信托)非执行董事会。
50	Harris of Haringey 勋爵	Toby Harris	毕马威会计师事务所高级顾问。Toby Harris 协会客户包括债务管理标准协会、风险管理集团等。
51	Hastings of Scarisbrick 勋爵	Michael Hastings	毕马威会计师事务所(全球审计、税务、咨询业网络服务公司)公民身份与多样性全球部总裁。
52	Hodgson of Astley Abbotts 勋爵	Robin Hodgson	Tenet 集团有限公司(金融服务业)主席,RFIB 集团有限公司(保险、再保险经纪人行业)主席,Nova 资本管理公司主席。
53	Hollick 勋爵	Clive Hollick	Jefferies Inc 公司(金融服务业)顾问理事会成员,GP Bullhound 有限责任公司(投资银行业)合作伙伴。
54	Home 伯爵	David Douglas-Home	迪拜金融服务局(DFSA)理事会成员,新加坡南方资本公司顾问。

续表 2-7

	议员爵位	议员姓名	议员服务金融业或在金融业任职情况
55	Howard of Lympne 勋爵	Michael Howard	Hawkpoint 伙伴有限责任公司（投资银行业）高级顾问。
56	James of Blackheath 勋爵	David James	纽约 Cerberus 资本管理有限责任公司顾问。
57	Janvrin 勋爵	Robin Janvrin	汇丰银行集团私人银行（英国）有限责任公司董事会副主席。
58	Jay of Ewelme 勋爵	Michael Jay（上议院主席）	Candover 投资有限责任公司非执行董事。
59	Jones of Birmingham 勋爵	Digby Jones	汇丰银行集团有限公司国际商业顾问理事会主席，汇丰银行集团有限公司高级顾问，Monitise 有限责任公司（移动电话银行业）顾问理事会成员。
60	Kerr of Kinlochard 勋爵	John Kerr	苏格兰美国投资有限责任公司非执行董事，爱丁堡伙伴有限责任公司（基金管理）投资顾问理事会成员。
61	Kestenbaum 勋爵	Jonathan Kestenbaum	Five Arrows 有限责任公司（投资公司）主席，Graywood 有限责任公司（咨询业）总裁。罗思柴尔德资本管理有限责任公司（投资咨询业）董事兼首席执行官，罗思柴尔德服务有限责任公司（金融业）首席执行官。
62	Kingsmill 女男爵	Denise Kingsmill	普华永道会计师事务所顾问理事会副主席。
63	Lamont of Lerwick 勋爵	Norman Lamont	小公司股息信托公司主席。Balli 集团有限责任公司（钢铁、商品交易商）总裁，Jupiter 第二剥离信托有限公司总裁，北美洲丧失抵押品赎取权及缺乏机会基金公司（North American Foreclosure and Distressed Opportunities Fund LLLP）顾问，MerchantBridge & Co 公司（投资公司）顾问理事会成员，Hermitage 全球基金顾问理事会成员，Halkin 投资公司投资顾问理事会成员。
64	Lang of Monkton 勋爵	Ian Lang	Charlemagne 资本有限责任公司（基金管理）非执行董事。

续表 2-7

	议员爵位	议员姓名	议员服务金融业或在金融业任职情况
65	Lawson of Blaby 勋爵	Nigel Lawson	牛津投资伙伴公司主席，CET 资本有限责任公司（私募股权基金）主席。
66	Leach of Fairford 勋爵	Rodney Leach	Jardine Lloyd Thompson 公司（保险经纪人行业）总裁。
67	Leitch 勋爵	Alexander Leitch	苏格兰寡妇集团有限公司（保险业）主席，苏格兰寡妇有限责任公司主席，苏格兰寡妇养老金有限责任公司主席，HBOS 有限责任公司（银行业）非执行董事。苏格兰银行有限责任公司非执行董事。BUPA 公司主席。Intrinsic 金融服务有限责任公司主席。劳埃德 TSB 有限责任公司副主席。苏格兰寡妇集团有限公司非执行总裁，苏格兰寡妇有限责任公司非执行董事，苏格兰寡妇养老金有限责任公司非执行董事。HBOS 有限责任公司副主席。苏格兰银行有限责任公司副主席。BUPA 公司非执行总裁。Intrinsic 金融服务有限责任公司非执行董事，Intrinsic 抵押贷款计划有限责任公司非执行董事。HBOS 金融服务有限责任公司非执行董事，HBOS 投资基金经理人有限责任公司非执行董事。Clerical 医学管理基金有限责任公司非执行董事。Halifax 金融服务（控股）有限责任公司非执行总裁，Halifax 人寿保险有限责任公司非执行董事。圣安得鲁斯人寿保险有限责任公司（St Andrew's Life Assurance plc）非执行董事。劳埃德银行集团有限责任公司顾问。
68	Levene of Portsoken 勋爵	—	中国建设银行总裁，NBNK 投资有限责任公司（从事银行并购业务）主席。
69	Levy 勋爵	Michael Levy	RK Harrison 集团有限责任公司（保险、再保险业经纪人）金融顾问。
70	Mcconnell of Glenscorrodale 勋爵	Jack McConnell	普华永道会计师事务所顾问理事会成员。
71	Macdonald of Tradeston 勋爵	Gus Macdonald	Macquarie 基础设施和房地产（欧洲）有限责任公司（基金管理业）高级顾问。

续表 2-7

	议员爵位	议员姓名	议员服务金融业或在金融业任职情况
72	Mcfall of Alcluith 勋爵	John McFall	NBNK 投资有限责任公司(银行业)总裁(主席、审计委员),Alcluith 有限责任公司总裁。
73	Magan of Castletown 勋爵	George Magan	Heritage 资本英国公司主席。圣詹姆士(St James's)有限责任公司(集团融资顾问和投资公司)总裁。Morgan Shipley 有限责任公司(迪拜投资银行顾问公司)总裁。Fitzwilliam 信托集团有限责任公司(信托管理和投资公司)总裁。SJA 服务有限责任公司(集团融资顾问)总裁。投资伙伴联盟 PJSC 公司(投资银行顾问公司)总裁。AXA 私募股权基金(巴黎私募股权投资者集团)顾问理事会成员。Banque Heritage(日内瓦私人银行公司)顾问理事会成员。
74	Mandelson 勋爵	Peter Mandelson	Lazard 有限责任公司(国际金融顾问公司)高级顾问。
75	Marland 勋爵	Jonathan Marland	保险资本伙伴有限责任公司总裁。通过保险资本伙伴有限责任公司、Jubilee 管理代理有限责任公司加入劳埃德保险集团。
76	Marlesford 勋爵	Mark Schreiber	Gavekal 研究 (香港)公司(金融业)非执行董事。Sit 投资联盟 Minneapolis (基金经理人)世界展望顾问。
77	Marshall of Knightsbridge 勋爵	Colin Marshall	Nomura 欧洲控股有限责任公司主席,Nomura (日本)控股公司总裁,Nomura 国际有限公司主席。
78	May of Oxford 勋爵	Robert May	汇丰银行集团可持续发展理事会(前汇丰银行集团社会责任委员会)成员。
79	Monks 勋爵	John Monks	Arbejdsmarkedets Tillaegspension(保险公司)顾问委员会成员。
80	Moore of Lower Marsh 勋爵	John Moore	Marvin and Palmer 联合公司(Wilmington, Delaware,美国,金融服务业)总裁。

续表 2-7

	议员爵位	议员姓名	议员服务金融业或在金融业任职情况
81	Morris of Handsworth 勋爵	Bill Morris	牙买加国家货币服务有限责任公司（国际货币汇款业）副主席。
82	Myners 勋爵	Paul Myners	自治研究所(银行业、保险业独立研究机构)主席兼管理伙伴。 Justice 控股有限责任公司（全球企业投资业）主席。 Cevian 资本(英国)公司（国际股票投资业)主席兼合作伙伴。 RIT 资本伙伴有限责任公司（投资信托业)非执行董事。
83	Noakes 女男爵	Sheila Noakes	皇家苏格兰银行有限责任公司总裁。
84	O'Donnell 勋爵		多伦多自治银行总裁战略顾问。
85	Oakeshott of Seagrove Bay 勋爵	Matthew Oakeshott	价值与收入信托有限责任公司总裁。OLIM 有限责任公司(投资管理)总裁，OLIM 有限责任公司(投资管理业，为"亲密兄弟集团有限责任公司"子公司)联合管理经理。Warburg 投资管理公司前经理。
86	Oxburgh 勋爵	Ronald Oxburgh	曾为德意志银行提供专业服务。
87	Palumbo 勋爵	Peter Palumbo	MerchantBridge & Co（投资公司）顾问理事会成员。
88	Parkinson 勋爵	Cecil Parkinson	Henderson Rowe 有限责任公司(投资管理业)总裁。
89	Patten of Barnes 勋爵	Chris Patten	Bridgepoint（私募股权基金集团）公司欧洲顾问理事会成员。
90	Patten 勋爵	John Patten	Charterhouse 发展资本有限责任公司(英国和欧洲私募股权基金)高级顾问。
91	Phillips of Sudbury 勋爵	Andrew Phillips	Faraday 保险有限责任公司非执行董事，Faraday 再保险有限责任公司非执行董事。

续表 2-7

	议员爵位	议员姓名	议员服务金融业或在金融业任职情况
92	Powell of Bayswater 勋爵	Charles Powell	Magna 控股国际有限责任公司主席。资本一代伙伴服务有限责任公司主席。Matheson & Co 公司总裁。Textron 集团总裁。北方信托全球服务公司总裁。GEMS 私募股权基金顾问理事会主席。Bowmark 资本公司顾问理事会主席。ACE 保险公司国际顾问理事会成员。
93	Prosser 女男爵	—	工会基金经理人有限责任公司(监管工会投资活动的公司)总裁。
94	Razzall 勋爵	Tim Razzall	Ardel 控股有限责任公司根西岛分公司总裁。Barton Brown 有限责任公司(金融服务业)总裁。Catalyst 投资集团有限责任公司(投资公司)总裁。Square Mile 资本投资有限责任公司(投资公司)总裁。Finurba 集团金融有限责任公司总裁。Bridge Hall 控股有限责任公司(股票经纪)总裁。Catalyst 基金管理有限责任公司(基金管理公司)总裁。Argonaut 联盟(企业融资)合作伙伴。RT 联盟(企业融资)合作伙伴。Jubilee 金融产品有限责任公司(金融服务业)顾问。
95	Reay 勋爵	Hugh Mackay	劳埃德保险公司成员。
96	Renwick of Clifton 勋爵	Robin Renwick	Fleming 家族和伙伴公司副主席,JPMorgan Cazenove 公司副主席,JPMorgan 欧洲公司投资银行部副主席。
97	Risby 勋爵	Richard Spring	Malabar Capital SA (投资基金)顾问。
98	Robertson of Port Ellen 勋爵	George Robertson	Engelfield 资本(私募股权)顾问理事会成员。
99	St John of Bletso 勋爵	Anthony St John	Albion Ventures VCT (风险资本)公司非执行董事。
100	Sawyer 勋爵	Tom Sawyer	Embignell 有限责任公司(下属子公司"协会收入受益控股有限责任公司")总裁。
101	Sharman 勋爵	Colin Sharman	Aviva 有限责任公司(保险业)主席,ABN AMRO Holding N. V. (银行业)公司前监管理事会成员。

续表 2-7

	议员爵位	议员姓名	议员服务金融业或在金融业任职情况
102	Sheikh 勋爵	Mohamed Sheikh	Iqra Ethical 有限责任公司(伊斯兰教保险和金融服务)主席兼总裁,Macmillan Sheikh 有限责任公司(传统保险和金融服务)主席兼总裁。
103	Skidelsky 勋爵		Rusnano Capital AG 公司(投资俄罗斯)非执行董事。
104	Smith of Kelvin 勋爵	Robert Smith	Standard 银行集团有限责任公司(银行业)总裁,Standard 银行南非控股有限责任公司(银行业)总裁。英国绿色投资银行(UK Green Investment Bank)主席。
105	Sterling of Plaistow 勋爵	Jeffrey Sterling	Shore 资本集团有限责任公司(投资银行业)高级顾问。
106	Stern of Brentford 勋爵	—	Akbank NV(土耳其)公司国际顾问理事会成员。
107	Stevens of Kirkwhelpington 勋爵	—	Travelex(货币兑换业)公司非执行董事。
108	Stevenson of Coddenham 勋爵	Dennis Stevenson	西方联合公司(汇款业)总裁。Loudwater 投资伙伴有限责任公司(风险资本)非执行董事。
109	Strathclyde 勋爵	Thomas Galbraith	劳埃德伦敦保险公司(非人寿险)成员。
110	Symons of Vernham Dean 女男爵	Elizabeth Symons	Blenheim 资本服务有限责任公司(政府和企业交易咨询和顾问服务)国际顾问。
111	Temple-Morris 勋爵	Peter Temple-Morris	Ashford Holdings SA(国际建筑行业保险集团公司法律和总顾问)特别顾问。
112	Trenchard 子爵	Huge Trenchard	Mizuho 国际有限责任公司(证券和投资银行业)管理经理。
113	Triesman 勋爵	David Triesman	Templewood LLP(商业银行业)公司顾问理事会主席。

续表 2-7

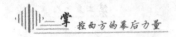

	议员爵位	议员姓名	议员服务金融业或在金融业任职情况
114	Trimble 勋爵	—	CRC 资本投放基金有限责任公司非执行董事。
115	Tugendhat 勋爵	Christoper Tugendhat	Trilantic 资本伙伴顾问委员会(商业投资)成员。
116	Turnbull 勋爵	Andrew Turnbull	保诚保险集团有限责任公司(Prudential plc)非执行董事。BH 全球有限责任公司(投资公司)主席。
117	Valentine 女男爵	Jo Valentine	TP70 2008(Ⅱ)VCT 有限责任公司(风险资本信托)董事会成员。
118	Vallance of Tummel 勋爵	Iain Vallance	Allianz SE(保险业)公司国际顾问理事会成员。
119	Wade of Chorlton 勋爵	William Wade	MAM 基金有限责任公司(基金管理)总裁。
120	Waldegrave of North Hill 勋爵	William Waldegrave	UBS 投资银行顾问。
121	Weidenfeld 勋爵	George Weidenfeld	Investcorp Inc (纽约、伦敦,投资业)公司欧洲顾问理事会成员。C12 资本管理 LLP 公司顾问理事会成员
122	Wheatcroft 女男爵	—	St James's Place 有限责任公司 (金融服务业)非执行董事。
123	Wilson of Dinton 勋爵	Richard Wilson	C Hoare and Co (私人银行业)公司非执行主席。
124	Wolfson of Sunningdale 勋爵	David Wolfson	Oakley 资本有限责任公司顾问。

09/英国十大金融业游说者[①]

1. 马克·波利特(Mark Boleat),伦敦金融城政策和资源委员会主席

波利特于 2012 年 5 月被选为伦敦金融城政策和资源委员会(resources committee,City of London)主席,成为英国金融业最具影响力的游说者。人们预测其为应对占领运动抗议者的"强硬派"。波利特于 1949 年出生于泽西岛(Jersey),1999 年创办 Boleat 咨询公司,曾为世界银行在俄罗斯、尼日利亚、埃及等国开展工程项目提供咨询服务。曾出版有 12 本有关金融业和公共政策的著作,是泽西商会的常客。2012 年 3 月在泽西商会的演讲中,波利特称:"极其成功的经济,给了(泽西岛)人民以超出英国或法国的生活标准。"波利特长期从事房地产金融服务业,曾任建筑协会联合会和住房抵押贷款放贷者理事会总裁。

2. 安斯欧尼·布柔倪(Anthony Browne),英国银行家协会总裁

布柔倪毕业于剑桥大学数学系,曾在旗舰街这一英国著名媒体聚集地工作长达 15 年,曾参与英国移民政策的媒体大辩论。曾任伦敦市长的政策部负责人,现任伦敦市长鲍瑞斯·约翰逊(Boris Johnson)当年竞选市长的

① 资料来源:Will Fitzgibbon and Nick Mathiason, *Britain's 10 Most Powerful Finance Lobbyists*,2012 年 7 月 13 日英国记者调查局网站信息。

政策纲领即出自其手。尽管其为英国保守党提供政策咨询，但其思想甚至也为英国现任工党领袖艾德·米利班德(Ed Miliband)所接受。曾任著名投资银行摩根斯坦利欧洲区公关部高级经理，6个月后，年仅45岁的布柔倪即出任英国银行家协会(the British Bankers' Association)总裁。

3. 安德鲁·贝克尔(Andrew Baker)，选择投资管理协会(the Alternative Investment Management Association，简称"AIMA")总裁

贝克尔毕业于帝国理工大学数学系，曾在UBS、HD国际、罗思柴尔德(Rothschilds)、Gartmore and Schroders投资管理公司、Papua New Guinea等银行和投资行业工作。选择投资管理协会是对冲基金产业重要的行业组织，在对抗欧洲提出的要求提高金融衍生品市场交易透明度、银行业薪酬等问题，保护英国本土金融业利益上，发挥了重要作用。自称"来自南威尔士、兴趣广泛的普通男孩"。育有3个孩子，喜欢骑车、登山、旅行和古典音乐。

4. 迈克尔·斯宾瑟(Michael Spencer)，Icap主席兼总裁

Icap是伦敦金融城最有权势的内部交易经纪公司，是英国商品、货币、衍生品交易的核心所在。作为该公司的总裁，斯宾瑟现年57岁，拥有财富超过5亿英镑，是英国政治的核心人物。2006—2010年任英国保守党联合财务官。斯宾瑟还是保守党基金会(the Conservative Foundation)主席。斯宾瑟毕业于牛津大学物理系，他利用所有可能的媒体采访机会，反对欧洲提出的金融交易税。在彼得·克鲁达斯(Peter Cruddas)的"花钱请吃饭"丑闻中，斯宾瑟与英国首相卡梅伦同在这场饭局中。

5. 伊恩·安德森(Iain Anderson)，西塞罗(Cicero)咨询有限责任公司总裁

出生于英国东北部素有"欧洲石油之都"之称的阿伯丁(Aberdeen)，安德森所执掌的西塞罗咨询有限责任公司被认为是伦敦最有影响力的金融业游说公司。据职业政治咨询协会(Association of Professional Political Consultants)登记信息显示，西塞罗咨询公司客户包括美洲银行美林公司(Bank of America Merrill Lynch)、巴克莱银行、汇丰银行、摩根斯坦利、渣打银行、瑞士银行家协会(the Swiss Bankers' Association)、金融城英国(The City UK)等。

安德森住在伦敦的诺丁山(Notting Hill),常向《胡兴顿邮报》(*Huffington Post*)供稿,内容涉及外交、商业和政治,自称是法国尼斯(Nice, France)和歌剧迷。

6. 马克·弗劳曼(Mark Florman),英国私募基金和风险资本协会(British Private Equity and Venture Capital Association,简称"BVCA")总裁

英国私募基金和风险资本协会是该产业的最大行业领导者。作为该协会总裁,弗劳曼如今面对着较大的挑战,在资产剥离、向投资者收取高额费用等方面饱受批评。

弗劳曼毕业于伦敦政治经济学院(the London School of Economics),曾在美国从事公司银行业、并购、股票资本市场等业务。曾任英国保守党前顾问和财务部高级副部长。现为英国智库社会正义中心(the Centre for Social Justice)主席,该智库由伊恩·敦坎·史密斯(Iain Duncan Smith)创办。马克·弗劳曼还与鲍勃·杰道夫(Bob Geldof)勋爵共同创办"8英里非洲发展基金"(African development fund 8 Miles)。作为皇家阿尔伯特音乐厅的大使,弗劳曼经常访问肯尼亚和乌干达。

7. 西蒙·莱维斯(Simon Lewis),金融市场欧洲协会(the Association of Financial Markets in Europe)总裁

莱维斯毕业于牛津大学,为阿森纳足球俱乐部的球迷,曾担任英国前首相布朗(Gordon Brown)的新闻发言人。1998年当戴安娜王妃去世时,担任英国女王的首任通讯秘书,《独立报》称其为"拯救皇室的人"。莱维斯已担任金融市场欧洲协会总裁2年。该协会成立于2009年晚些时候,代表了银行业、保险业及经纪人行业的利益。2012年1月,莱维斯开始在全球金融市场协会(the Global Financial Markets Association)担任职务。此外,还在通讯业巨头沃达丰及金融业公司NatWest担任职务。

8. 迈克·科拉文(Mike Craven),莱克星顿(Lexington)联络公司合作伙伴

科拉文曾任英国工党的首席新闻发言人,在任英国前副首相约翰·普

雷斯科特(John Prescott)的顾问时,引起媒体注意。当英国工党政府准备出台交通业白皮书时,科拉文的公关咨询公司莱克星顿公司正在与其客户英国航空公司进行合作。该公关咨询公司并没有最多的金融服务业客户,但它的客户却包括世界最著名的投资银行公司高盛公司。英国记者调查局的研究发现,该公司员工与英国政界联系最为紧密。

9. 查尔斯·莱温顿(Charles Lewington),汉诺威(Hanover)联络公司高管

莱温顿,英国肯特郡人,毕业于巴斯大学经济专业,曾是《巴斯编年史》(*The Bath Chronicle*)的记者。曾在《每日邮报》(*The Daily Express*)工作,后任《星期日邮报》(*The Sunday Express*)执行总编。20 世纪 90 年代出任时任英国首相约翰·梅杰(John Major)的新闻秘书。他被人们昵称为"查理斯勋爵"(Lord Charles),因为他也喜欢抽雪茄烟,且性格温和。

2008 年,莱温顿领导汉诺威联络公司,为媒体大亨默多克(Rupert Murdoch)收购英国的 BSkyB 电视台提供咨询服务。在该公司客户名单中,包括具有很大影响力的英国保险公司联合会(Association of British Insurers)、Nomura、桑坦德银行(Santander)、高盛公司等。

10. 乔治·布瑞吉斯(George Bridges),魁勒(Quiller)咨询公司

毕业于著名私立贵族学校伊顿公学、牛津大学,获有大英帝国杰出人士勋章(MBE)。据说是现任英国财政大臣奥斯本(George Osborne)的密友。布瑞吉斯与英国保守党的关系至少有 10 年以上。曾任保守党活动策划部负责人、保守党研究部主席、首相的助理政治秘书、内政大臣特里萨·梅(Theresa May)的参谋长。现为魁勒咨询公司总裁,该公司曾为保守党贵族、首相卡梅伦(David Cameron)所在选区主席查德灵顿(Chadlington)勋爵所有。该公司成立于 1998 年,其客户包括伦敦金融城集团(the City of London Corporation)。曾为《泰晤士报》专栏作家,是早期数字广播业的支持者。英国具有一定影响力的保守党博客主页以其名字中的布瑞吉斯(Bridges)命名。他是英国前首相丘吉尔(Winston Churchill)首席大臣(Chief Secretary)的孙子,是"保守党最杰出的 20 位议员之一"。

10/英国的金融游说产业[①]

英国金融游说产业规模到底有多大？这个问题一直没人能说清楚。直到最近，英国记者调查局记者尼克·马斯亚森(Nick Mathiason)和迈维·麦克林汉(Maeve McClenaghan)花费至少4个月时间调查英国最有影响力的公关机器，终于弄清了这个问题。他们的调查研究得到了前该局记者戴维·湃格(David Pegg)及几位新闻专业学生——伊安·斯维拉(Ian Silvera)、汤姆·维尔斯(Tom Wills)和伊莎贝尔·凯马诺(Isabel Camano)的帮助。他们采访了至少40位金融游说者和公关公司职员，通过电子邮件联系了超过150位业内人士。

英国金融服务游说产业数据库由129个组织和5个产业集团组成(包括智库、管理咨询公司、律师事务所、议会上议院议员及捐助较多政治基金的个人)。该数据库可分为以下几类：

(1)金融服务业公司(主要为银行和保险公司)。

(2)工业和贸易公司。

(3)有金融服务业客户的公关咨询公司。

---

① 资料来源：Financial lobby team, *How the Bureau Caulated the Size of the Finance Lobby*, 2012年7月9日英国记者调查局网站信息。

(4)向金融服务业客户提供公共事务服务的公关咨询公司。

(5)向金融服务业客户提供公共事务服务的律师事务所。

(6)向金融服务业客户提供公共事务服务的管理咨询公司。

(7)2010年7月—2011年6月,向英国3个主要政党捐款的金融服务业公司。

(8)向英国三大政党捐款的金融服务业从业人员。

(9)从金融服务业公司获得收入并出版有关金融服务业研究报告的智库。

(10)与金融服务业公司有直接财务关系的议会上议院员。

(11)伦敦金融城集团。

一些公关公司的高管认为,每年收取10万英镑的公关费用是该行业中较低水平的收费标准,较高的可达到每年20万英镑,而如果公关公司高管需"面见"政府高级官员或监管当局高官,则公关费用会更高一些。

1. 银行业及其他公司

调查选择了部分金融服务业公司,其公关公司职员均为英国金融城组织委员,该组织为英国最重要的金融服务业顾问和游说集团。没有一家金融服务业公司公布其用于公关的资金有多少。只有建筑协会联盟(Building Societies Association)披露了其公关运营预算,多数金融业公司只肯提供他们直接雇佣公关职员的人数。经过与世界最大几家银行中的一家银行总裁的会谈得知,其公关业雇员的人均年薪为80 000英镑。正如英国伦敦《晚间标准报》(*The Eveninig Standard*)一篇报道指出的,英国银行业联络部门平均薪酬也是80 000英镑。除了平均薪酬80 000英镑之外,考虑到雇员的国民保险税率、5%的养老金、10%的开支和福利费,一位英国金融游说从业人员每年总收入可达98 832英镑。这是英国金融游说业从业人员的平均年收入。用该数据和每个银行公关部门雇员人数相乘,就可得出该银行每年的公关费用。该成本计算中尚未包括以下部分:①部分公关运营成本,如组织活动、会议、招待等活动成本,因为这些数据没有被披露。不过,当有披露时,就将其计算在内,如伦敦金融城集团和建筑协会联盟。②银行和金融机构向公关公司支付、列入其自身经费的公关费用。③英国各大小银行的董事会主席、总裁薪酬。因为很难对他们在公关中的作用给予定义。

2. 律师事务所

英国 500 家律师事务所中，Clifford Chance、DLA Piper、Hogan Lovells、SJ Berwin、Covington & Burling 这 5 家在向金融业提供公关服务上是最著名的。这 5 家律师事务所的年收入均在 27 亿英镑之上，但没有一家披露其来自金融公关业上的收入情况。因此，假定这 5 家律师事务所每年来自金融游说业收入均为 1 000 万英镑，相当于或低于这些律师事务所年收入的 0.004%。

3. 管理咨询公司

菲尔娜·泽妮亚斯卡(Fiona Czerniawska)是管理咨询业的一位分析师，她估算英国管理咨询业每年有约 5 000 万英镑的公关费收入。该数据是在假定每年每家大型管理咨询公司有 1%的收入来自公关服务。可以确定的是，英国每家管理咨询公司每年至少有 500 万英镑开支是用于金融业公关活动的。在实际工作中，金融服务业向英国几大管理咨询公司支付的费用占其收费收入的 10%以上。据"咨询来源"(Source for Consulting)的调查，英国金融服务业向管理咨询公司支付的公关费占其收费总额的 1/3。因此，英国管理咨询公司来自金融服务业的公关费收入可能高达 1 700 万英镑。

4. 智库

调查联系了英国 18 家最大的智库，向他们询问其来自金融服务业的捐款数额有多少。这些智库经常发布有关金融服务业的研究报告，这些报告被用来评估政府金融政策是否适当。假定英国智库的收入中有 25%来自各产业的公关经费。

5. 政治捐款

据选举委员会(the Electoral Commission)的信息显示，英国有 124 位勋爵(占总数的 16%)在金融服务业担任管理职位或顾问。最近的一次调查报告发现，英国非执行董事的年薪为 89 160 英镑。这样可推算出英国

124位勋爵每年来自金融服务业的顾问或兼职收入，该数据占整个英国金融游说产业开支的10%。而所有这124位勋爵总收入数据将远远高出上述数据，因为有很多勋爵在金融服务业公司中担任总裁，还有很多勋爵在多家金融公司担任总裁或非执行董事。

6. 伦敦金融城集团

伦敦金融城集团(LFC)拥有“一平方英里”(伦敦金融城的别称)内大量房地产。该集团是英国金融服务业的自发利益保护组织，拥有一支专业的金融司法律师队伍，用以在议会辩论和金融立法中维护其自身利益。伦敦金融城集团与英国财政部、外交部、商业、创新和技能部等中央政府部门密切联系，以保护和加强其利益。

伦敦金融城集团公布的一份报告称，该集团每年组织一些国家级或小型招待活动，通常一些政界要人和金融城的大银行家们会在这里私下会见。当发展中国家的高层政府官员访问英国时，伦敦金融城集团通常会与外交部(FCO)、投资贸易署(UKTI)一起做好招待、访问、会谈工作，以提高英国金融业在这些发展中国家的影响力和市场份额。该集团正是通过这种合法活动与英国中央政府一起游说发展中国家的政府要员。在伦敦金融城的Guildhall，英国首相、财政大臣和伦敦市长常到这里来演讲，这种活动为英国的大银行家们提供了游说政府要员的机会。

综合上述信息，可以得出以下结论：

(1)每年伦敦金融城集团为了公关和游说目的，用于礼节性活动的开支达640.2万英镑。其中用于金融业游说的公关开支比例为75%，由此可算出，伦敦金融城每年用于金融业游说开支480.15万英镑。

(2)每年伦敦金融城市长也会通过各种活动，游说本国政府要员和到访的外国政要。每年伦敦金融城市长的活动预算为715.5万英镑(伦敦金融城集团称，净数据为544万英镑)，按其中50%的预算用于公关开支，每年伦敦金融城市长用于金融业游说的开支为357.75万英镑(净数据为277.7万英镑)。

(3)伦敦金融城经济发展办公室(Economic Development office)预算的62.5%用于公关开支。如果按其预算开支341万英镑的一半用于公关开支来测算，该办公室每年有 170.5 万英镑用于公关事务。

(4)金融城纪念物办公室(City Remembrancer's Office)也有部分经费用于公关开支。该办公室负责当英国议会立法时，保护伦敦金融城的利益，维护伦敦作为世界金融中心的地位。该办公室与金融城经济发展办公室保持密切的工作关系，以加强英国金融业与欧洲议会的关系，关注由欧洲议会提起的金融业立法。该办公室每年预算为 595.4 万英镑，其中公关费用约为 79.065 6 万英镑。该办公室 26 名雇员中，有 1/4 的雇员从事公关和研究事务，其中包括 6 名议会律师及 Double 和 Hoban，这 8 位雇员平均年薪为 98 832 英镑，共计薪酬开支为 79.065 6 万英镑。

伦敦金融城集团每年的公关经费包括：①各种礼仪活动(Ceremonial)开支 480.15 万英镑；②金融城市长任期(Mayoralty & Shrievalty)公关活动开支 277.7 万英镑；③金融城经济发展办公室(Economic Development office)公关开支 170.5 万英镑；④金融城纪念物办公室公关开支 79.065 6 万英镑。总计每年伦敦金融城集团用于公关事务开支 1 007.415 6 万英镑。

不过，该数据不包括以下公关活动开支：①在金融城媒体办公室(Media Office)工作的至少 40 名雇员开支；②“金融城现金”(City's Cash)开支(金融城集团没有披露该数据)；③英国的泽西岛、根西岛、人岛等离岸金融中心的公关活动开支；④金融服务局(Financial Services Authority)等金融管理部门的公关活动开支。

11/英国游说产业[①]

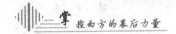

游说(lobbying)在英国的立法过程和商业组织中扮演着显著角色。游说集团“游说”的目的是为了影响英国国家、区域或当地议会的立法或政府决策。“游说”一词源自议会上议院、下议院议员们在议会辩论前后在上议院的门厅(hallway 或 lobby)集合。一种对“游说”的定义是:“用专业的技能,试图影响或建议那些希望影响英国政府、议会、区域性或地方政府,或其他公共机构的人,游说内容涉及立法或政府管理等所有游说者能力范围内的事务。”

正常的规则是,公民个人可以游说其在议会的议员代表。但现在英国游说者主要是大企业、慈善组织和行业协会等组织。而他们游说的目的是通过这些建议活动修改政府的政策。从事此类活动的公司和个人通常用“公共关系”(public relations)、“公共事务”(public affairs)、“政治咨询”(political consultancy)、“企业事务”(corporate affairs)来描述他们的活动。这些词汇均是对 1994 年“花钱买提问”(Cash-for-questions)问题给游说人员(lobbyists)产生负面形象的反映。专业公关机构通常代理多家客户,进行大量的室内公关活动。

---

① 资料来源:维基百科网。

自20世纪90年代中期起，英国游说产业发展迅速。2007年英国游说产业产值为19亿英镑，从业人员达1.4万人。有报告称，有的议会议员每年要参加上百次游说人员组织的活动。1994年，英国的议员们开始抱怨各种他们无法接受的游说活动，有几次警方还介入调查。当时游说业引起关注是因为"旋转门"(revolving door)问题。所谓"旋转门"，就是允许政府官员在同一行业的立法者和商界高管之间迅速变换角色，造成潜在的利益冲突。中央政府各部的部长们增加了特别顾问(Special Advisors)的雇员数量，这些雇员都是部长个人的雇员，但却由公众支付薪酬，这些特别顾问通常来自相关的私营企业，因此常被批评涉嫌游说政府官员，尽管如此却仍在政府雇员工资名单之列，或在游说角色与部长顾问之间直接变动。

目前英国没有对游说人员进行正式或强制登记要求。有很多个体户自认为是游说从业人员。2009年英国议会上议院公共管理委员会建议，成立一个强制登记机构，对英国的游说公司和活动进行登记。但英国政府拒绝了该建议。目前英国的游说产业由英国公共事务委员会(the UK Public Affairs Council)进行自我管理，该委员会对个体游说者进行登记。

在18世纪初，英国人通过在议会提出问题的方式进行请愿的活动很普遍。1839年，有13 657次公众请愿活动，超过90类的不同议题，总计450万人的签名被提出来。1866年一群主张妇女参政者(Suffragists)请愿并游说议会，要求给予妇女和男性同样的政治权力。这次游说活动没有成功。1903年，这些主张妇女参政者自发组织起来，并提出"要行动，不要口号"(Deeds not Words)，他们向部长们提出质疑，展示他们的标语，采取暴力和非暴力两种方式，进行请愿和游说活动。直到1928年《人民代表法案》(*The Representation of the People Act* 1928)通过，英国的妇女才争取到和男性同等的投票权。1923年，温斯顿·丘吉尔(Winston Churchill)作为埠人码(Brrmah)石油(现在的英国石油有限公司，BP plc)的高薪游说者，迫使英国政府允许埠人码拥有经营波斯(伊拉克)石油资源的专营权，并给予大量补贴。

1994年英国《卫报》称，议会游说者伊安·格瑞尔(Ian Greer)曾向两位保守党议员行贿，以取得在议会提问机会，另有代表穆罕默德·奥·菲业德(Mohamed Al-Fayed)利益等问题，这就是后来的“花钱买提问”(Cash-for-questions)问题。

此外，一位名叫迈克尔·布朗(Michael Brown)的议员由于没有事前就其收取美国烟草(US Tabacco)公司费用及其与政府高层官员利益关系进行登记说明，受到舆论批评。就在1997年大选前，Formula One公司总裁伯尼·埃克莱斯顿(Bernie Ecclestone)向英国工党捐款100万英镑，工党竞选获胜后，该总裁与首相托尼·布莱尔(Tony Blair)及英国卫生部会面，谋求该公司不受欧盟倡导的禁止烟草广告的约束，此事也是2008年该公司被传讯质询的原因之一。

除了烟草行业，军工产业也是游说业涉足领域。乔纳森·艾特肯(Jonathan Aitken)是1992年时英国国防部负责采购武器装备的部长级官员，1999年在梅杰任首相时被判入狱，原因是涉嫌伊拉克武器丑闻。在出任部长级官员前，他是BMARC武器公司的总裁。当1997年大选中失去其议员席位后，他又被任命为GEC-Marconi武器公司的代表。

2006年，英国靠向政党捐款或借款来“买”终生贵族地位的事情被披露出来。此事直接引发了后来的“花钱买名誉”(Cash for Honours)立法。经过16个月的调查，警方称没有起诉此事的必要，因为“尽管可能发生有以借款换取贵族地位的现象，但并没有发现直接相关证据表明，双方事先有此交易协议约定”。

2007年7月一个信息公开项目显示，2002—2007年，英国机场管理局(BAA)总裁与交通部官员会面了117次，其中有24次是与该部国务大臣会面。

2007年10月，英国议会上院议员豪伊勒(Hoyle)勋爵接受一位军火商游说者的秘密贿赂，该军火商游说者是曾为英国BAE军工集团工作过的前英国皇家空军官员。豪伊勒勋爵将此游说者介绍给了时任英国国防大臣的筲森(Drayson)勋爵。由于该游说者得到另一位议员的“研究助理”身份，他得以通过有关安全检查。在英国，虽然向政府官员介绍游说者的做法不妥，但却“并不违法”。

2008 年英国一个名为“飞机愚蠢”(Plane Stupid)的反民航业游说集团试图在英国议会大厦前竖起“英国机场管理局总部”的横幅，以此揭露英国机场管理局有限责任公司与英国政府之间的关系。2009 年 1 月，英国工党议员约翰·格饶甘(John Grogan)称，在英国机场管理局有限责任公司、英国航空公司和中央政府之间有着复杂的网络(intricate web)关系，而这些机构对政府在伦敦希斯罗机场(Heathrow Airport)是否应该修建第三条飞机跑道有直接影响。

截至 2010 年 2 月，英国的游说案例还有以下几个：

(1)英国交通部由于涉嫌删除或清除一份文件记录而接受了信息委员办公室(the Information Commissioner's Office)的调查，结果如属实，该部相关人员可能面临犯罪指控。原来，当英国议员贾斯廷·格林宁(Justine Greening)想通过信息公开项目申请查阅该信息时，发现该信息已被该政府部门删除。

(2)保守党议员安德鲁·麦克卡伊(Andrew MacKay)被披露在辞去议会职务后，加入了游说公司 Burson-Marsteller，其年薪超过 10 万英镑。该议员为卡梅伦首相竞选团队的高级顾问。其妻朱丽叶·柯克布赖德(Julie Kirkbride)也是议会议员，据报道也在寻求同样收入水平的游说工作。

(3)保守党领袖、现任英国首相卡梅伦曾预测游说问题“将是未来即将发生的又一大丑闻。游说是个跨越党派，在英国政治体系中由来已久的问题，这个问题暴露出英国政治、政府、商界和金钱之间的特殊关系”。他建议把透明的阳光照到游说问题上(shine“the light of transparency” on lobbying)，这样政治在“谁在购买权力和影响力上就清清楚楚了”。在“旋转门”问题上，卡梅伦也有自己的经验。他曾先后出任英国财政国库大臣诺曼·拉蒙特(Norman Lamont)、内政大臣迈克·尔霍华德(Michael Howard)的特别顾问，后任卡顿(Carlton)联络公司的企业事务部负责人，当时卡顿公司在竞标格拉纳达(Granada)电视公司的营业牌照上取得成功，成为世界上第一家提供数字电视服务的公司，最初公司名字叫 ONdigital，后改为 ITV 数字频道。后来，他辞去卡顿公司的总裁职务，去处理议会事务，但仍保留在公司的顾问职务。

2010 年 3 月，据《新闻电讯》(*Dispatches*)和《星期日泰晤士报》报道，有 4 位议会议员提供游说服务，以影响英国内阁的政策决策。据说，英国政府前内阁成员斯蒂芬·拜尔斯(Stephen Byers)曾说过，如果每天报酬能超过 5 000 英镑，他愿像“提供出租车服务”一样提供此类游说服务。

2010 年 3 月，商业职位顾问委员会(the Advisory Committee on Business Appointments)披露，于 2007 年 6 月 27 日辞去首相职务的英国前首相布莱尔，曾在其辞去首相职务后 14 个月，就向一家在伊拉克从事石油生意的公司提供有偿商业咨询服务。2008 年 7 月，布莱尔曾请求该委员会就其与 UI 能源集团的关系保守秘密，原因是“市场敏感性”(market sensitivity)。该委员会同意了布莱尔的请求，同意推迟 3 个月出版常规的信息披露报告。该委员会于是不得不继续向布莱尔提出公布信息要求，并于 2009 年 11 月向其办公室发出正式信函，而 2010 年 2 月，其办公室则回复称，希望继续就此事保守秘密。该委员会主席朗(Lang)勋爵不同意继续保守该秘密，于是有关信息被披露在该委员会的网站上，且注明“由于市场敏感性，推迟公布有关信息”。

UI 能源集团还与其他几位政界高层保持联系，包括前澳大利亚首相鲍勃·哈维克(Bob Hawke)、前美国国防部高官富兰克·卡鲁西(Frank Carlucci)、前美军负责中东事务的司令官约翰·阿拜载德(John Abizaid)。据媒体披露，自 2007 年 12 月起，布莱尔以向产油国提供有关未来 30 年发展报告，从科威特统治家族赚得 100 万英镑费用。2009 年英国《卫报》在调查中发现，布莱尔将其数百万英镑收入通过一个名为“Windrush 风险”(Windrush Ventures)的方式，使其不必公布其每年公司账户情况。

2011 年 12 月，英国《独立报》报道称，英国一家名为 Bell Pottinger 的游说机构参与了包括谷歌公司(Google)、维基百科操控搜索引擎等事件的游说活动。有一项指控称，该游说机构利用 Dyson 对英国首相、英国外交部的影响力，接近英国首相，并向其提出在与中国政府高层会面时，向中方提出假冒商品问题。

2009年1月，英国议会下议院公共管理委员会公布《游说活动：介入及其在中央政府的影响》(*Lobbying: Access and Infuluence In Whitehall*①)的报告。报告指出：①旨在影响政治决策的游说活动是合法行为，也是民主进程必要的组成部分。个人和机构适当地影响政治决策可能会影响那些决策者、那些决策者周围的人及其环境。因此政府需要了解和评估这些游说活动可能对政治决策带来的影响。②经绿色和平组织(Greenpeace)的一位旋转门高层官员证实，有很多前政府部长级官员目前为游说公司尤其是为核能产业服务。

报告还列出了这些游说人员名单，其中包括英国前商业大臣彼得·曼德尔森(Peter Mandelson)的特别政策顾问杰弗里·诺瑞斯(Geoffrey Norris)，此外还有杰米·瑞德(Jamie Reed)、杰克·坎宁海姆(Jack Cunningham)、伊安·迈克卡特尼(Ian McCartney)、理查德·卡波恩(Richard Caborn)、布瑞恩·威尔森(Brian Wilson)、阿兰·董尼利(Alan Donnelly)等人。这些游说者中，有的还开有自己的游说公司，如阿兰·董尼利(Alan Donnelly)雇有杰克·坎宁海姆(Jack Cunningham)等人，开有一家名为“主权战略”(Sovereign Strategy)的游说公司。

报告建议，对游说活动进行强制登记，以提高英国中央政府部门决策者们与外部利益集团之间交易活动的透明度。报告还认为，职业游说产业的自我管理已“破碎”(fragmented)，实际上“几乎没有受到任何形式的监管”。2009年10月，英国政府对该报告做出回应，驳回了对游说集团进行强制登记的建议，且做出如下建议：①所有中央政府部门应当在互联网上，每季度公布一次该部门部长级官员与利益集团的会晤及其顾问接受招待等细节情况，而该部门的官员们与外部集团的会晤细节情况则不必公布；②将扩大那些必须公布接受招待及其开支细节情况的公务员人员名单范围；③该产业应给予更多时间，以加强自我管理(但并没有就自我管理多长时间之后，应

① Whitehall为“白厅”，是英国财政部、外交部等中央政府部门所在地，代指英国中央政府。

进行一次审议给出建议)。

而“游说透明联盟”(The Alliance for Lobbying Transparency)则对政府的回应给予了批评,称“自我管理就是没有管理”,他们还将游说产业的管理现状与英国议会议员们的开支丑闻进行比较。2009 年 8 月,“透明国际英国”(Transparency International UK)收到一笔来自一个名为“Joseph Rowntree 慈善信托”组织的资助资金,以对英国的腐败水平进行第一次评估。之所以要进行为期 12 个月的这种研究,其动机则是基于媒体报道中披露出来的一些案例表明,人们广泛地认为,英国某些机构和程序中,在腐败问题上显得比较脆弱,如政党政治献金问题。

目前,每年英国游说产业产值为 20 亿英镑,2009 年该产业从业人员有 3 500—4 000 人。而“内阁办公室证据基地”(Cabinet Office Evidence Base)表明,实际游说者人数比该数字还要高出 2 000—2 500 人。该产业由英国公共关系理事会(the UK Public Affairs Council)牵头,实行自我管理。该理事会由职业政治咨询师协会(the Association of Professional Political Consultants)、公关咨询师协会(the Public Relations Consultants Association)、特许公关研究所(the Chartered Institute of Public Relations)组成,并于 2010 年 7 月召开了第一次理事会会议,会议主席为伊丽莎白·弗朗斯(Elizabeth France)。

然而,2011 年 12 月,公关咨询师协会又从英国公共关系理事会退出,原因则是与该理事会在个人游说者登记的正确性和彻底性上存在分歧。

表 2-8 2011 年英国十大公关公司

公关公司名称	公共关系、政府联系、政策和政治捐献开支(万英镑)	政府公关职员人数
伦敦金融城集团(City of London Corporation)	1 007.415 6	40
金融城律师事务所联盟公关部(Aggregated City Law Firms' Public Affairs Departments)	1 000.000 0	15

续表 2-8

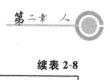

公关公司名称	公共关系、政府联系、政策和政治捐献开支（万英镑）	政府公关职员人数
欧洲金融市场协会(Association for Financial Markets in Europe)	899.465 9	23
英国银行家协会(British Bankers' Association)	561.000 0	30
管理咨询业联盟公关部(Aggregated Management Consultants' Public Affairs Departments)	500.000 0	8
金融城支持保守党个人捐款者(Individual Conservative City Donors)	464.338 8	128
投资管理协会(Investment Management Association)	437.759 3	21
第二选择投资经理协会(Alternative Investment Managers Association)	230.459 4	11
国际掉期和衍生品协会(International Swaps and Derivatives Association)	224.848 6	1
凯睿安达国际咨询公司(Kreab Gavin Anderson)	213.500 0	20

第三章

商业资本

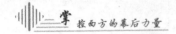

12/英国小咖啡店主的隐忧

英国以“有智慧”、“出思想”而闻名，近代以来发明家、思想家层出不穷，除了人们熟悉的蒸汽机发明者瓦特，文学家莎士比亚、简·奥斯汀，经济学家亚当·斯密、凯恩斯，哲学家洛克、休漠等，还有很多。即便不是英国人，旅居英国出名后，同样被英国人隆重推出，在公园里树起他们的塑像，如德国人、共产主义思想创始人马克思，印度精神领袖甘地，美国前总统肯尼迪等。这样一来，既显示出英国文化的多元与包容，又好像在对游客说，这些世界知名人士，之所以能传播其思想、影响过世界，也有英国这个第二故乡的一份功劳。

图 3-1 “穿”着红色套装的伦敦公交车

图 3-2 伦敦摄政公园(Regent Park)旁的红色公用电话亭

图 3-3 伦敦摄政街上的邮桶

英国人也总能想出各种办法,表明自己的与众不同,彰显个性魅力。比如,让本来平淡无奇的公交车统一"穿"上红色套装,成为闻名世界的伦敦公交车,让老掉牙的出租车全都"穿"上黑礼服,成为伦敦的标志,给又大又笨的公用电话亭、邮桶也套上红装,再盖上皇室的印章,俨然一幅大英帝国犹存的模样。一个个本来平平常常的交通、通讯工具,到了英国刷上颜色鲜亮的油漆,"换了皮儿",竟都成了英国名片。英国人确实会包装自己。

然而,在英国有一种现象可能会令你感到困惑。那就是无论你在伦敦、约克(York)、曼彻斯特或别的什么地方,甚至一个小镇,比如英国东南部的海滨小镇拉伊(Rye),如果你想喝点什么,总能看到一个叫考斯它咖啡(Costa Coffe)的小店;如果你想去书店看看书,总能看到一个名叫史密斯(W. H. Smith)或一个叫水石(Watersotne)的书店;如果你想去超市转转,那无

图 3-4　位于伦敦特拉法加广场附近的水石连锁书店

图 3-5　位于伦敦大学学院(UCL)附近的水石连锁书店内景

图 3-6　位于剑桥大学的水石连锁书店

非就是这么几家，阿斯达（ASDA）、泰斯购（Tesco）、森斯伯瑞（Sainsbury）、莫瑞森（Morrison）等；如果想去买点衣服，可能会是上等店（Topshop）。这就是被英国人称为“克隆城”（Clone Town）的奇特现象。你可能想看看，除了这些连锁店，还有什么别的有特色的小店。答案是有，不过不会太多。连锁店的确给英国人的生活带来很大便利，哪个店卖什么，什么质量，里面什么样子，在你没去之前都了然于胸。但同时也让这个有着浓郁民族特色的国家在商业资本面前，显得毫无生机。这种名叫资本的力量之大，不是哪个人所能抗拒的。因此，在英国你会发现，资本所到之处，也就是规模化、标准化、连锁化经营遍地开花之处。资本所到之处，攻城掠地，战无不胜，一个个品牌店撒满英国大地，让那些崇尚历史悠远、世代经营的地方小店感受到巨大压力，生存的希望岌岌可危。

图 3-7　一张写着“再见，考斯它！”（ADIOS COSTA！）的公众会议标语

2012 年 8 月 14 日晚上，在英国德文郡（Devonshire）5 号高速公路（M5）西南部一个人口不过 7 500、名叫陶特尼斯（Totenes）的小镇，却发生了一件不寻常的事情。在这个小镇一处名为 Methodist 的教堂大厅外，一张写着“再见，考斯它！”的贴纸格外引人注目。大厅内，约有 45 个人在讨论着怎样应对即将到来的一个连锁店——考斯它咖啡店。人们不停地讨论着民主的失败及政客们所谓的“本土化”口号，然后大家又回到怎么面对新来的连锁店这个话题上。一名男子说，如果考斯它咖啡店真的在这个小镇开张，他将经常光顾这个咖啡店，然后要一杯免费的白水，接着慢慢地、慢慢地、再慢慢地品尝。一位女士则称，她会在这个咖啡店的玻璃窗上张贴抗议贴纸，如果被他们撕掉，她会坚持不停地张贴新的抗议贴纸。而住在即将开业的考斯它咖啡店马路对面的一对夫妇则说，他们会拉起抗议横幅。甚至有人建议，举行正式的哀悼日活动，“因为我们已经失去了自己的民主”；然后进行下一项，到议会进行辩论；或者就对本地政府当局失去信心进行投票；或者就很简单，抵制这家咖啡店。

为什么英国那么多小镇都没有出现抵制或抗议连锁店的事情，单单在这个小镇出现这种抗议？原来，这个陶特尼斯镇曾是英国可持续生活、富于政治想象力小镇的代名词，也是英国城镇转型运动（Transition Towns movement）的发源地。这个小镇不仅在使用绿色能源方面走在前列，在如何让地方经济更具活力上同样表现不凡。他们鼓励兴起独立商业，以对抗大资本那种只管到这里获取利润，不顾当地经济发展的模式。而他们最具创新的是发行和使用本地货币——“陶特尼斯镑”（Totnes Pound）。这种社区货币已在当地为 70 多家商业企业所接受。在这个奇特的小镇，有 42 家独立经营、具有本地特色的小店提供咖啡等餐饮商业服务，且没有一家所谓大型跨国公司的分店在这里。

考斯它咖啡店是一家英国知名的连锁店，隶属于威特布莱德（Whitbread）公司。该公司目前已经营有 1 400 家咖啡店，已宣布未来还将新开 350 家分店。该公司总裁安迪·哈瑞森（Andy Harrison）曾提到，公司计划未来开够 2 000 家分店。一个咖啡店为什么要不停地扩张？用他的话来讲，是“因为人们不愿意走那么远，才能喝到一杯咖啡。我们可以让人们在距离人口密集的商业街不到几百米远的地方，或者在零售旁，或者在地铁站或公交站旁”。

事实上，在英国，像陶特尼斯镇这样在社区经济与大企业连锁店之间存在矛盾的小镇不止这一个。在英国西部有 2 个海滨小镇，名字分别为海上波恩海姆（Burnham-on-Sea）、沃塞姆主教（Bishops Waltham），同样存在因考斯它咖啡店的到来，而与当地咖啡店关系紧张的矛盾。

其实早在 2012 年 5 月，当陶特尼斯镇的人们得知考斯它咖啡店要来开分店，他们就开始筹划抗议活动。很快这个只有 7 500 人的小镇就有 5 749

图 3-8 抗议考斯它咖啡连锁店活动发起人弗朗西斯·诺思若朴(Frances Northrop)

人联名签字,抵制考斯它咖啡店这个连锁巨头的到来。很快,该镇的政府当局也投票,对此次抗议活动表示支持。当地的议员萨拉·沃拉斯通(Sarah Wollaston)女士也出面表态:“人们对这件事情的态度显而易见,如果考斯它咖啡店能在聆听本地人的意见后,再决定是否该搬离此镇,到其他地方寻求发展,为时仍不算晚。”陶特尼斯镇很多人都表示,有关考斯它咖啡店的争议只不过是英国联合政府一系列令人失望的表现之一。尽管在威斯敏斯特(英国议会大厦),人们总是在嚷嚷要本地化(localism),但事实上,仍有越来越多的小城镇、村庄和城市被大资本的连锁店所占据。

然而,当 2012 年 8 月 1 日,南汉姆斯(South Hams)当局以 17 票比 6 票,批准了考斯它咖啡店在陶特尼斯镇开设分店的计划时,陶特尼斯镇的居民不停地抗议称,在这些参加投票的地方官员中,只有 4 名官员是代表这个小镇的。当地一位居民说:“事实上,他们和泰斯购一样,是极具扩张性、竞争力的,我们在本地有 42 个咖啡店,都是自有独立品牌,和其他很多地方一样,都在苦苦挣扎,像考斯它咖啡店这样规模为普通咖啡店 3 倍,开店位置又在游客密集的旅游景点,除了那些供应商受益外,当地的为数众多的小咖啡店不但会被彻底摧毁,还将被彻底扫地出门!”对此,考斯它咖啡店的一位女发言人则称:“陶特尼斯镇是一个旅游的好去处,我们欣赏这个镇恪守自己独立零售商的传统,公司将再次向当地居民做出说明,让他们相信,考斯它咖啡店的到来,对他们本地的咖啡店不是威胁,公司将专注于完善当地的服务,支持当地社区发展。”

在这个小镇一家名为Curator的咖啡店，来自意大利38岁的店主马提欧·拉马若(Matteo Lamaro)介绍说，他这家店的卡布奇诺(cappuccino)仅卖2英镑，一块蛋糕标价只有1.5英镑，而在考斯它咖啡店里，这两样价格都在2.45英镑。考斯它咖啡店的到来会给这里的咖啡店带来很大的影响吗？这位店主称："这要看游客了，因为考斯它咖啡店名气大，人们比较熟悉，外地游客到这里，面对那么多家不同的咖啡店，他们当然会先选自己熟悉的咖啡店，这是最可怕的。"

在镇中心有一家名为Green的咖啡店，店名取自46岁店主人的名字伊万·格林(Ivan Green)。店主人介绍，他们一家人生活就全靠这个咖啡店了。每天早上他会5点起床，烤好90%的面包、蛋糕和饼干，然后卖掉。当问起怎样面对即将到来的考斯它咖啡店时，格林称："问题是我要和一个跨国公司一起竞争，而这种竞争是完全不公平的。"他和多数人的看法一样，一旦考斯它咖啡店成功地在该小镇开始运营，等于向外界传递这样一个信息——陶特尼斯镇已被迫接受大型连锁店的"克隆"要求，这将激发其他连锁店如咖啡尼鲁(Caffee Nero)、赛百味(Subway)及其余的连锁店一个接一个来这里扎堆。

在马路对面有家名为Tangerine Tree Café的咖啡店，店主人马丁·唐纳(Martin Turner)在这个小镇已有4年半。谈起考斯它咖啡店，他说："我们有很多忠诚的消费者，但它有多达70个座位，它的到来将赶走我们的消费者，此外，它的到来还将推高这里的店铺租金，我们当然很关注它。"

13/社区货币的出现

除了实体经济中，地方小咖啡店与大型跨国公司、大咖啡连锁店的抗争，在货币领域，在英国、美国都出现了以社区货币对抗法定货币，以图降低整个国家经济危机的大环境对地方小社区经济的不利影响。

在陶特尼斯小镇，2007 年 3 月就开始启动了自己社区的货币——陶特尼斯镑。1 陶特尼斯镑等同于 1 英镑(pound sterling)，且有一定英镑存在一个银行账户作为储备。2008 年 12 月，竟有 1 陶特尼斯镑在著名的易贝网上上卖出 13.02 英镑。到 2008 年 9 月时，该镇已有约 70 家商户接受并使用这种社区货币。这种社区货币是由当地一家名为颜色工作室(Colourworks)的公司在塑料纸上印刷的，而部分印钞费则来自这种新印出的社区货币。

其实，英国陶特尼斯镇启用社区货币的想法来自美国一种名叫伯克歇尔斯(Berkshares)的社区货币。这种社区货币是位于美国的马萨诸塞州(Massachusetts)一个名叫伯克歇尔(Berkshare)的小镇发明的一种本地货币。该镇于 2006 年 9 月 29 日开始发行本地货币——伯克歇尔斯，目前当地已有超过 370 个商户接受这种社区货币。在过去 30 个月的运行中，已有 220 万伯克歇尔斯的货币量通过当地 5 家银行的 12 个分支机构交易使用。

图 3-9 美国的伯克歇尔斯社区货币

这种社区货币由当地的一个名叫约翰·伊萨克斯(John Isaacs)的人设计，并在一家名为 Excelsior Printing 的公司在特殊的纸上印制，这种社区货币还采用了 Crane & Co. 公司的防伪技术。目前，这种社区货币采用和美元挂钩的汇率机制，但新经济研究所(New Economics Institute)的尼克·卡彻尔(Nick Kacher)则认为，需要讨论一下这种社区货币价值参照当地一篮子商品的可行性，以使当地的社区经济与已经十分脆弱的美国经济大环境隔绝开。

目前，当地居民通过该地 5 家银行的 13 个分支机构来购买这种社区货币。当居民们用这种社区货币购物时，商家则以 1 个伯克歇尔货币相当于 1 美元来提供商品和服务。但当他们购买这种社区货币时，则是以 5%的折扣购买的。

这种社区货币发行有 1 元、5 元、10 元、20 元和 50 元的钞票种类。其中 1 伯克歇尔斯钞票上印制的是世代居住在此、一个名叫迈奇坎(Machican)的居民头像，5 伯克歇尔斯钞票上印制的则是一个出生在 Great Barrington、一个名叫杜·鲍伊斯(W. E. B. Du Bois)的公民权领导人的头像，10 伯克歇尔斯钞票上印制的是一个名叫罗伯音·万·恩(Robyn Van En)的人，他是这个社区的创始人及一个名叫印第安线农场(Indian Line Farm)的农业运动领导人，于 1997 年去世。20 伯克歇尔斯钞票上印制的是一位名叫赫曼·迈维勒(Herman Melville)的人，他是 Moby-Dick 的作者。50 伯克歇尔斯钞票上印制的是一个名叫诺曼·罗克韦尔(Norman Rockwell)的人的画像,他是一位生活在该州 Stockbridge 的画家。

伯克歇尔斯货币的出现引起了媒体的广泛关注。《纽约时报》、《泰晤士报》、BBC、CNN、路透社、《商业周刊》、美联社及雅虎新闻等都做了报道。在这种社区货币的影响下,包括陶特尼斯镑、莱维斯镑(Lewes pound)等社区货币不断涌现。而对伯克歇尔斯货币,现在只是刚刚开始。下一步,按照计划,他们将实现伯克歇尔斯货币的账户查询、电子转账、自动取款机,甚至向当地从事新商业开发的建筑企业进行贷款等。

图 3-10 英国面值为 1 镑的莱维斯镑社区货币(正面)

图 3-11 英国面值为 1 镑的莱维斯镑社区货币(背面)

而英国除了陶特尼斯镇使用社区钞票外,另一个位于东萨克塞斯郡(East Sussex)名叫莱维斯(Lewes)的小镇也使用了本地的货币——莱维斯镑。早在 1789 年这里就发行过自己的货币,但到了 1895 年这种本地货币就停止使用了。而自 2008 年 9 月,这个小镇又开始启用自己的社区货币。2009 年 7 月 3 日,莱维斯镇宣布,他们将启用面值为 5 镑、10 镑、21 镑的社区货币,这种货币的价值与英镑相关。使用这种社区货币的商户已从刚开始的70户增加到130户，不过该地的部分商户在接受这种社区货币时，会收取少量费用。

图 3-12　英国面值为1镑的 Brixton pound 社区货币

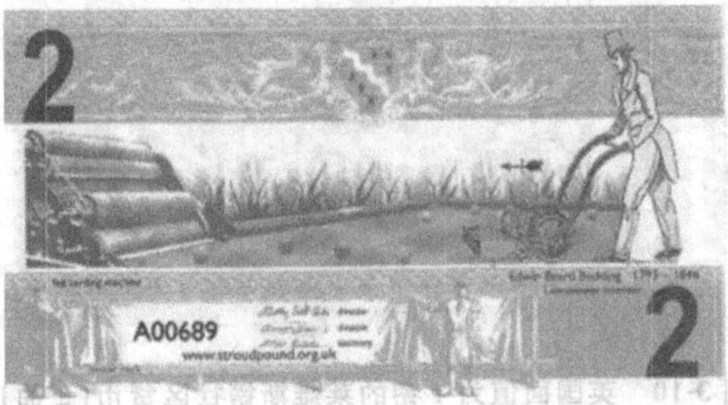

图 3-13　英国面值为2镑的 Stroud Pound 社区货币

除了上述社区货币，英国还有 Brixton pound、Stroud pound 等社区货币。世界上还有多少这样的社区货币？据说在过去20年，全世界有地方货币2 500多种。地方货币之所以能发展如此迅猛，与一种名为地方货币交易系统(local exchange trading system，LETS)的出现密切相关。这种系统源自加拿大的温哥华(Vancouver)，目前加拿大已有至少30个这种系统在应用，而在英国则有400个这种系统在使用。在澳大利亚、法国、新西兰、瑞士等国也有类似的系统。在美国，名为 Time Dollars、Ithaca Hours、PEN exchange 的几种交易系统运营较为成功。

除了受美国的影响外，英国出现社区货币，还有一个重要原因，就是和前面提到的抵制考斯它咖啡店的故事有关——英国克隆城现象。英国一个名为新经济学基金(New Economics Foundation)的智库于2010年9月15日发布的研究报告发现，英国已有41%的城镇成为克隆城，另有23%的城镇即将成为克隆城。而早在2005年，该智库就发现，英国出现了克隆城现象。而这次研究发现，英国克隆城现象最严重的地区在剑桥(Cambridge)，在那里的商业区，仅有9家有本地特色的商店还在坚持经营，在经营多样性方面仅得11.6分(满分为100分)。而伦敦的瑞奇蒙德(Richmond)是全伦敦克隆城现象最严重的地方，独立经营的本地商店仅剩5家。西伦敦的13个主要商业区，有9个被认定为克隆城。整个英国，只有肯特郡(Kent)的维特斯塔堡(Whitstable)被认为最具家乡特色，在商业经营多样性方面得分高达92.1。

参与该报告撰写的鲍尔·斯奎尔思(Paul Squires)称："大多数城镇都依赖大型连锁店，而这些连锁店在这次经济危机中表现得又是如此脆弱。政府的'大社会'计划不可能建立在这样已挫败的地方经济基础之上，那些原本繁华的商业街上的空置店铺已说明了一切。"他还说："我们还发现，很多城镇正在努力确保本地经济的多样性，莱维斯、布瑞克斯屯社区货币项目等就是明证。"

14/冰山一角

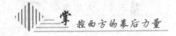

今天在中国,如果哪个地方要开一家餐饮连锁店,比如麦当劳、肯德基、星巴克(Starbucks)咖啡店或考斯它咖啡店,或许不会引起人们太多注意。人们会认为,这些快餐店的到来,给人们的生活带来很多便利。而在英国,一个咖啡连锁店的到来,为什么就会引起当地这么强烈的反应呢?

难道是因为考斯它咖啡不是英国本土品牌吗?不是。它是英国正宗本土品牌,总部在英国英格兰的一个叫丹斯特堡(Dunstable)的小镇。1971年,考斯它咖啡连锁店由意大利两兄弟塞吉欧(Sergio)和布鲁诺·考斯它(Bruno Costa)在英国伦敦的莱姆贝斯(Lambeth)成立。开始,他们为当地的一些餐饮店和意大利风味的咖啡店提供热咖啡批发服务。1978年他们开始做咖啡零售,第一家店就开在位于伦敦的沃克斯豪桥路(Vauxhall Bridge Road)。1995年该咖啡店为威特布莱德有限责任公司(Whitbread Plc)所收购。从此以后,该咖啡店开始迅猛扩张。2009年,该咖啡店庆祝其第1000家分店在英国的卡的夫(Cardiff)开业。2009年12月,考斯它咖啡出资3 600万英镑,收购了咖啡天堂(Coffee Heaven),从而又在中欧和东欧增加了79家分店。2010年底,考斯它咖啡在英国收购了所有的星巴客咖啡连锁店。考斯它咖啡还通过其母公司威特布莱德收购了一个名为咖啡族

(Coffee Nation)的自助咖啡机连锁店，于是其下的900个提供自助咖啡服务的小店全都换上了考斯它咖啡的名字。

如今，考斯它咖啡在英国有1 375家分店，占全国咖啡消费市场的37.6%，为英国国内最大的咖啡连锁店。这些考斯它咖啡店大多分布在英国的商业街、飞机场、连锁书店、火车站、高速公路服务区等人流密集地带。而在英国之外，考斯它咖啡则有920台考斯它快捷(Costa Express)出售机和超过442家分店，为世界第二大咖啡连锁店，经营范围包括英国、东亚、中国、中东、中欧、东欧。其2009—2010年运营收益达3.409亿英镑。但这只是考斯它咖啡扩张其商业帝国的开始。目前这些咖啡自助机大多设在泰斯购超市连锁店和高速公路服务区，考斯它咖啡已宣布，下一步将在医院、大学、交通换乘地段提供更多的自助咖啡机服务，将其可提供自助咖啡机服务的店增至3 000个。这些小咖啡店将采用和考斯它咖啡连锁店同样的咖啡豆，并采用新鲜牛奶，这样一杯考斯它咖啡的售价起价为1.95英镑。

有趣的是，考斯它咖啡还聘请了一位名叫金纳儒·佩里西亚(Gennaro Pelliccia)的咖啡品尝师，而此人于2009年在伦敦劳埃德(Lloyd's of London)保险公司就其舌头的味觉上过保险，投保额高达1 000万英镑。莫非一旦该品尝师一时味觉出现偏差，造成考斯它咖啡连锁店经营失利，损失惨重，保险公司愿意为考斯它咖啡支付最高达1 000万英镑的补偿？而考斯它咖啡的母公司威特布莱德有限责任公司还拥有另一大型连锁旅馆，可提供床位总数达40 000个，在英国占有重要市场份额。

看了上面的介绍，你大概会明白，考斯它咖啡的规模之大、扩张之快、资本实力之雄厚、研发力量之强。这样一个连咖啡味道怎样，都要雇一个投保额高达1 000万英镑咖啡品尝师的咖啡连锁巨头，谁敢跟它争呢？

即便有反抗，顶多也不过是"一只苍蝇飞一飞，两个蚊子嗡一嗡"般的微弱反抗罢了。2011年有报道称，考斯它咖啡在英国布里斯托尔(Bristol)的2家分店未经正当的规划许可就开业。2012年1月，布里斯托尔就一项针对该咖啡店在当地开设第三家分店是否经过正当的规划许可，展开新调查。而2012年，英国一个名叫南沃尔德(Southwold)的小镇也有几个居民试图发起抗议考斯它咖啡在该镇开分店的活动，而结果似乎已失败。考斯它咖啡的规模已是英国第1、世界第2，未来如果要竞争，也是争世界第1。但在英国，考斯它咖啡进军陶特尼斯镇只不过是象征意义而已，多开这样一两家分店，对于一个年收入高达3.409亿英镑的超级连锁店，意义不是很大。但更重要的是，它要向6 800万英国人宣布，这个最后仍试图抵制大资本、大连锁、力求本地化、个性化的英国本土最后一个小镇——陶特尼斯镇，已被它考斯它咖啡巨头拿下。

资本游戏玩的就是心跳，其结果就是这么残酷，残酷得让人不由想起英国这个发达资本主义国家的“童年”。那时的英国，其商业竞争还尚未如此激烈，但其生存方式的竞争却异常惨烈。在中世纪之前，罗马人、日耳曼人等外族“你方唱罢我登场”，纷纷到英国来“作客”。这些“客人”来了，就尽情向英国展示他们的实力有多强、威力有多大、文明程度有多高、发展模式多么先进和了不起。其情形，如同前面提到的大资本在小店铺面前的“肌肉”展示一样。英国的贵族和民众如果顺从其治理，则给他们修路、架桥、建剧院，教他们学点拉丁文，让他们纵情享乐，从而麻痹他们，控制他们。而如果这些英国人不顺从，就来硬的。

图3-14　英国民族英雄、爱西尼部落的布迪卡女王

早期较硬的一次发生在60年。那一年，英国中东部的爱西尼（Iceni）部落女王布迪卡（Queen Boudica）想对罗马人的统治表达不满，就发动了一场罗马行省有史以来最为惨烈的起义。这次起义造成今天的伦敦、圣奥尔本斯（St Albans）、科尔切斯特（Colchester）3座城市被烧毁，70 000英国人死亡。这就是古代生存方式竞争的代价。

15/超市四巨头的竞争

不谈历史上的“治理模式”之争了，回到现实中，看看今天英国的商业是如何运转的。

在今天伦敦市中心的沃伦街地铁站（Warren Street Station）向南，有一条名为陶特海姆（Tottenham）的商业街。街道两边商店林立，有卖电子产品的连锁店“个人电脑世界”（PC World），也有餐饮连锁店麦当劳，还有不少酒吧。这条街上有一家面积不过10平方米、不起眼的小商店，不过卖些饼干、饮料、护肤品等日用品，能提供快照服务，店主是个印度人，待客很热情，看起来也很忙。两年过去了，这个小店依然如故，还是那些商品，还是那个规模，还是提供快照服务，还是那个店主人。

而英国那些大商业巨头都是什么规模、什么实力、都在忙什么呢？

在今天的英国，其零售业有4个连锁超市巨头——阿斯达、泰斯购、森斯伯瑞、莫瑞森。每天数以千万计的英国人，其日常生活消费主要就靠这四大超市巨头来供给。

这四大超市连锁店之间的竞争情况如何？且看下图。

此图为英国价格最为低廉的阿斯达与其竞争对手森斯伯瑞在水果、汽油等商品上的价格对比。图中下方注释为：

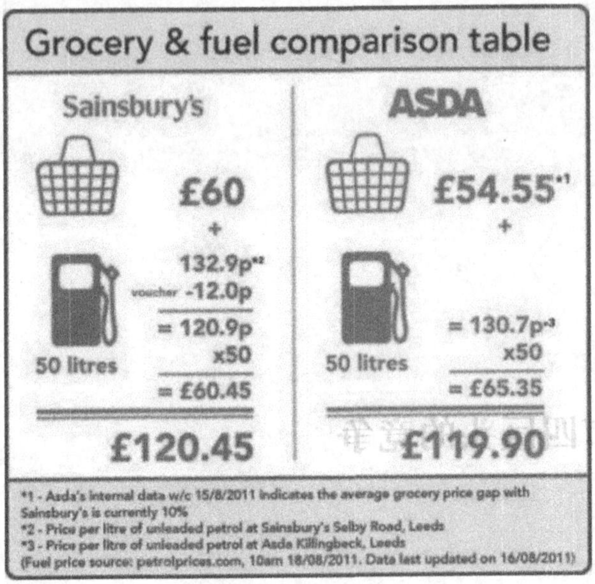

图3-15　2011 年 8 月英国阿斯达与森斯伯瑞两大超市价格比较图

(1)阿斯达超市连锁店 2011 年 8 月 15 日的数据显示，该超市的水果平均价格比森斯伯瑞超市要便宜 10%。

(2)英国利兹(Leeds)市一条名为 Selby 路的森斯伯瑞商店的每升无铅汽油售价。

(3)英国利兹市 Killingbeck 的阿斯达商店的每升无铅汽油售价。(汽油价格数据来源：petrolprices. com，时间为 2011 年 8 月 18 日上午 10 时。数据最新一次更新为 2011 年 8 月 16 日)

从图中可以看出，在英国利兹市，购买同样一篮水果，如果在森斯伯瑞需要 60 英镑，而在阿斯达仅需 54. 55 英镑。如果要买 50 升汽油，由于在森斯伯瑞每升汽油只需 120. 9(132. 9 便士扣除 12 便士的优惠)便士，所以只需 60. 45 英镑即可；而在阿斯达，由于每升汽油价格为 130. 7 便士，所以需 65. 35 英镑。因此，如果单算购买 50 升汽油的价格，在阿斯达花的钱要比在森斯伯瑞高出 4. 9 英镑；不过，如果考虑同样一篮水果，在阿斯达店花的钱要比在森斯伯瑞要便宜 5. 45 英镑。最终，如果在英国的利兹市购买一篮水果和 50 升汽油，在阿斯达和森斯伯瑞分别要花费 119. 9、120. 45 英镑。此价格对比图意思很简单，虽然森斯伯瑞的汽油明显比阿斯达便宜，但考虑到购买水果在阿斯达更便宜，最终在阿斯达购买汽油和水果还是更便宜，便宜了多少呢？便宜了0.55英镑。英国消费者在看了此图后，会为了节省0.55英镑而改变自己的消费习惯，一窝蜂地直奔阿斯达，而舍弃森斯伯瑞吗？很难说。不过，阿斯达物价便宜是出了名的。但不要忘了，英国是一个商品竞争非常激烈的社会，一分价钱一分货是恒久不变的真理。

为了区区0.55英镑，英国的超市竟要做出如此价格对比图，其商业市场竞争之激烈可以想象。英国的超市之间竞争为何如此激烈？看了图3-16你就明白了。

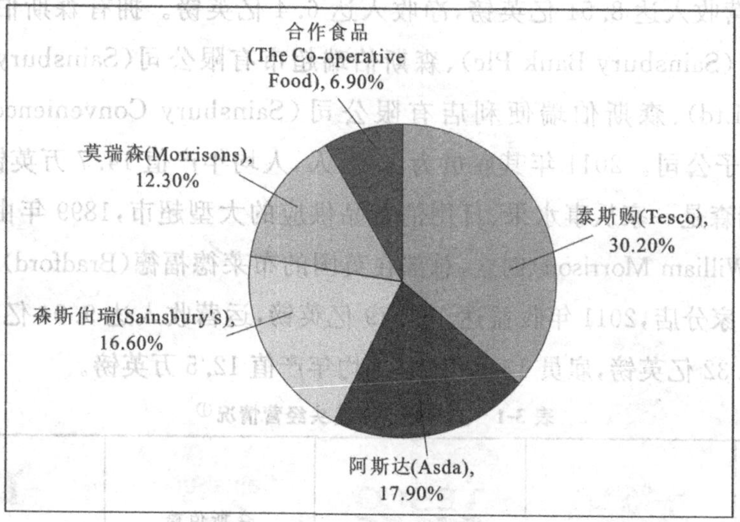

图3-16　2012年英国五大超市占全国水果市场份额图

截至2012年3月，英国四大超市泰斯购、阿斯达、森斯伯瑞、莫瑞森的水果销售额占英国市场份额比例分别为30.2%、17.9%、16.6%、12.3%。

阿斯达大型超市连锁店，从事水果、日用百货、金融等服务，1965年成立，总部在英国的利兹市，截至2011年8月开有523家分店，年经营收入(operating income)6.38亿英镑，雇员14.3万人。

泰斯购大型超市连锁店，从事水果、日用品、金融、通讯服务，除大型超市外，还有大量小型商业连锁店，拥有泰斯购商店公司(Tesco Stores Ltd)、泰斯购银行(Tesco Bank)、泰斯购移动通讯(Tesco Mobile)3家子公司。1919年由杰克·寇亨(Jack Cohen)创建,总部在英国英格兰赫特福德郡(Hertfordshire)的切斯杭特(Cheshunt),截至2012年4月,开有6 351家分店,2010—2011年,总收入(revenue)达609.3亿英镑,经营收入达38.1亿英镑,净收入(net income)达26.7亿英镑,雇员52万人,人均年产值11.7万英镑。

森斯伯瑞为一家较前两家环境更为舒适的连锁店,有商店和超市两种经营方式。1869年成立,总部设在英国伦敦金融城(City of Lodon)的Holborn Circus,截至2012年3月,开有1 012家分店,2011年总收入达211亿英镑,运营收入达8.51亿英镑,净收入达6.4亿英镑。拥有森斯伯瑞银行有限公司(Sainsbury Bank Plc)、森斯伯瑞超市有限公司(Sainsbury Supermarkets Ltd)、森斯伯瑞便利店有限公司(Sainsbury Convenience Stores Ltd)3家子公司。2011年其雇员为15万人,人均年产值14.7万英镑。

莫瑞森是一家从事水果、日用消费品供应的大型超市,1899年由威廉·莫瑞森(William Morrison)创立,总部在英国的布莱德福德(Bradford)。目前,开有455家分店,2011年收益达164.79亿英镑,运营收入达9.04亿英镑,净收入达6.32亿英镑,雇员13.2万人,人均年产值12.5万英镑。

表3-1 英国超市四巨头经营情况①

商标与名称	ASDA 阿斯达(ASDA)	TESCO 泰斯购(Tesco)	Sainsbury's 森斯伯瑞(Sainsbury)	M MORRISONS 莫瑞森(Morrison)
成立时间	1965年	1919年	1869年	1899年
总部所在地	英国利兹(Leeds)	英国切斯杭特(Cheshunt,UK)	英国伦敦金融城 Holborn Circus, City of Lodon,UK	英国布莱德福德(Bradford,UK)

① 资料来源:维基百科网。

续表 3-1

相关商标	ASDA Smart Price	TESCO TECH SUPPORT	SAINSBURY'S (1960—1999)	MORRISONS (1980—2007)
服务内容	从事水果、日用百货、金融服务	从事水果、日用品、金融、通讯服务	从事水果、日用品、金融服务	从事水果、日用消费品供应
下属公司	—	下属泰斯购商店公司、泰斯购银行(泰斯购移动通讯 3 家公司)	下属森斯伯瑞银行有限公司、森斯伯瑞超市有限公司、森斯伯瑞便利店有限公司 3 家公司	—
经营形式	大型超市	大型超市和小商店	环境更为舒适的超市和小商店连锁店	大型超市
开店个数	523 个(2011 年 3 月)	6 351 个(2012 年 4 月)	1 012 个(2012 年 3 月)	455 个
年总收入	—	609.3 亿英镑(2010—2011 年)	211 亿英镑(2011 年)	164.79 亿英镑(2011 年)
年净收入	—	26.7 亿英镑	6.4 亿英镑	6.32 亿英镑
雇员人数	14.3 万人	52 万人	15 万人	13.2 万人
人均年产值	—	11.7 万英镑	14.7 万英镑	12.5 万英镑

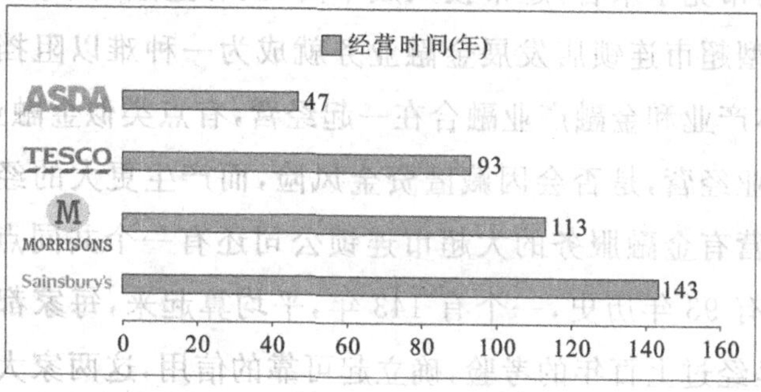

图 3-17 英国四大超市经营历史比较图

看了这四大商业巨头的简介，再回头看看前面提到的那个不到10平方米的小商店，其差距之大，实在令人惊叹。

且看这四大巨头，就成立时间而言，历史都比较长。其中，森斯伯瑞最悠久，成立于1869年，至今已有143年历史，名副其实的百年老店。其次是莫瑞森，成立于1899年，至今有113年，同样是百年老店。第三为泰斯购，成立于1919年，有93年经营历史。而历史最短、最年轻的为阿斯达，成立于1965年，只有47年经营经验。由此不难看出，这四大超市巨头的确是经过历史检验的，有两个是经过上百年经营、历经市场残酷淘汰而生存至今的。另两家虽说不是百年之店，也至少有47年经营经验。看来，不历经历史长时间检验，难以培养出真正的实力派。

就总部所在地看，除了阿斯达、森斯伯瑞将总部设在英国的大城市，即利兹、伦敦金融城外，另两家大型超市的总部都在不怎么知名的小城镇。众所周知，超市只有开在人流密集的大城市才能有更多顾客和收入，且在大城市信息、资金的获取比较便利。但英国四大超市中竟有两个超市公司其总部设在小城镇，确实令人费解。这或许和小城镇的税收政策有优惠、地租和物流成本低有关。

就服务内容和下属公司情况看，泰斯购和森斯伯瑞都涉足金融业务，都下属有自有品牌的银行，泰斯购还经营有通讯业务，也有下属通讯公司。普通商业连锁店涉足金融、通讯等高端利润行业，显示出英国超市行业的发展新动向。从超市竞争来看，超市投入成本高，没有金融资本支持，难以快速扩张，因此大型超市连锁店发展金融业务就成为一种难以阻挡的趋势。然而这样将实体产业和金融产业融合在一起经营，有点类似金融业的银行、保险、证券等混业经营，是否会因藏匿资金风险，而产生更大的经营风险？另外，这两家经营有金融服务的大超市连锁公司还有一个共同点——历史比较悠久，一个有93年历史，一个有143年，平均算起来，每家都有118年的历史。或许是经过上百年的考验，确立起可靠的信用，这两家大型超市才最终获得可提供金融服务资格的。看来，一个商业巨头，其信用的确立，需要一段时间，尤其是较长时间的检验。

就开店个数来看，这四大超市连锁店最少的也开有 455 个分店，最多的竟达 6 351 个，规模悬殊达 14 倍。这反映出同为超市，其经营战略有所不同。有疯狂扩张型的，如泰斯购，竟开了 6 351 家分店，其在英国的分店为 2 975 家，在英国之外则有 3 376 家分店，其对抢占英国内外市场的迷恋和执着令人印象深刻，其一味做大的路线很清晰，但也有适度扩张、追求实际效益的(也许只因资本实力所限)。从年总收入看，除了阿斯达情况不详外，另 3 家最少的也有 164.79 亿英镑，最多的达 609.3 亿英镑，个个都是赚得金币满盆。从雇员人数看，最少的也有 13.2 万人，最多的有 52 万人，规模都不小。

究竟哪个超市巨头是真正的实力派？除了看规模，更要看人均年产值，这反映出超市这一独特的劳动密集型产业真正的赢利能力。在除了阿斯达没有具体年总收入总额数字外，另外 3 家超市巨头中，尽管泰斯购在英国及国外开店最多，有 6 351 家分店，2010—2011 年总收入最高，为 609.3 亿英镑，但其人均年产值却是最低的，仅为 11.7 万英镑。人均年产值最高的是森斯伯瑞，达 14.7 万英镑，而它正是四大巨头中历史最悠久的一家。看来姜还是老的辣。

国家	进入时间(年)	开店个数	经营总面积(平方米)	店均面积(平方米)	开店数量变化
英国	1919	2 975	3 585 314	1 205	260
波兰	1992	412	827 394	2 008	41
匈牙利	1994	212	678 285	3 202	7
捷克	1996	322	538 559	1 673	61
斯洛伐克	1996	120	336 959	2 808	23
爱尔兰	1997	137	319 586	2 333	7
泰国	1998	1 092	1 192 039	1 092	310
韩国	1999	458	1 166 026	2 546	59
马来西亚	2002	45	350 988	7 800	7
日本	2003	121	36 790	304	19
土耳其	2003	148	337 052	2 277	27
中国	2004	124	893 913	7 209	19
美国	2007	185	173 279	937	21
总计(不包括英国)		3 376	6 851 321	2 029	▲563
总数(包括英国)		6 351	10 436 635	1 643	▲823

图 3-18 泰斯购公司全球市场经营情况①(截至 2012 年 4 月 18 日)

① 资料来源：维基百科网。

值得注意的是，泰斯购在英国之外有多达 3 376 家分店，比其国内的 2 975家分店还要多出 401 家分店，显然它的经营重点已不单在英国，国外扩张已成为其发展趋势。而在其国外的 3 376 家（截至 2012 年 4 月 18 日）分店中，开分店最多的国家及开店数依此为泰国（1 092 家）、韩国（458 家）、波兰（412 家）、捷克（322 家）、匈牙利（212 家）、美国（185 家）、土耳其（148 家）、爱尔兰（137 家）、中国（124 家）、日本（121）、斯洛伐克（120 家）、马来西亚（45 家）。由此不难看出，泰斯购在国外分店中，除美国、爱尔兰为经济发达国家外，其余多数为发展中国家或欠发达国家。而泰斯购在大量发展中国家开店，所赚利润均按当地货币结算，而像开店最多的前几个国家中，如泰国、韩国、中国等国，在这些国家赚的利润折算成英镑，其真实利润将大大缩水。以中国人民币为例，在中国赚取 100 元人民币的利润，折算成英镑，约为 10 英镑，但 100 元人民币在中国的实际购买力不比在英国用 10 英镑的购买力差。因此，泰斯购在全球经营过程中，最终折算其年总收入时，有少计算的可能，所以，其人均年产值的结果有人为缩水的可能。而这样，有助于其掩藏实际利润，降低应征税款的金额。

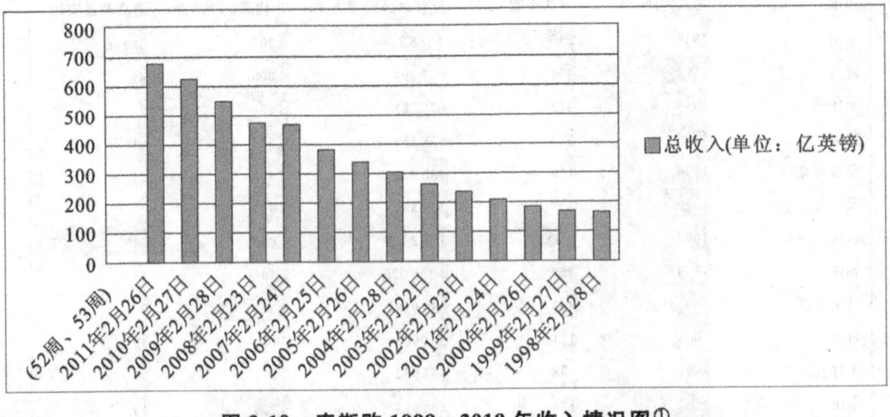

图 3-19　泰斯购 1998—2010 年收入情况图[①]

问题是这四大超市巨头是怎样从一个个小水果店发展到今天这个规模的？

① 资料来源：维基百科网。

16/泰斯购超市的发展战略

泰斯购是一家英国的跨国公司，按收入算是世界第三大零售商（仅次于沃尔玛、家乐福），按利润算是世界第二大零售商（仅次于沃尔玛）。

该公司由杰克·蔻痕（Jack Cohen）于1919年创建，那时他在东伦敦的Hackney一条名为Well Street Market的市场从事水果生意。泰斯购一名来自该公司创始人蔻痕于1924年从T. E. Stockwell那里购买的一轮船茶叶，由蔻痕和T. E. Stockwell的首个字母合并而来。第一家泰斯购店于1929年在Middlesex的Burnt Oak开业。此后，泰斯购迅猛扩张，到1939年，已在英国开有超过100家分店。

最初，泰斯购只专注于英国的水果市场，到20世纪90年代，开始涉足图书零售、服装、电子产品、家具、汽油、软件、金融服务、通信服务、互联网服务、DVD租赁、音乐下载等。20世纪50—60年代，泰斯购通过收购快速扩张，迅速超过800家分店。

表 3-2 泰斯购经营战略绩效分析①

战略名称	时间	实施项目	成果
上市	1947 年	在伦敦证券交易所(London Stock Exchange)上市，为金融时报 FTSE100 指数成员。	2012 年 1 月 15 日，该公司市值 244 亿英镑，是伦敦证券交易所一级市场的所有上市公司中第十五大公司。
国内收购	1957 年	买下了 Williamson's stores 的 70 家分店。	—
	1959 年	买下了 Harrow Stores 的 200 家分店。	—
	1964 年	收购 212 家名为 Irwins stores 的商店，同年还收购了 97 家 Charles Philips Stores 商店。	在与同行 Express Dairies 的 Premier Supermarkets 竞争中获胜。
	1968 年	收购 Victor Value 连锁店。1986 年又将该连锁店卖给 Bejam。	—
	1987 年 5 月	出资 2.2 亿英镑，收购了在英格兰北部一个名为 Hillards 的连锁店旗下的 40 家超市。	—
	1994 年	收购超市连锁店 William Low，控制了位于 Dundee 拥有 57 家分店的这个公司。	打败竞争对手森斯伯瑞，开始涉足苏格兰零售市场。
	1997 年 3 月 21 日	出资 6.4 亿英镑，收购了英国食品联合(Associated British Foods)旗下位于北爱尔兰的零售商连锁店 Quinnsworth、Stewarts、Crazy Prices。	这笔收购案由欧盟委员会(European Commission)于 1997 年 5 月 6 日审议通过，使得泰斯购在北爱尔兰的市场份额超过竞争对手森斯伯瑞。而森斯伯瑞早在 1995 年就开始进入北爱尔兰的市场。
	2004 年	收购 Adminstore，后者在伦敦市内外拥有 Cullens、Europa、Harts 等品牌 45 家便利店。	—

① 资料来源：维基百科网。

续表 3-2

战略名称	时间	实施项目	成果
国内收购	2005 年	当莫瑞森解除其与 Safeway/BP 合作伙伴关系，泰斯购收购了后者。	获得其旗下 21 个分店。
	2007 年	出资 1.556 亿英镑收购 Dobbies Garden Centres。Dobbies 共有 28 个花园市场，其中一半在苏格兰，一半在英格兰。	2007 年 8 月 17 日，泰斯购董事会宣布已拥有 Dobbies53.1%的股份。2007 年 9 月，又将其在 Dobbies 的股份提高到 65%。2008 年 6 月 5 日，泰斯购称它将强行并购 Dobbies Garden Centres plc。而 Dobbies 在其位于爱丁堡附近的 Melville 的公司总部领导下，仍经营着自己的品牌。
多种经营	20 世纪 90 年代	最初，泰斯购只专注于英国的水果市场，到 20 世纪 90 年代，开始涉足图书零售、服装、电子产品、家具、汽油、软件、金融服务、通信服务、互联网服务、DVD 租赁、音乐下载等。	—
	汽油	1997 年与埃索加油站(Esso)合作，在加油站内设泰斯购商店，而泰斯购商店则同意替加油站销售部分汽油用品。	目前，英国有 200 家泰斯购—埃索(Tesco/Esso)加油商品店。
	通信	2003 年与通信服务商 02 合作，成立泰斯购移动网络运营公司。2003 年 10 月成立一个英国通信业务部门，提供通信和家庭电话服务，并与已有的互联网业务整合。	
	自助服务	1956 年在圣奥尔本斯开了第一家自助服务店(该店一直运营到 2010 年)。	降低成本。

续表 3-2

战略名称	时间	实施项目	成果
多种经营	消费卡、网络购物	1995年推出了名为俱乐部卡(Clubcard)的消费卡，然后就开始提供网络购物服务。	直到2006年11月，泰斯购是唯一一家通过互联网经营水果实现盈利的公司。
	宽带网络	2004年8月开始提供宽带网络服务。	—
	金融服务	与皇家苏格兰银行以1：1比例合作成立泰斯购银行。该银行提供服务包括信用卡、贷款、住房抵押贷款、储蓄账户及汽车、住房、生命和旅行保险，在泰斯购连锁店和其网站上均有这些金融服务项目的宣传单。2008年7月28日，泰斯购宣布出资9.5亿英镑，买断皇家苏格兰银行持有的该公司50%的股票。	在截至2007年2月24日的52周内，泰斯购银行的经营利润达1.3亿英镑，其中泰斯购获利6 600万英镑。2009年10月，泰斯购个人金融服务(Tesco Personal Finance)更名为泰斯购银行。
国外并购	2001年7月	购入美国一家名为GroceryWorks公司的35%的股份。	进入美国的水果互联网经营业。
	2002年	收购波兰的13家HIT大型超级市场(hypermarkets)。同时，还收购了T & S Stores这个拥有One Stop、Dillons 、Day & Nite等品牌连锁店且规模达870家便利店的公司。	—
	2003年6月	投资1.39亿英镑，收购日本的C Two-Network。购入土耳其超市连锁店Kipa大量股票，成为其大股东。	—
	2006年	买入位于波兰一个名为Casino's Leader Price超市80%的股份，然后这些超市就改为泰斯购小型连锁店。	—

续表 3-2

战略名称	时间	实施项目	成果
国外并购	2008 年	在塔塔集团(Tata Group)的帮助下,投资 6 000 万英镑,在印度孟买(Mumbai)开设大型购物店。	—
	—	泰斯购—爱尔兰(Tesco Ireland)也是爱尔兰最大的水果采购商,每年都要采购价值 15 亿欧元的水果。	在爱尔兰,泰斯购是最大的水果商。2005 年 11 月泰斯购占整个爱尔兰水果市场的 26.3%。
	2008 年	在韩国,泰斯购与三星(Samsung)公司合作,成立合资公司 Home Plu,于 1999 年开始经营。目前泰斯购持有该合资公司 94%的股份。2008 年 5 月 14 日,泰斯购斥资 19 亿美元收购 E-Land 名下的 36 家特大型超市,成为该公司历史上最大一笔收购。	在 2006 年之前,E-Land 一直为法国超市集团家乐福(Carrefour)所有。目前,泰斯购成为韩国第二大零售商,仅次于 Shinsegae 集团。
软实力	广进低销	泰斯购创始人蔻痕的生意箴言是"大量购进,低价售出"(pile it high and sell it cheap)。	—
	换位思考	泰斯购创始人蔻痕在公司内部的口头语是,"你不能按照你的想法去做生意"(You Can't Do Business Sitting On Your Arse),英文简称为"YCDBSOYA",以此来激励他的销售团队。	—
	商标设计	1996 年,商标改为现在的样子。	商标具有动感,给人以快捷、便利的印象。

续表 3-2

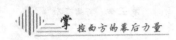

战略名称	时间	实施项目	成果
软实力	广告	2012年4月，泰斯购推出印有该品牌商标的新口号——"在泰斯购，每天都物有所值"（Tesco Everyday Value），超市袋子上和收据上都印有这些宣传口号。	—
		最著名的广告是"结账82"（Checkout 82），是1982年制作的。广告中，在欢快的流行音乐中，人们排着队等待结账，人们都开心地唱着"结账了，结账了"（Check it out，check it out）。21世纪初期，包括辣妹组合（The Spice Girls）在内的不少明星加入该公司广告阵营。	—
		现在其主要广告词是"每个小东西，都有用处"（Every little helps），这个广告词出现在各种印刷品和电视中。	—
	社会责任	1992年，泰斯购开始启动"为学校捐电脑项目"，向消费者回收旧电脑，然后送给学校和医院使用。	到2004年，泰斯购已收到价值9 200万英镑的旧电脑。该项目在波兰也有开展。
		2006年，泰斯购将其税前利润的1.87%捐给慈善机构和社区组织。与其他超市连锁店相比，虽然玛莎百仅捐出其利润的1.51%，但森斯伯瑞却捐出其利润的7.02%。	近来，工作基金会（The Work Foundation）的总裁 Will Hutton 称赞泰斯购倡导有关企业社会责任问题的讨论活动，但《才智贡献》（*Intelligent Giving*）则批评该公司，称其让员工们作贡献，来支持该公司的年度慈善活动。

看来，今天英国的商业运作也没什么新鲜的，还是几百年前的老一套。无非是大资本吞并小资本、大超市收购小商店，或者说大鱼吃小鱼、小鱼吃虾米。

历经数百年资本主义经济发展，今天英国的商业竞争之残酷令人惊讶。以至于在英国，你很难找到中等规模的公司和企业。在这里，要么你是等待被收购、有点技术含量或有市场份额的小店或小公司，要么你就是四大(Big Four)或若干大之一的超级大型跨国公司。

然而，当大型超市连锁店的规模大到足以影响市场时，就难以抵制垄断市场或价格带来的巨大利润。不信，可以看看下面泰斯购在经营中受到争议的问题。

表 3-3 泰斯购运营中存在的争议①

垄断价格	2007 年，泰斯购接受英国公平贸易办公室(UK Office of Fair Trading)的调查，起因是泰斯购与西夫韦(Safeway)、阿斯达、莫瑞森、森斯伯瑞等英国最大的 5 家超市连锁店涉嫌组成卡特尔(cartel)联盟，垄断牛奶、黄油、奶酪等商品的市场价格。	2007 年 12 月，阿斯达、森斯伯瑞、原西夫韦均承认，他们联合起来控制商品价格，损害了消费者的利益，但他们也强调，他们在支持英国 5 000 个农场主从口蹄疫危机中尽快复苏。最终，英国这五大超市被处以 1.16 亿英镑的罚款。
垄断市场	2007 年 11 月，泰斯购起诉了两个泰国人，一个是大学老师，一个是作家、前议员 Jit Siratranont。原因是这两人诽谤称，泰斯购在泰国的收入占其全球市场的 37%。这两人还批评泰斯购的大规模经营，挤垮了当地的小商业。	泰斯购坚持要求分别判处这两人罚款 160 万英镑和 164 万英镑，每人还均应蹲 2 年监狱。
等待时间过长	2006 年 12 月，《水果》(*The Grocer*)杂志刊登一研究报告称，在英国六大超市中，泰斯购的顾客排队等待结账的时间最长，等待时间最短的是 Somerfield 超市，平均等待时间为 4 分 23 秒。	其他几个超市，排队时间较短的是 Waitrose，然后是森斯伯瑞、阿斯达、莫瑞森。

① 资料来源：维基百科网。

续表 3-3

避税	2007 年，有报道称，泰斯购将其网络在线运营部门的总部迁往瑞士，这样该部门在网上销售的 CD、DVD 及其他电子商品就不必缴纳增值税。此前，该部门的注册地为英国的泽西岛。后来，泰斯购在该岛的机构被关闭，因为当局担心会影响该岛的声誉。2008 年 6 月，政府宣布关闭了泰斯购曾用过的一个税收漏洞。	该项目由英国的一个杂志《私人之见》(*Private Eye*)揭露，称泰斯购利用在卢森堡的控股公司和合作伙伴协议，一年可节省企业税款 5 000 万英镑。而另一个项目之前也曾被该杂志揭露，称泰斯购将 10 亿英镑的存款放在瑞士的一个合作伙伴那里，然后贷款给泰斯购在英国之外其他国家的分店，这样其利润可以支付利息的名义间接转移出去。该项目至今仍在执行，每年估计将给英国纳税人造成最多 2 000 万英镑的企业税收款损失。税收专家 Richard Murphy 曾就该避税结构进行过分析。
国内抵制	2007 年 3 月，英国伯明翰(Birmingham)一个名为 Bournville 地方的居民，在一场官司中打败了泰斯购，以阻止其向当地销售酒。	由于该地有禁止销售酒的历史传统，所以至今当地仍禁止任何商店销售酒，当地也没有一家酒吧或快餐店。
	在英国的圣奥尔本斯，泰斯购计划在该地开设大型分店，却遭到当地人普遍反对。后来，这里还成立了"反圣奥尔本斯—泰斯购集团"(Stop St Albans Tesco Group)。	2008 年 6 月，圣奥尔本斯市政当局拒绝了原来新建一个泰斯购分店的计划。
	2011 年 4 月，在英国布瑞斯托里的一条名为 Cheltenham 的街上，长期抗议在此地开设泰斯购快捷店的活动导致了人们和警察之间的冲突。	—

17/克隆城现象

由表 3-3 不难看出，即便在英国国内，一些地方的小商业对大型超市连锁店的到来并不太欢迎。

其实，这种现象并不仅在英国有。据新经济学基金会(New Economics Foundation)于 2004 年 8 月的一份研究报告《英国克隆城》(*Clone Town Britain*)显示，超级连锁店的出现，导致商业多样性的死亡。

而早在 2002 年，该机构就发布《英国鬼城：经济全球化对人们生活方式、自由、地方经济解放的威胁》(*Ghost Town Britain: the threat from economic globalization to livelihoods, liberty and local economic freedom*)，呼吁英国地方政府加强对本地商业区的规划和资金投入，提高本地商业多样化，鼓励独立零售商的发展。

(1)超市连锁店的出现，导致大量个性化、独立经营的小商店逐渐消失。在美国，由于沃尔玛的出现，仅在 10 年间，美国的水果店就消失了 555 个，杂货店消失了 298 个，建筑供货商消失了 293 个，个性化商店消失了 161 个，女性服装店消失了 158 个，鞋店消失了 153 个，药店消失了 116 个，儿童服装店消失了 111 个，总计有 7 326 个商店都被大超市席卷一空，全部吞并。而在 40 年前，沃尔玛还只是一个只有 1 名店员的小商店。

(2)超市连锁店的出现,还影响到杂志的销售方式。Periodical 出版商协会负责人伊安·洛克斯(Ian Locks)认为,把杂志放到大型超市销售的做法,导致大约 12 000 个杂志零售商退出市场。

(3)超市连锁店的出现,还影响到建筑的多样性。建筑媒体记者乔纳森·格兰西(Jonathan Glancey)称:"曾经在每个城市、小镇、村庄,只要有教堂,那里就会有一个教堂。如今,只要有教堂的地方,就一定有泰斯购特大店、城市店或便捷店。"本来英国各地教堂历史悠久、建筑形态各异,具有浓郁的历史和地方特色,如今却被这些统一"着装"的超市们给弄得大煞风景。

(4)超市连锁店的出现,带动商业区房租上涨。英国伦敦格林尼治(Greenwich)的一位商户称,英国是一个商店国家,人们都想有自己的商店,但问题是当那些大型跨国企业集团到来时,他们能付得起超过正常租金 3—4 倍的价格来收购这里的小店铺,谁又能阻止他们呢?而且他们的到来,使得这里的房租上涨。

对于大型超市连锁店对市场带来的影响,早在 2000 年,英国的竞争委员会报告(The Competition Commission Report)就列出,对市场力量的 52 项批评。2004 年,英国一个名为 OFT 的组织就《超市经营法令》(*The Supermarket Code of Pratice*)征求人们的意见,结果 80%—85%的人回应称,这个法令对超市的经营方式没有任何改变。在英国,开一家便利店的成本已升至高达 49 万英镑,使得大量小连锁店和独立零售商望而却步。据调查,英国 2005 年又有 2 157 家独立的便利店消失,而在 2004 年仅有 324 家便利店消失。

而在法国、美国,政府通过制定有关法规,防止大型商业的过度扩张。如,法国巴黎的地方城市化规划中,有 106 项有关规定,要求商业开发商为当地人提供可支付得起的公共住房,以保护当地的零售业的多样性。如今,在巴黎有 7.1 万家商店,其中有一半的商店,其经营范围和用途有严格的限制,即便当这些商店要转租或售出,其用途和经营范围也不能改变。比如,一个原来经营手机的商店,是不能再改为经营肉食、面包或蔬菜的。正因为如此,在过去 10 年,巴黎已有大量熟食店、面包店、肉店、水产品店消失,取而代之的则是手机店、快餐店越来越多。再比如，法国的一项名为 Royer 的法律，也就是后来的名为 Raffarin 的法律规定，新建面积在 300 平方米以上的商店或超市，必须经过特别的审批。这样就有效限制了大型超市的快速增长。

其实，英国的竞争委员会也曾规定过，任何一家超市的水果经营份额不能超过整个水果市场份额的 8%。

此外，不少国家都规定，对超过一定面积的商店要进行全面经济社会影响评估。如有的国家规定面积超过 20 000 平方英尺（约合 1 858 平方米）的商店，就要接受评估。也有的国家规定，每天到该超市购物的停车数量超过 500 辆，就要接受评估。

在美国，2005 年 1 月，纽约市立法通过，要求对面积超过 8.5 万平方英尺（约合 7 897 平方米）的大型零售商进行执照审查，并就这些大超市对社会保险经济的影响进行全面评估。而受大型超市连锁店的影响，美国佛蒙特州（Vermont）被美国家历史遗迹保护信托（National Trust for Historic Preservation）提名为 11 个面临危险的州。该州已在考虑通过立法，禁止大型超市在该州过度扩张。美国缅因州的贝尔法斯特就禁止开设面积超过 75 000 平方英尺（约合 6 968 平方米）的商店，该州其他地方则规定商店面积不能超过 36 000 万平方英尺（约合 3 345 平方米）。在旧金山（San Francisco），则规定在部分地方的临近区域不得开设面积超过 4 000 平方英尺（约合 372 平方米）的商店。

18/维珍铁路公司的危机公关之道

嗨！侯先生：

要让政府意识到并重新考虑，是否应把经营英国西海岸铁路主干线(the West Coast Mainline)的专营权交给第一集团(First Group)，而现在这场斗争还远没有结束。现在有一封电子请愿书(e-petition)，完全由一些独立于维珍公司的一些民众发起，正在呼吁政府重新考虑其决定。超过2万民众已在这封电子请愿书上签名，一旦我们征集到10万个英国民众签名，就可以在英国议会下议院就此事进行辩论。我们期盼你也签署这封电子请愿书，让政府意识到，我们都愿意将西海岸铁路主干线(the West Coast Mainline)仍交由维珍铁路公司来专营。最后的决定还没有敲定，我们希望有尽可能更多的支持者加入，以给政府施压，令其重估这次错误的决定。8月28日是此次临时确定签署未来若干年铁路专营权合同的日子，所以请您尽快签署这封电子请愿书。

现在就签署这封电子请愿书。

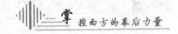

理查德·布兰森

2012年8月24日，笔者收到一封电子邮件，打开一看，原来是英国维珍公司(Virgin)总裁理查德·布兰森(Richard Branson)发来的，大意是希望支持该公司赢得英国政府发放的部分铁路线路专营权。

笔者曾乘坐过该公司的火车，到苏格兰旅行。当初在网上订票时，有一个选项是“是否要保留座位”，由于担心没有座位，就选择了“保留”。后来拿着自己打印好的火车票上了火车才发现，一节车厢也就三五个乘客。放眼望去，只见有几个座位上面插有小纸牌，上面写着“预定座位”，走过去一看，原来是自己预定的车位。也许是，火车上平时乘客不是很多，所以允许乘客随便坐，不过当旅客想预留固定座位时，运营商也提供这种服务。车厢里，有人躺在一个专门围起来的窗帘里休息，上面写着“婴幼儿休息区”。显然，当乘客稀缺时，列车运营商就得想尽办法满足旅客的个性化需求。

20世纪90年代英国进行了铁路私有化，原本全国铁路只有五六家大型国有铁路公司经营，私有化后就冒出来至少20多家铁路公司，政府就把各铁路段的专营权放到市场上进行招标，中标的铁路公司就可以经营某一段铁路线。眼看这次英国西海岸铁路主干线专营权即将“花”落第一集团之手，作为该线路的原经营者维珍公司坐不住了。

紧接着，2012年8月24日，据英国BBC报道，维珍公司已成功征集到10万名英国民众在电子请愿书上签名。且英国工党在议会下议院负责交通事务的议员也给英国交通部的部长们写信，要求政府推迟确定签署铁路专营权合同的时间。

而英国政府的回应是，有关合同即将在未来一周签署。而这封电子请愿书的发起人Ross McKillop称，维珍公司“已提供了长达15年值得信赖的服务”。英国自由民主党(Liberal Democrat Party)议员、该党领袖蒂姆·法伦(Tim Farron)在社交网站“推特”(Twitt)上称：“维珍铁路公司这次电子请愿活动已征集到10万个签名，我想我们应该在议会就此事进行辩论。”

而如果没有什么变数，作为英国最大的铁路公司，第一集团将从2012年12月9日开始正式经营西海岸铁路主干线，经营有效期到2026年为止。

就在合同即将签署的紧张时刻，英国工党议员、议会交通委员会主席路易斯·艾尔曼(Louise Ellman)(其选区Merseyside正在此次铁路专营线上)发给英国交通大臣贾斯廷·葛瑞宁(Justine Greening)一封信，要求就此次铁路专营权竞标一事给予更多信息透明，并允许其领导的议会委员会就有关问题进行调查。

为什么一段铁路线的经营权就会引发英国各界如此关注？因为这段铁路线每年运送旅客3 100万人次，交给哪家公司去经营，将决定数百万乘客未来15年享受铁路服务质量的水平。还有人提出，政府应该慎重考虑此次铁路专营权合同签署一事，别忘了2012年伦敦奥运会上，负责安保的G4S公司到了奥运会前夕，竟出现安保人手不够的糟糕情况。

维珍公司是英国商业的一张名片，在英国知名度非常高，其公司总裁布兰森的经商之道简直就是一个传奇。这家公司经营范围之广，令人惊讶。小到可乐饮料，大到铁路、民航，还有广播、媒体等，经营商业种类有上百种，可以说是无所不包。

该公司甚至正在投资研发一种新型航天飞行器，如获成功，将向有钱人提供太空旅行服务。该公司的一个口号说得更明白，“维珍公司提供一切你所需要的服务”。

维珍公司连同其总裁布兰森如同美国的IT巨头微软公司及其总裁比尔·盖茨一样，是英国商业创新和活力的象征。2011年该公司收益达213亿美元。

何以见得维珍公司有活力？你只要看一下该公司网站上一篇刊载时间为2012年8月21日、标题为“签署维珍铁路公司电子请愿书的50条原因”[1]的文章就知道，英国人经商的激情和创意。这篇署名为杰克·普雷斯顿(Jack Preston)的文章，还真的列出了50条支持维珍铁路公司的理由。

看看下面这50条“自我肯定”的理由，你就知道英国最具商业活力的维珍公司是如何通过打民意牌进行危机公关的。

(1)我们已将西海岸铁路主干线这条苦苦挣扎的线路变成了欧洲最繁忙、长距离的铁路线，不管是从伦敦到曼彻斯特，还是从伦敦到伯明翰，都是20分钟发一趟列车(潜台词：我们过去多年的经营表明，我们是一家善于经

① 资料来源：维珍公司网站信息

营铁路服务的公司，否则，原本没有生机的铁路线又是如何变繁忙的呢）。

(2)我们不只是一家铁路公司，我们还是一家为消费者服务的公司，同时经营铁路服务（潜台词：我们比其他铁路公司更懂得如何更好地服务消费者）。

(3)我们像在意消费者一样在意自己的员工（潜台词：我们公司对自己的员工都如此在意，说明我们是在意人的感受的，这样的公司是适合从事为旅客服务的铁路运营业务）。

(4)我们有最快的火车，我们也正变得更快。我们缩短了旅程时间，现在从伦敦到曼彻斯特只需要2小时零8分钟，比过去的2小时30分钟已有缩短（潜台词：我们在不断缩短旅程时间）。

(5)我们相信投资自己的员工就是投资自己的未来（潜台词：关注普通职员的职业素养，是一家负责任的公司）。

(6)最物有所值（潜台词：我们最大限度提高铁路运营服务质量，并降低票价）。

(7)一流的员工（潜台词：我们公司员工的素质和服务质量是别的公司没法比的）。

(8)消费者最满意的（潜台词：谁用谁知道，坐过我们家火车的都对我们很满意）。

(9)我们将比别的任何公司在新线路上投资更多（潜台词：我们的资本实力强大，且愿意将这些资本投入到新线路上，这样提供的服务也一定最好）。

(10)我们不畏任何艰难险阻，不达目标不罢休，一定专注于这条铁路线（潜台词：我们已做好各种可能的预案，一定赢得此次专营权）。

(11)我们听取消费者的建议，且经常尝试不断提高自己的服务水平（潜台词：我们不像有的公司那样听不进去消费者的想法，更别说提高服务质量了）。

(12)每个从事长途铁路客运服务的公司都在试图“拷贝”我们的模式（潜台词：我们是服务行业的领导者，别的公司都不过是跟随者，而他们永远赶不上我们服务的质量)。

(13)我们是第一家为消费者提供互联网订票服务的公司(潜台词:我们过去是第一个吃螃蟹者,以后还是,永远都是)。

(14)我们是第一家给消费者提供单程票的公司(潜台词:以后只要消费者有需求,我们一定还会有更多这样充分满足消费者需求的服务)。

(15)"当出现差错时,我们给消费者更高的补偿费(潜台词:就算我们经营出了问题,在经济上也不会让你吃亏)。

(16)我们的员工在服务客户上有巨大的热情(潜台词:不管怎样,我们的员工更有热情和活力,在服务消费者上,永远不会厌倦)。

(17)我们在新火车上的投资比其他任何公司都要多(潜台词:我们有实力,也有意愿投资硬件)。

(18)维珍这个品牌是享遇全球的品质代名词(潜台词:我们的品牌就是我们服务质量最好的证明。这一点,地球人都知道)。

(19)我们的员工热爱自己的工作,无论是什么样的工作,他们都是这样(潜台词:我们的员工是天生的、发自内心地热爱工作,没办法,挡也挡不住)。

(20)我们总是跳出小圈子思考问题,总能冲向别人不敢去的领域(潜台词:我们的战略思维是开放式的,且具有超出同行的勇气和力量)。

(21)我们喜欢带着你去到乡村旅行,而且喜欢一直做这的事情(潜台词:从事铁路客运,对我们而言,是一种爱好!俗话说:"乐之者不如好之者",开心做事不如喜欢做事,喜欢做的事,再苦再累,再多艰难险阻,都阻挡不了我们执着服务消费者的追求)!

(22)15 年前人们都说,我们不可能把这条线路经营好,而今天我们证明了自己是完全可能的(潜台词:过去人们认为不可能的事情,我们都能将它变成可能,以后还有更多所谓"不可能"在我们公司变为可能)。

(23)你就如同我们一样,早就是维珍铁路公司家庭的一员了(潜台词:你以前坐过我们的火车,应该知道我们的服务质量,其实你内心是认可我们公司的,对吧)。

(24)我们是第一家赢得“投资人民”奖的铁路公司(潜台词:获这个奖,已说明我们公司对服务消费者有多么在意和擅长)。

(25)因为你发出自己的声音,且能变得与众不同(潜台词:我们知道你有独特的想法,我们倾听你的想法,从而提升服务水平,感谢你对提升我们服务质量做出的贡献)。

(26)我们总是想和消费者通过各种途径建立联系,关注我们不断提升的社会媒体影响力(潜台词:我们是社会知名企业,我们在意自己的名声,也注意倾听消费者声音)。

(27)你只需要花费不到两分钟时间,就可以做出一个影响15年铁路服务的决定(潜台词:你花费的时间成本微乎其微,而得到的优质服务却将是长达到15年,所以,这封电子请愿书值得你看完并签字)。

(28)我们不只是开火车的公司,我们去年还向慈善组织捐款超过50万英镑(潜台词:我们是有社会责任感的公司,不只为了赚钱)。

(29)我们是唯一一家当旅行高峰期到来时,仍向消费者提供火车优惠卡的铁路公司(潜台词:别的公司可能就不会这么慷慨了,要想省钱还是坐我们的火车吧)。

(30)来自世界超过30个国家的6万人加入我们公司工作,而我们总是在寻找最适合从事服务工作的员工(潜台词:这么多人心甘情愿来我们公司工作,说明我们的声誉很好,对待员工也很人性化,我们对求职者如此有吸引力,作为消费者的你该会做出明智选择吧)。

(31)我们的电子 Pendolino 火车是一种环保列车,在排放二氧化碳量上,比汽车要少76%,比国内航班要少78%(潜台词:有数据证明,我们的火车是真正的环保交通工具,如果你真的在乎环境,就坐我们的火车吧)。

(32)我们已经增加了列车装备能力,将标准座位比例提高到50%(潜台词:我们的标准座位充足,以后还会更充足,坐起来更舒适)。

(33)如果你喜欢我们在过去15年所提供的服务,你将看到我们已准备好未来15年的服务规划(潜台词:我们将一如既往,继续以你的需求为中心,完善服务,让你满意)。

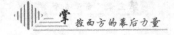

(34)最近,维珍铁路公司被《哪个?》(*Which?*)杂志命名为最好的火车,而且在独立的全国乘客民调(National Passenger Survey)中,在长途列车服务上位列前茅(潜台词:我们不是自吹自擂,媒体的赞誉和独立机构的民调都说明,我们公司服务质量就是好)。

(35)这已是3年内第二次,维珍铁路公司收到环球旅行奖(Globe Travel awards)中的特别受喜爱列车运营商奖(Favourite Rail Operator award),此奖在国际旅店行业、旅客运营商、旅行社等行业是非常被看中的,此奖是由消费者,而非少数几个人决定的(潜台词:我们在同行的圈内受到认可,我们的服务水平不容置疑)。

(36)我们不跟风,我们引领潮流(潜台词:我们是服务创新的发源地,我们的服务风格与众不同)。

(37)我们免费为军人提供旅行服务,以感谢他们为国家安全做出的贡献(潜台词:我们不是唯利是图的商业公司,我们对那些为国家做出贡献的人们给予奖励)。

(38)公众信赖我们,原因只有一个,那就是我们已经一次又一次地赢得了消费者的信赖——维珍公司提供的服务别具匠心(潜台词:我们提供的服务总是那么有个性,有特色,这是我们与别的公司的不同之处,选择我们,说明你也是有个人魅力的)。

(39)未来我们将在苏格兰提供列车专营服务,并在 Motherwell 建立一个运营枢纽(潜台词:我们的运营网络很快就要覆盖英国北部的苏格兰,服务网络的扩展,将使我们把你送到更多、更远的地方去)。

(40)我们一次又一次地证明,我们能够兑现自己的诺言(潜台词:事实证明,我们是一个说到做到的公司)。

(41)维珍公司已经收到来自英国标准研究所(British Standards Institute,BSI)授予的两个 Kitemark 质量认证标志,这是该机构第一次将此奖项颁发给英国的铁路公司,以表彰其在列车和车站节能方面的贡献(潜台词:我们提供的列车服务是节能的,而且已经得到认可)。

(42)我们将永远为消费者利益的最大化而努力(潜台词:旅客是上帝,服务好旅客是我们的永恒目标)。

(43)如果我们得到10万个签名,政府将就此问题在议会进行辩论(潜台词:只要你签了名,列车专营权一事就有可能出现转机)。

(44)我们经营专营权的方式是增加投入,而不是减少投入(潜台词:我们不会为了多赚钱,而压缩成本,降低服务标准。我们看得更长远,愿意并有能力增加投入,一切为了消费者满意)。

图 3-20　英国标准研究所自1903年以来颁发的商品和服务质量认证标志 Kitemark

(45)如果消费者同意,我们不必成为奥运会合作伙伴,向金牌得主提供列车服务(潜台词:一切都看消费者你的态度,只要你同意,我们就听你的)。

(46)我们向每一个人提供列车服务,无论你是奥运会运动员、残奥会运动员,还是美国演员夫妇布莱德·皮特(Brad Pitt)和安琪琳娜·朱丽叶(Angelina Jolie),或者是一个要去看望自己小孙子的老太太,你们每个人都是我们的要人(VIP)(潜台词:无论你是谁,只要坐我们的火车,你就是我们的顾客和上帝)。

(47)这个铁路线不是我们的,也不是政府的,而是你的,它值得人们负责任地去运营这段线路,为了消费者和乡村的利益最大化,这是最关键的(潜台词:铁路线是公共资源,无论是政府、铁路公司都无权决定它的归属,只有你有此决定权)。

(48)过去15年,维珍铁路公司带你去过你想去的地方,但这一次我们需要你的帮助(潜台词:我们曾为你服务那么多年,想你之所想,服务你所需要之服务,这一次你一定要伸出援手)。

(49)人们以为我们所做的都很简单,直到他们想去模仿时才发现并非如此。你可以教会任何一个人去做好一份工作,但你不可能教会一个人如何用心、如何在意。而我们是在意和用心的(潜台词:做事简单,用心和在意是最难的,而我们就专注于此)。

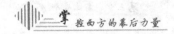

(50)维珍铁路公司不仅是一家公司，它是整个维珍集团的一部分，它们有着共同的理念。这个理念就是不断创新、勇敢向前冲，以证明英国真正有多么伟大。我们不断努力去证明这些，方法就是给员工以强大的力量，使他们不断地向消费者们提供优质服务，且永不言败(潜台词：我们是一个有着强大精神动力的公司，我们要证明的不仅是一家公司有多么了不起，我们要证明自己的国家有多么伟大)。

看完这50条原因后，你会怎么想？原来，维珍公司是一个如此看重消费者的公司，一个如此执着于自己使命的公司，一个将自己公司的理念与国家的伟大联系在一起的公司！相信你很容易被打动。

一个英国著名商业公司就是这样进行危机公关的。从中，你学到了什么？

维珍公司的创始人和老板布兰森是英国排名靠前的大富豪，还被英国王室授予爵士爵位。他年轻时靠办校报起家，后来涉足音乐制片等行业，后来越做越大，就形成了今天的维珍商业帝国。布兰森是一个充满活力的人，在其公司网站上有他的博客，每隔几天，他就会发一篇文章，并配上自己的照片。

以2012年9月4日的博客内容为例，他说，瑞士信贷(The Credit Suissee)集团研究部的一份研究表明，在过去6年中，一个公司的董事会里有女性成员要比没有女性成员的业绩表现要高出26%。然后就表明态度，要求其下属各公司都要朝这个方向去努力，增加董事会中女性成员比例。

图3-21　2012年9月4日维珍公司总裁布兰森(右)博客图片

这样的博客自然会增加女性消费者对该公司的认同，而这种博客营销只是该公司众多营销方式之一。该公司网站上还有他写的有关自己和维珍公司的6本书。

图 3-22　布兰森向维珍列车员工请教问题(2012年9月10日博客)

2012年9月10日布兰森的博客，让人感觉他是一个非常谦虚好学的老板。一个如此热切、谦虚向下属求教的老板，想不赚钱恐怕都难。

第四章

偷漏税者

19/人均犯罪额 3 825 万英镑的 20 个偷漏税罪犯

英国陶特尼斯小镇抗议考斯它咖啡大型连锁店的扩张以及其社会货币的发行，只是小资本对抗大资本游戏的冰山一角而已。但这种抗争在英国这样一个有几百年资本积累、膨胀的国家，是极其罕见的。更多时候，英国的常态是大资本对小资本的吞并。大企业在不断追逐资本，政府也需要足够的财政收入来提供公共服务。而当政府发现现有的财政收入不足以维持公共服务水平时，就只有想办法把税给收上来了。

这就涉及怎么对付偷漏税的问题。当经济繁荣、人们对未来充满信心且国家税收持续稳定增长时，人们可能不太关注这个问题。然而当经济危机到来，债务猛增，政府不得不大幅削减开支时，人们就会强烈要求政府严查偷漏税者。英国目前正处于这种情况。于是，就发生了下面这件事。

2012 年 8 月 15 日，英国多家媒体报道，英国税务和海关总署(HMRC)公布了英国偷漏税人员名单，此次公布的有 20 人，每个人涉嫌偷漏税或欺诈的金额及其照片、画像被一并公布。这 20 人共偷漏税款及欺诈金额达 7.65亿英镑。英国财政部国库大臣戴维·高克(David Gauke)称：“政府对偷漏税和欺诈行为决不姑息，税务和海关总署将依法追缴这些款项，公开发布这些人的照片，就是要让公众一起来抓住这些人。”下面我们来看看这20名偷漏税及欺诈案犯的情况。

案犯1 胡赛音·阿萨德·蔻汉(Hussain Asad Chohan)，44岁，现应在迪拜(Dubai)，此人缺席伯明翰皇家法庭(Birmingham crown court)的审判，被判处11年刑罚，涉嫌欺诈金额2亿英镑，包括进口2.25吨的烟草，应缴税款75万英镑。此人另有价值3 300万英镑的定货单被没收。

案犯2 纳瑟尔·阿麦德(Nasser Ahmed)，40岁，现应在巴基斯坦(Pakistan)或迪拜，于2005年被布里斯托里皇家法庭(Bristol crown court)判定，涉嫌参与价值1.56亿英镑的增值税欺诈案，在判决书下达前已逃离英国，被判处6年刑罚。

案犯3 查法尔·拜达·契斯黑(Zafar Baidar Chisthi)，33岁，现应在巴基斯坦，涉嫌参与价值1.5亿英镑的增值税欺诈案，被康斯顿皇家法庭(Kingston crown court)判处11年刑罚。

案犯4 达斯木·阿卜杜拉(Darsim Abdullah)，42岁，现应在伊拉克(Iraq)，吉尔福德皇家法庭(Guildford crown court)判定此人参与一洗钱犯罪团伙，涉嫌每月洗钱100万—400万英镑，其他参与本案的11名犯罪分子也被宣判，只有此人在宣判前逃跑。

案犯5 梁雷刚(Leigang Liang)，38岁，现应在英国，因涉嫌从中国非法进口烟草，被莱维斯皇家法庭(Lewes crown court)判处7年刑罚，预计给英国纳税人造成260万英镑的损失。

案犯6 欧陆他友·欧沃拉比(Olutayo Owolabi)，40岁，现应在英国，2010年1月被指控有27项非法活动，涉及税收信用(tax credits)、洗钱(money-laundering)，被判入狱9个月，估计给纳税人造成约100万英镑损失。

案犯7 魏尼·约瑟夫·哈蒂(Wayne Joseph Hardy)，49岁，现应在南非(South Africa)，2011年10月，被拉普斯维奇皇家法庭(Ipswich crown court)判定非法制造烟草且拒不缴税，被判处3年刑罚，估计给纳税人造成190万英镑损失。

案犯 8 阿达姆·乌玛吉(Adam Umerji),34 岁,现应在迪拜,被利物浦皇家法庭(Liverpool crown court)判定涉嫌参与增值税欺诈和洗钱案,被判处 12 年刑罚,估计给纳税人造成损失 6 400 万英镑。

案犯 9 高登·阿瑟(Gordon Arthur),60 岁,现应在美国(US),涉嫌非法进口香烟、酒精,偷漏税款 1 500 万英镑。此人于 2000 年逃离英国,2002 年梅德斯顿皇家法庭(Maidstone crown court)授权将其逮捕。

案犯 10 艾玛·伊丽莎白·塔兹(Emma Elizabeth Tazey),38 岁,现应在美国,涉嫌参与同样的犯罪活动。

案犯 11 约翰·努根特(John Nugent),53 岁,现应在美国,涉嫌诈骗增值税及其他税款超过 2 200 万英镑,曼彻斯特皇家法庭(Manchester crown court)已授权将此人逮捕。

案犯 12 玛蔻姆·麦沟湾(Malcolm McGregor McGowan),60 岁,现应在西班牙(Spain),2011 年 12 月,谢非尔德皇家法庭(Sheffield crown court)判定此人非法进口香烟价值 1 600 万英镑,被判 4 年刑罚。

案犯 13 蒂姆尔·默迈特(Timur Mehmet),39 岁,现应在塞浦路斯(Cyprus),涉嫌参与增值税欺诈案,涉案金额达 2 500 万英镑,被北安普敦皇家法庭(Northampton crown court)判处 8 年刑罚。

案犯 14 弗拉德米尔·杰日敏(Vladimir Jeriomin),34 岁,现应在俄罗斯(Russia)或立陶宛(Lithuania),涉嫌参与一犯罪团伙,从事非法套取退税款的活动,估计给纳税人造成损失 480 万英镑,利物浦皇家法庭已批准逮捕此人。

案犯 15 西萨日·赛韦尼(Cesare Selvini),52 岁,现应在瑞士(Switzerland),涉嫌走私价值 60 万英镑的白金条,多佛治安法庭(Dover magistrates court)于 2005 年批准逮捕此人。

案犯 16 蒂米垂·嘎斯科夫(Dimitri Gaskov),27 岁,现应在爱沙尼亚(Estonia),涉嫌用台式计算机做掩护,向英国非法走私香烟 300 万支,于判决前逃跑,拉普斯维奇皇家法庭已批准逮捕此人。

案犯 17 穆哈麦德·萨米·卡可(Mohamed Sami Kaak),45 岁,现应

在突尼斯(Tunisia),涉嫌于2005年3月与2006年9月之间向英国走私数百万支香烟,偷逃税款82.2万英镑,已被爱斯里沃斯皇家法庭(Isleworth crown court)判处入狱4年。

案犯18 瑞·玛琳·麦克甘(Rory Martin McGann),43岁,现应在英国的北爱尔兰(Northern Ireland)或爱尔兰(the Republic of Ireland),涉嫌参与增值税欺诈案,涉案金额超过90.2万英镑,曾于2008年11月被逮捕,后又逃跑。

案犯19 耶胡达·蔻痕(Yehuda Cohen),35岁,现应在以色列(Israel),涉嫌参与增值税欺诈案,涉案金额达80万英镑,曾于2011年3月在希斯罗机场(Heathrow airport)被逮捕,后又在保释期间逃跑。

案犯20 萨希尔·吉恩(Sahil Jain),30岁,现应在英国(UK),涉嫌参与增值税欺诈案,涉案金额达32.8万英镑,因缺席在一个名叫老贝利(the Old Bailey)的地方法庭审判,于6月8日被批准逮捕。

综上所述,此次公布的20名偷漏税及欺诈案犯有共同的特点:大多参与增值税欺诈、烟草、香烟走私或洗钱等犯罪活动。年龄大的60岁,最小的27岁,40岁左右的居多,平均年龄为41.8岁。这20人犯罪金额达7.65亿英镑,个人犯罪金额最少的有32.8万英镑,最多的达2亿多英镑,人均犯罪金额为3 825万英镑。看起来这些人的犯罪金额很高,也确实比较高。但如果你认为,就是因为这些人在偷漏税和欺诈,造成英国财政收入减少,那就未免有点天真了。

谁是英国真正最大的偷漏税和欺诈者?

20/真正的逃税大户

2011年2月18日，英国《卫报》头版头条披露惊人内幕，大名鼎鼎的巴克莱银行2009年在全球实现利润116亿英镑，但该银行在英国仅缴纳1.13亿英镑的企业税，实际缴纳企业税比例不及其利润的1%，逃税高达30亿英镑。

与此同时，英国一个名为“英国不削减”(UK Uncut)的民间组织在其网站上，将英国部分知名企业的逃税情况一一公布，号召民众抗议这些不负责任的企业逃税行为。现在来看看由该组织公布的英国真正的逃税大户和大欺诈者都是哪些企业。

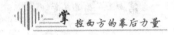

案例1：英国大型通讯服务商沃达丰。“英国不削减”组织称，英国大型通讯服务商沃达丰利用媒体的冷淡，一直避开公众的注意。而该公司网站上赫然写着“股东价值最大化，需要纳税最小化”。2010年，当该公司过去10年在英国共逃税高达60亿英镑的信息遭披露后，数十个城市的人们上街抗议其逃税行为，并关闭了其10%的商店。当沃达丰在印度试图逃税16亿英镑时，印度政府则不像英国政府那样纵容，成功迫使该公司缴纳税款。对于该公司的疯狂逃税行为，“英国不削减”组织称其为“最无耻的企业之一”。

案例2：英国零售业大亨菲利浦·格林(Philip Green)。2005年格林实现个人纯收入达12亿英镑(合120亿元人民币)，为逃避企业税，通过其在英国泽西岛开设的离岸账户，将巨额收入转至摩纳哥其妻的名下，在英国未缴纳税赋，从而将其应缴的2.85亿英镑税赋转嫁至其他英国纳税人。而格林如缴纳该笔税款，将足以支持32 000万名大学生缴纳其每年9 000英镑的学费，或为20 000万名国家健康服务体系的护士支付薪水。

案例3：英国大型超市泰斯购。该超市在英国拥有超过2 000家商店，市场份额占全英国的30%。2010年，泰斯购的利润高达34亿英镑（合340亿元人民币），然而就是这样一家利润丰厚的大型连锁店，利用英国复杂的法律体系，逃避印花税2 300万英镑，逃避土地税达9 000万—1亿英镑。此外，泰斯购还借其合作伙伴"切斯杭特"（Cheshunt）的一个海外有限责任公司名义，以海外商业法规，逃税1 600万英镑。

案例4：英国大型药品连锁店布茨（Boots）。作为有着150多年历史的著名品牌，2007年该公司向银行和其他投资者借款93亿英镑，做成了当年欧洲最大一笔私募基金并购案，2008年7月，该公司总部又迁至瑞士。10年前该公司每年在英国还能缴税1.2亿—1.5亿英镑，为其利润的33%。而2010年3月该公司在英国缴税仅1 400万英镑，仅为其利润的3%。原因很简单，该公司要偿还并购时的巨额借款，于是将其2010年的全球经营收益降至4.75亿英镑。

案例5：英国糖果业巨头吉百利（Cadbury）。英国糖果业巨头吉百利被美国同行卡夫集团并购后，通过业务重组，将其在英国的盈利转至瑞士。2010年卡夫集团实现利润高达5.9亿英镑，而吉百利通过并购重组，每年在英国逃税达6 000万英镑。

案例6：英国炸土豆片制造商沃克斯·克瑞斯普斯（Walkers Crisps）。1999年英国《卫报》突然发现，英国著名的炸土豆片制造商克瑞斯普斯摇身一变，成了瑞士的一家公司，此举使其在第一年逃税1 000万英镑，随后几年，每年逃税达2 000万英镑。后来经过英国税务署努力，追回4 000万英镑税款，但仍不及其应缴纳税款的1/3。

案例7：英国酿酒业巨头迪亚购（Diageo）。作为世界上规模最大的酿酒业巨头之一，迪亚购公司总部在伦敦，在英国有员工6 500名，其总裁每年收入高达360万英镑，其利润在过去10年每年都高达20亿英镑，而该企业每年在英国缴纳的企业税仅为4 300万英镑，其实际缴纳企业税比例仅为其利润的2%，而其应缴纳企业税款为1.44亿英镑。这意味着，迪亚购公司每年避税达1亿英镑。

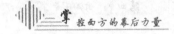

上述"英国不削减"组织公布的英国7家企业均为各自行业的龙头老大，这些行业老大带头逃税，这7家企业逃税金额64.89亿英镑，再加上媒体披露的巴克莱银行偷漏税款30亿英镑，仅这8家企业在英国的偷漏税款就达94.89亿英镑。平均下来，这8家企业平均每家偷漏税至少11.85亿英镑。

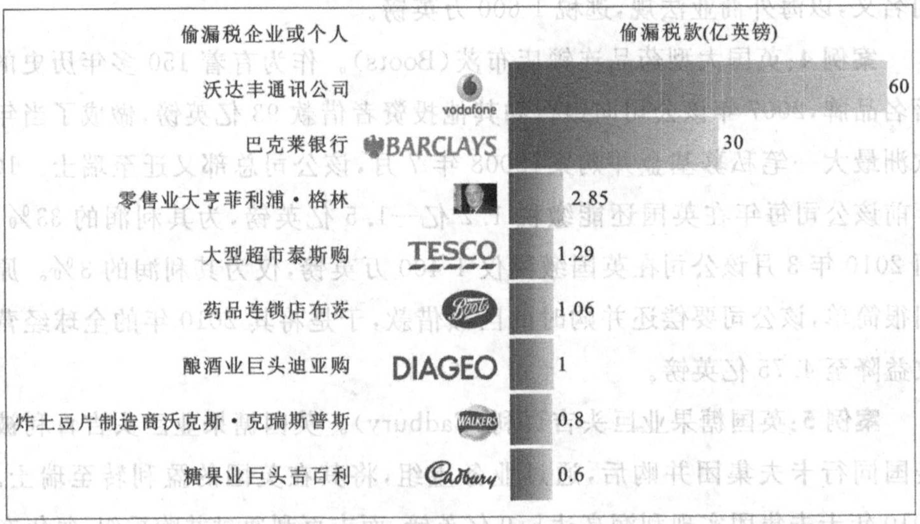

图4-1　2011年英国部分大企业及个人偷漏税情况

英国企业逃税严重到什么程度？2011年，英国公共和商业服务协会(Public and Commercial Services Union)的一份名为《反对削减公共开支的第二方案》的报告称，2006年英国财政部公布的文件表明，英国每年的税收漏洞达970亿—1 500亿英镑。也有报告称，英国政府每年税收漏洞为1 200亿英镑。显然，英国政府如能将其企业每年偷逃税款征缴上来，不但足以实现其平均每年削减300亿英镑的赤字问题，每年还能增收670亿—1 200亿英镑。以人均年薪20 000英镑的工作岗位来算，可创造就业岗位

335 万—600 万个。如此，不但能解决 250 万人的失业问题，还能再创造 85 万—350 万个新就业岗位。

此外，近几年英国政府还裁减了 25 000 名税务官员，有报告称，英国的税务官员平均每人每年可征收税款 65.8 万英镑，以此计算，英国每年因裁减大量税务官员将另外损失 165 亿英镑的财政收入。

其实，自 2010 年 5 月英国联合政府上台执政以来，如何增加税收、减少财政赤字就成了一个重要问题。为了增加税收，英国税务部门甚至排除税务稽查小组到各地增加缴税力度，而其征税对象都是普通小商业者。

2012 年 5 月 31 日，英国“这就是金钱”(This is Money) 网站披露，英国税务和海关总署将派出 12 个税务稽查小组，到英国各地督查偷漏税情况，对象包括出租车司机、菜市场、房屋租赁户等，其目标是到 2014/2015 年度增加税收 70 亿英镑，而 2012 年的任务是追回偷逃税款 5 000 万英镑。到 2012/2013 年度，将派出 30 个稽查小组到各地去查税。而此次 12 个查税小组的任务是查清英国约 300 人的偷漏税情况。

表 4-1 2012 年 5 月英国政府拟追缴 300 个偷漏税者情况[①]

稽查偷漏税项目	地区分布	预期追缴税款(英镑)
房屋出租户	东盎格里尔(East Anglia)、伦敦、利兹、约克、莱赛斯特(Leicester)、诺丁汉(Nottingham)、林肯(Lincoln)、德海姆(Durham)、桑德兰德(Sunderland)	1 700 万
出租车公司	诺丁汉、约克、莱赛斯特、德比郡(Derbyshire)	200 万
家居内外市场交易	伦敦	185 万
餐馆	米德兰德斯(Midlands)	250 万
总计		2 335 万

① 资料来源：英国“这就是金钱”网站。

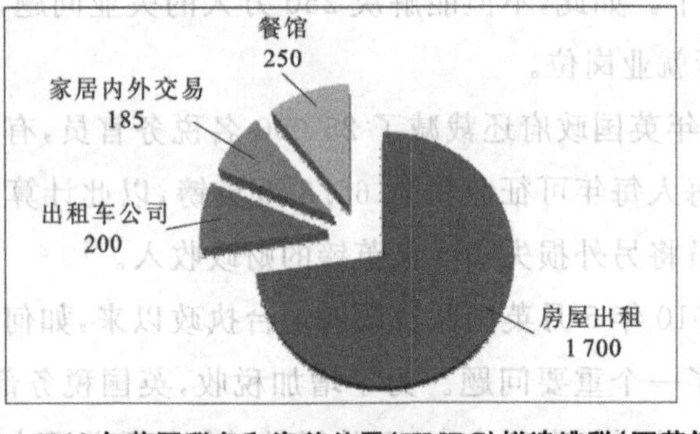

图 4-2　2012 年英国税务和海关总署(HMRC)拟追逃税(万英镑)①

由上图可知，英国最高税务部门拟派出 13 个税务稽查组，到英国各地向 300 个偷漏税者追缴税款，其目标为追回总计 2 335 万英镑税款。平均每个稽查组拟追税款约 180 万英镑，平均每个偷漏税者将被追回税款 7.78 万英镑。英国最高税务部门为追缴这么点税款，动作这么大，是否有点小题大做了？

① 资料来源：英国"这就是金钱"网站。

21/逃往避税天堂的亿万富豪们

2011年英国《泰晤士报》富豪榜显示，英国财富排名前1 000名者财富总额比2010年增长18%。这也提醒英国有关研究人员注意到，这些富豪不但拥有巨额财富，且财富高速增长，而且还具有保持巨额财富的各种避税方式。

英国有哪些富豪选择到避税天堂进行避税？一个网址为"www.appointmetotheboard.com"的网站公布了到避税天堂避税的部分英国富豪名单。笔者整理如下，供研究参考。

表4-2 2011年英国避税富豪名单[①]

姓名	财富(亿英镑)	避税方式
 John Fredriksen	62	作为船运业巨头，John Fredriksen是一位避税高手，当其原国籍挪威的税率上调时，他又成了塞浦路斯公民。
 Sir Philip and Lady Green	42	《哪个?》杂志估计其避税达数千万英镑。

① 资料来源：www.appointmetotheboard.com。

续表 4-2

姓名	财富(亿英镑)	避税方式
 Joe Lewis	28	最初靠外汇交易起家，其投资领域包括房地产、酒吧、Tottenham Hotspur 足球俱乐部，喜欢在其位于巴哈马群岛(Bahamas)这一避税天堂的 3 600 英亩私人地产的卫星电视上看各种比赛。
 Alan Parker	22.9	作为前会计师，靠免税商店起家，现生活在日内瓦。
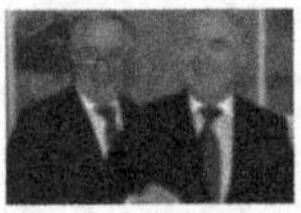 David and Frederick Barclay	22	Barclay 兄弟拥有《观察家》(*The Spectator*)杂志、电讯报业集团(The Telegraph Group)等媒体，尽管被看作慈善家，且向医疗研究领域捐赠超过 4 000 万英镑，但通过将财富转移至摩纳哥等方式避税。
 Laurence Graff	20	作为钻石业巨头，其公司 Graff Diamonds International 位于避税天堂瑞士。
 Lord Ashcroft	13	英国商业、创新和技能大臣 Vince Cable 称，其欠缴国家税款达 1 亿英镑。
 John Hargreaves	13	作为时尚品连锁店 Matalan 的主人，通过在摩纳哥这一避税天堂避税。
 Clive Calder	13	最初靠音乐业起家，本为南非人，现为英国人，生活在避税天堂开曼群岛，卖掉自己的唱片公司 Zomba Records，赚了 12.4 亿英镑。与英国著名唱片公司百代公司有联系。

续表 4-2

姓名	财富(亿英镑)	避税方式
 Nat Rothschild	10	毕业于 the Bullingdon 俱乐部,作为对冲基金经理,未来的 Baron,称避税天堂瑞士为其家。
 Alan Howard	9.75	作为英国第一个对冲基金公司经理,管理着220亿英镑基金,雇员有300人,现住在日内瓦,以躲避英国的税收。
 Peter Cruddas	7.5	为金融服务集团 Hargreaves Lansdown 的一半合伙人。为避税,现生活在 Guernsey。
 Lord Laidlaw of Rothiemay	7.45	靠卖掉自己在国际研究所(the Institute for International Research)的股份赚钱,该研究所实为一个国际会议商务公司。现生活在摩纳哥,为英国上议院议员。因避税行为正在接受调查。
 Sir Stelios Haji-Ioannou	6.8	生活在伦敦、雅典、摩纳哥,自称在英国没有税款需缴纳。
 Tony Buckingham	4.8	其公司 Heritage Oil 在伊拉克发现大型天然气供应地。通过避税天堂泽西岛避税。
 Michael Tabor	4.8	作为图书出版商,通过避税天堂 Barbados 避税。

续表 4-2

姓名	财富(亿英镑)	避税方式
 Geoffrey Kent	2.13	拥有上游旅游公司 Abercrombie & Kent,现住在摩纳哥。
 Firoz Kassam	2.02	20 世纪 80 年代靠旅店业发家,将旅店空房出租给地方政府,地方政府又将这些房屋出租给无家可归者。作为保守党捐赠者,被称为"悲惨商人"(merchant of misery),现生活在摩纳哥。
Alan Murphy	1.9	靠房地产和厕所用纸发家,现生活在摩纳哥。
 Sir Mick Jagger	1.9	1972 年,为避税,与滚石(the Rolling Stones)其余同事前往国外,其音乐专辑"Exile on Main St."指的就是此事。尽管有避税行为,并不影响其 2003 年晋升爵位。
Neil Taylor	1.8	靠电脑游戏业发家,其公司为 Game,并在德国经营房地产业。为避税,现住在都伯灵。
 Derek Coates	1.75	靠卖掉其维生素公司 Healthspan 赚钱,从事旅店和金融业投资,现住在 Guernsey。
 Baron Foster of Thames Bank	1.5	英国建筑师,其财富足够其购置私人喷气式飞机和直升飞机,以方便其往来于伦敦和瑞士之间。

续表 4-2

姓名	财富(亿英镑)	避税方式
 Phil Collins	1.15	独奏艺术家、歌唱家，生活在瑞士。
 Guy Hands	1	基金公司经理人，收购英国著名唱片公司百代公司，出任该公司董事会主席，现生活在避税天堂 Guernsey。
 David Kirch	1	靠伦敦的豪宅和房地产起家，现生活在避税天堂泽西岛。2012 年 7 月 23 日英国 BBC 报道称，在过去 6 年中，David Kirch 赠送给泽西岛 70 岁以上老人们的圣诞节代金券总额已超过 1 亿英镑。
 Andrew Rosenfeld	1	生活在避税天堂日内瓦(Geneva)，经营有航空资本公司(Air Capital)，投资房地产业。曾任英国工党的高级顾问，2012 年 9 月由工党领袖 Ed Miliband 授权，任工党全国和地区主席，负责工党的资金筹措事宜。
 John Charman	0.9	靠保险业起家，生活在避税天堂百慕大群岛(Bermuda)。当其与前妻离婚并给前妻 4 800 万英镑财产时，才引起公众注意。
 Sean Connery	0.8	生活在避税天堂巴哈马群岛。1962—1983 年在 7 个电影中扮演侦探 007 角色邦德(James Bond)。曾被评选为“当今在世最伟大的苏格兰人”(The Greatest Living Scot)。
Jeremy Agace	0.75	1986 年把 The Mann & Co 房地产公司卖给 Hambros 赚了一笔钱，现住在避税天堂蒙特卡洛(Monte Carlo)。

22/在避税天堂设子公司的大型企业集团们

除了富豪通过避税天堂避税，英国的大企业同样如此。据2011年英国媒体报道，英国金融时报FTSE100指数公司（英国规模最大的100家企业）中，有98家大企业通过在避税天堂设立子公司来避税。

表4-3 2011年英国FTSE100指数公司在避税天堂设子公司数量及比例情况[①]

FTSE100指数公司	产业	子公司总数	避税天堂子公司数量	避税天堂子公司数量比例
Man Group	投资和金融	127	79	62.20%
Tullow Oil	石油和天然气	75	44	58.67%
Randgold Resources	矿业	38	20	52.63%
Experian	支持服务	20	10	50.00%
Schroders	投资和金融	158	79	50.00%
Vedanta Resources	矿业	62	30	48.39%
Shire	制药和化工	102	48	47.06%
Standard Chartered	银行	317	144	45.43%
Wolseley	制造业	41	17	41.46%

① 资料来源：英国《卫报》网络版。

续表 4-3

FTSE100 指数公司	产业	子公司总数	避税天堂子公司数量	避税天堂子公司数量比例
Inmarsat	无线电子通讯	72	27	37.50%
Barclays	银行	1 069	390	36.48%
Hsbc	银行	1 528	556	36.39%
Prudential	保险	543	196	36.10%
Royal Dutch Shell	石油和天然气	1 276	455	35.66%
International Power	公用事业	488	171	35.04%
Icap	投资和金融	264	92	34.85%
Glencore International	矿业	46	16	34.78%
Bp	石油和天然气	1 568	537	34.25%
Kazakhmys	矿业	62	20	32.26%
National Grid	公用事业	309	98	31.72%
Diageo	食品和饮料	430	136	31.63%
Intercontinental Hotels Group	旅游和休闲	254	80	31.50%
Essar Energy	石油和天然气	51	16	31.37%
The Royal Bank of Scotland Group	银行	1 303	406	31.16%
Bhp Billiton	矿业	452	139	30.75%
Reckitt Benckiser Group	家居产品	211	63	29.86%
Sabmiller	食品和饮料	367	108	29.43%
Investec	投资和金融	314	90	28.66%
Petrofac Inc.	石油和天然气	85	24	28.24%
British American Tobacco	烟草	731	201	27.50%
The British Land Company	房地产	675	184	27.26%
Arm Holdings	制造业	26	7	26.92%
Burberry Group	零售	93	25	26.88%
Aggreko	支持服务	56	15	26.79%
John Wood Group	石油和天然气	30	8	26.67%
Bt Group	公用事业	572	150	26.22%

续表 4-3

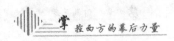

FTSE100 指数公司	产业	子公司总数	避税天堂子公司数量	避税天堂子公司数量比例
Unilever	家居产品	696	181	26.01%
Johnson Matthey	制药和化工	107	27	25.23%
Vodafone Group	无线电子通讯	387	95	24.55%
Scottish And Southern Energy	公用事业	247	59	23.89%
The Sage Group	软件	180	43	23.89%
Cairn Energy	石油和天然气	80	19	23.75%
Smith & Nephew	制造业	160	38	23.75%
G4s	支持服务	737	172	23.34%
Eurasian Natural Resources Corporation	矿业	163	38	23.31%
Antofagasta	矿业	73	17	23.29%
Amec	石油和天然气	123	28	22.76%
Wpp	媒体	2 686	611	22.75%
Tate & Lyle	食品和饮料	120	27	22.50%
Carnival	旅游和休闲	85	19	22.35%
Old Mutual	保险	639	142	22.22%
Autonomy Corporation	软件	77	16	20.78%
Bg Group	石油和天然气	300	62	20.67%
Smiths Group	工程	261	53	20.31%
Pearson	媒体	411	83	20.19%
Astrazeneca	制药和化工	255	51	20.00%
Glaxosmithkline	制药和化工	420	84	20.00%
Resolution	保险	20	4	20.00%
United Utilities Group	公用事业	106	21	19.81%
Rexam	支持服务	306	60	19.61%
Capital Shopping Centres Group	房地产	138	27	19.57%
Lloyds Banking Group	银行	1 525	297	19.48%
Rolls-Royce Group	工程	323	62	19.20%

续表 4-3

FTSE100 指数公司	产业	子公司总数	避税天堂子公司数量	避税天堂子公司数量比例
Marks And Spencer Group	零售	131	25	19.08%
Imperial Tobacco Group	烟草	388	74	19.07%
Centrica	公用事业	268	50	18.66%
Aviva	保险	374	68	18.18%
Rio Tinto	矿业	799	143	17.90%
Tesco	零售	575	102	17.74%
Reed Elsevier Group	媒体	548	97	17.70%
Compass Group	支持服务	597	105	17.59%
Intertek Group	支持服务	203	35	17.24%
Serco Group	支持服务	118	20	16.95%
3i Group	投资银行	124	21	16.94%
Imi	工程	268	45	16.79%
International Airlines Group	旅游和休闲	54	9	16.67%
Legal & General Group	保险	186	31	16.67%
Bae Systems	工程	509	83	16.31%
Severn Trent	公用事业	100	16	16.00%
Standard Life	保险	190	30	15.79%
J Sainsbury	零售	89	14	15.73%
Associated British Foods	食品和饮料	453	71	15.67%
Rsa Insurance Group	保险	220	34	15.45%
Next	零售	46	7	15.22%
The Capita Group	支持服务	359	53	14.76%
Anglo American	矿业	833	122	14.65%
Xstrata	矿业	378	55	14.55%
Lonmin	矿业	62	9	14.52%
The Weir Group	工程	194	25	12.89%
Wm Morrison Supermarkets	零售	85	10	11.76%

续表 4-3

FTSE100 指数公司	产业	子公司总数	避税天堂子公司数量	避税天堂子公司数量比例
Itv	媒体	238	26	10.92%
British Sky Broadcasting Group	媒体	110	12	10.91%
Gkn	工程	221	24	10.86%
Kingfisher	零售	187	20	10.70%
Admiral Group	保险	20	2	10.00%
Whitbread	旅游和休闲	250	16	6.40%
Hammerson	房地产	250	14	5.60%
Land Securities Group	房地产	322	7	2.17%
Fresnillo	矿业	14	0	0.00%
Hargreaves Lansdown	投资和金融	13	0	0.00%
总计		34 216	8 492	24.82%

23/不缴所得税的美国大企业集团们

除了英国，在美国，大企业的避税问题同样存在。

由图 4-3 可看出，2008—2010 年，美国大企业中至少有 30 家企业没有缴纳所得税，其中不乏大量世界知名企业。

如，通用公司(General Electric)2008—2010 年利润为 104.60 亿美元，欠缴企业所得税 47.37 亿美元，缴税率为－45.3%。

波音公司(Boeing)2008—2010 年利润为 97.35 亿美元，欠缴企业所得税 1.78 亿美元，缴税率为－1.8%。

富国银行(Wells Fargo)2008—2010 年利润为 493.70 亿美元，欠缴企业所得税 6.81 亿美元，缴税率为－1.4%。

霍尼韦尔国际公司(Honeywell International)2008—2010 年利润为 49.03 亿美元，欠缴企业所得税 3 400 万美元，缴税率为－0.7%。

欠缴税款较高的企业还有 PG & E Crop、Verizon Communications，这两家公司在这 3 年欠缴税款分别为 10.27 亿美元、9.51 亿美元。

总计这 30 家大企业共欠缴企业税 107.42 亿美元，平均缴税率为－6.7%。

Company ($-millions)	08-10 Profit	08-10 Tax	08-10 Rate
Pepco Holdings	$ 882	$ –508	–57.6%
General Electric	10 460	–4 737	–45.3%
Paccar	365	–112	–30.5%
PG&E Corp.	4 855	–1 027	–21.2%
Computer Sciences	1 666	–305	–18.3%
NiSource	1 385	–227	–16.4%
CenterPoint Energy	1 931	–284	–14.7%
Tenet Healthcare	415	–48	–11.6%
Atmos Energy	897	–104	–11.6%
Integrys Energy Group	818	–92	–11.3%
American Electric Power	5 899	–545	–9.2%
Con-way	286	–26	–9.1%
Ryder System	627	–46	–7.3%
Baxter International	926	–66	–7.1%
Wisconsin Energy	1 725	–85	–4.9%
Duke Energy	5 475	–216	–3.9%
DuPont	2 124	–72	–3.4%
Consolidated Edison	4 263	–127	–3.0%
Verizon Communications	32 518	–951	–2.9%
Interpublic Group	571	–15	–2.6%
CMS Energy	1 292	–29	–2.2%
NextEra Energy	6 403	–139	–2.2%
Navistar International	896	–18	–2.0%
Boeing	9 735	–178	–1.8%
Wells Fargo	49 370	–681	–1.4%
El Paso	4 105	–41	–1.0%
Mattel	1 020	–9	–0.9%
Honeywell International	4 903	–34	–0.7%
DTE Energy	2 551	–17	–0.7%
Corning	1 977	–4	–0.2%
TOTAL	**$ 160 341**	**$ –10 742**	**–6.7%**

图 4-3　2008—2010 年美国没缴纳企业所得税的 30 家大企业欠税情况①

① 资料来源：2011 年 11 月美国“公民税务公平研究所”(Citizens for Tax Justice)、“税收与经济政策研究所”(The Institute on Taxation and Economic Policy)联合研究项目《2008—2010 年企业纳税人与企业避税者》(*Corporate Taxpayers & Corporate Tax Dodgers* 2008-2010)报告。

Company ($-millions)	In No-Tax Years			# of zero
	Profit	Tax	Rate	tax years
Pepco Holdings	$ 882	$ –508	–57.6%	3
General Electric	10 460	–4 737	–45.3%	3
PG&E Corp.	4 855	–1 027	–21.2%	3
Boeing	9 735	–178	–1.8%	3
El Paso	4 105	–41	–1.0%	3
Paccar	187	–136	–72.6%	2
NiSource	845	–259	–30.6%	2
CenterPoint Energy	1 250	–324	–25.9%	2
Tenet Healthcare	257	–54	–21.0%	2
American Electric Power	3 883	–709	–18.3%	2
Atmos Energy	612	–111	–18.1%	2
Integrys Energy Group	525	–94	–17.9%	2
Honeywell International	2 966	–510	–17.2%	2
Wisconsin Energy	1 072	–157	–14.6%	2
Baxter International	745	–105	–14.1%	2
PPL	1 169	–123	–10.5%	2
Ryder System	475	–50	–10.5%	2
FirstEnergy	2 398	–206	–8.6%	2
Duke Energy	3 917	–276	–7.0%	2
Verizon Communications	24 224	–1 316	–5.4%	2
PNC Financial Services Group	7 982	–318	–4.0%	2
NextEra Energy	3 925	–150	–3.8%	2
CMS Energy	868	–33	–3.8%	2
Corning	1 176	–8	–0.7%	2
Peabody Energy	465	–1	–0.2%	2
State Street Corp.	731	–885	–121.1%	1
Con-way	46	–53	–115.4%	1
International Paper	217	–249	–114.7%	1
Eli Lilly	202	–208	–102.9%	1
Omnicare	18	–14	–76.1%	1
Computer Sciences	626	–397	–63.4%	1
Holly	46	–24	–52.1%	1
NYSE Euronext	67	–31	–46.3%	1
Marathon Oil	571	–232	–40.7%	1
SPX	90	–36	–40.4%	1
Eastman Chemical	204	–82	–40.2%	1
Reinsurance Group of America	543	–216	–39.8%	1
Dean Foods	126	–49	–38.4%	1
Cliffs Natural Resources	128	–49	–38.4%	1
Exxon Mobil	2 490	–954	–38.3%	1
Interpublic Group	148	–48	–32.7%	1
Insight Enterprises	15	–5	–32.3%	1
Apache	439	–130	–29.7%	1
Yum Brands	294	–70	–23.7%	1
Entergy	1,992	–433	–21.7%	1
Navistar International	162	–30	–18.5%	1
Wells Fargo	21 797	–3 967	–18.2%	1
DTE Energy	950	–172	–18.1%	1
Goldman Sachs Group	4 909	–786	–16.0%	1
Southwest Airlines	165	–24	–14.5%	1
Ingram Micro	14	–2	–13.4%	1
Pantry	29	–4	–12.7%	1
Capital One Financial	1 259	–152	–12.1%	1
DuPont	949	–109	–11.5%	1
Yahoo	855	–82	–9.6%	1
Consolidated Edison	1 528	–144	–9.4%	1
Scana	533	–47	–8.8%	1
R.R. Donnelley & Sons	561	–49	–8.8%	1
Ameren	953	–73	–7.7%	1
Reliance Steel & Aluminum	197	–15	–7.5%	1
Mattel	356	–21	–5.9%	1
Halliburton	565	–30	–5.3%	1
H.J. Heinz	500	–26	–5.3%	1
Casey's General Stores	150	–7	–4.5%	1
Chesapeake Energy	2 806	–120	–4.3%	1
Xcel Energy	1 048	–40	–3.8%	1
Domtar	162	–6	–3.8%	1
Time Warner	2 031	–74	–3.7%	1
Hewlett-Packard	2 424	–87	–3.6%	1
Progress Energy	1 419	–46	–3.2%	1
FedEx	1 208	–38	–3.2%	1
Health Management Associates	244	–7	–3.0%	1
Rockwell Automation	148	–4	–2.4%	1
Merck	5 766	–55	–1.0%	1
Sempra Energy	1 171	–10	–0.9%	1
FMC Technologies	67	–0	–0.2%	1
Occidental Petroleum	2 068	–4	–0.2%	1
Deere	907	–1	–0.1%	1
Totals, these 78 companies	**$ 155 872**	**$ –21 826**	**–14.0%**	**108**

图 4-4　2008—2010 年美国至少有 1 年缴纳零税率或较低税率的 78 家企业①

由上图可看出，美国 2008—2010 年有 78 家大企业曾至少 1 年缴纳零税率，其中有 5 家企业连着 3 年没有缴税或缴纳较低税率。其中就有著名的通用公司、波音公司等。

另有 20 家大企业有 2 年没有缴税或缴纳较低税率，其中包括霍尼韦尔国际公司。富国银行 2008—2010 年利润为 217.97 亿美元，欠缴税款 39.67 亿美元，缴税率为－18.2%。著名投资银行高盛公司 2008—2010 年利润为 49.09 亿美元，欠缴税款 7.86 亿美元，缴税率为－16.0%。

总计这 78 家美国大企业 2008—2010 年实现利润共 1 558.72 亿美元，欠缴税款 218.26 亿美元，缴税率为－14.0%，平均每家企业缴零税率或较

① 资料来源：《2008—2010 年企业纳税人与企业避税者》报告。

低税率时间长达1.4年。

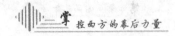

Summary of three-year tax rates for 280 companies							
Effective tax rate group	# of cos.	% of cos.	2008-10 ($-billion)			Ave. 3-yr profit ($-mill.)	
			Profits	Tax	Ave. Rate	Pre-tax	After-tax
Less than 17.5%	111	40%	$ 526.4	$ 24.4	4.6%	$ 4,742	$ 4,522
More than 17.5%, less than 30%	98	35%	490.0	117.6	24.0%	5,000	3,800
More than 30%	71	25%	336.5	108.8	32.3%	4,740	3,207
All 280 companies	280	100%	$ 1,352.8	$ 250.8	18.5%	$ 4,832	$ 3,936
Ultra-low tax:							
Zero or less	30	11%	$ 160.3	$ -10.7	-6.7%	$ 5,345	$ 5,703
Less than 10%	67	24%	356.5	0.0	0.0%	5,322	5,321

图 4-5　2008—2010 年美国 280 家大企业缴纳企业税概况①

由上图可知，2008—2010年，美国280家大企业中，有111家企业实际缴税率不到17.5%，占280家企业总数的40%，这111家大企业在这3年共实现利润5 264亿美元，缴纳税款共244亿美元，平均缴税率为4.6%，平均每家企业在这3年的税前利润为47.42亿美元，税后利润则为45.22亿美元。

有98家企业实际缴税率为17.5%—30%，占280家企业总数的35%，这98家大企业在这3年共实现利润4 900亿美元，缴纳税款共1 176亿美元，平均缴税率为24.0%，平均每家企业在这3年的税前利润为50亿美元，税后利润为38亿美元。

另有71家企业实际缴税率超过30%，占280家企业总数的25%，这71家企业在这3年共实现利润3 365亿美元，缴纳税款共1 088亿美元，平均缴税率为32.3%，平均每家企业在这3年的税前利润为47.40亿美元，税后利润为32.07亿美元。

有30家大企业缴税率为零或更低，占280家企业总数的11%，这30家

① 资料来源：《2008—2010年企业纳税人与企业避税者》报告。

大企业在这3年共实现利润1 603亿美元，欠缴税款共107亿美元，平均缴税率为－6.7%，平均每家企业在这3年的税前利润为53.45亿美元，税后利润为57.03亿美元。

另有67家大企业缴税率低于10%，占280家企业总数的24%，这67家大企业在这3年共实现利润3 565亿美元，缴纳税款为0，平均缴税率为0.0%，平均每家企业在这3年的税前利润为53.22亿美元，税后利润为53.21亿美元。

总计这280家大企业2008—2010年共实现利润13 528亿美元，共缴纳税款2 508亿美元，平均缴税率为18.5%，这280家大企业平均每家企业在这3年的税前利润为48.32亿美元，税后利润为39.36亿美元。

Company (\$-millions)	2008-10 Tax breaks
Wells Fargo	$ 17 960
AT&T	14 491
Verizon Communications	12 332
General Electric	8 398
International Business Machines	8 265
Exxon Mobil	4 096
Boeing	3 585
PNC Financial Services Group	3 354
Goldman Sachs Group	3 178
Procter & Gamble	3 158
Merck	2 860
PG&E Corp.	2 726
Hewlett-Packard	2 677
American Electric Power	2 610
Devon Energy	2 563
Wal-Mart Stores	2 511
Coca-Cola	2 461
American Express	2 427
NextEra Energy	2 380
Chesapeake Energy	2 303
Exelon	2 224
Duke Energy	2 132
Comcast	2 125
Union Pacific	2 012
United Technologies	1 986
Total these 25 companies	**$ 114 815**
Other 255 companies	107 885
All companies	**$ 222,701**

图4-6 2008—2010年美国享受政府最高税收补助的25家大企业①

① 资料来源：《2008—2010年企业纳税人与企业避税者》报告。

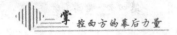

表 4-4 2008—2010 年美国获得政府税收补助额最高的 25 家大公司①

公司名称	税收补助总额(亿美元)
富国银行(Wells Fargo)	179.60
美国电报电话公司(AT & T)	144.91
Verizon Communications	123.32
通用公司 General Electric	83.98
国际商业机器公司(IBM)	82.65
Exxon Mobil	40.96
波音公司(Boeing)	35.85
PNC Financial Services Group	33.54
高盛集团(Goldman Sachs Group)	31.78
Procter & Gamble	31.58
Merck	28.60
PG & E Corp.	27.26
惠普公司(HP)	26.77
美国电厂(American Electric Power)	26.10
Devon Energy	25.63
沃尔玛超市(Wal-Mart Stores)	25.11
可口可乐公司(Coca-Cola)	24.61
美国运通公司(American Express)	24.27
NextEra Energy	23.80
Chesapeake Energy	23.03
Exelon	22.24
Duke Energy	21.32
Comcast	21.25
Union Pacific	20.12
联合技术公司(United Technologies)	19.86
25 家公司总计	1 148.15

① 资料来源:《2008—2010 年企业纳税人与企业避税者》报告。

续表 4-4

公司名称	税收补助总额(亿美元)
其余 255 家公司共计	1 078.85
280 家公司总计	2 227.01

2008—2010 年,美国 280 家大企业共实现税前利润 1.4 万亿美元,这些利润数据均向美国税务机构 IRS 报告过。按照美国企业所得税率 35%计算,这 280 家大企业在这 3 年应缴纳所得税款 4 730 亿美元。但事实是,这 280 家大企业实际缴纳税款仅为应缴税款的一半。

为什么会出现如此巨额欠税?这与美国政府对这些大企业的税收补助政策有很大关系。就在 2008——2010 年,美国政府共向这 280 家大企业给予税收补助额高达 2 227 亿美元,其中 2008 年、2009 年、2010 年分别获得税收补助款 614 亿美元、762 亿美元、851 亿美元。

在这 3 年中,有超过一半的税收补助款,共计 1 148.15 亿美元流入了其中的 25 家大企业,这 25 家大企业平均每家大企业获得政府税收补助款 45.92亿美元。富国银行是其中得到政府税收补助款最多的企业,仅在 3 年中该银行就得到政府税收补助高达 179.60 亿美元。

此外,美国电报电话公司(AT & T)得到政府税收补助 144.91 亿美元,Verizon 通讯公司获税收补助 123.32 亿美元,通用公司获税收补助 83.98 亿美元,IBM 公司获税收补助 82.65 亿美元,Exxon Mobil 石油公司获税收补助 40.96 亿美元,波音公司获税收补助 35.95 亿美元。

这 25 家获得税收补助最多的大企业中,获税收补助最低的联合技术公司(United Technologies)也获得 19.86 亿美元税收补助。

另有 1 078.85 亿美元税收补助流入其余 255 家大企业中,这 255 家大企业平均每家得到政府税收补助 4.23 亿美元。

由此可见,同样是获得政府税收补助,获补助最高的 25 家大企业平均每家补助额(45.92 亿美元)为其余 255 家平均每家补助额(4.23 亿美元)的 10.85 倍。这表明,美国政府在对待这 280 家大企业的税收补助上,存在不平等和不均衡。

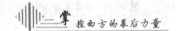

表 4-5　2008—2010 年美国 280 家大企业行业利润、缴税额及缴税率表①

行业类别	利润总额（亿美元）	缴税总额（亿美元）	缴税率
工业机械	234.19	－31.65	－13.5%
信息技术服务	281.39	6.96	2.5%
公用、煤气、电力	998.05	37.14	3.7%
电子通讯	1 146.39	94.11	8.2%
化工	199.78	30.29	15.2%
金融	1 917.62	296.63	15.5%
石油、煤气和管道	1 255.60	197.64	15.7%
交通	275.76	45.16	16.4%
航空、国防	716.34	121.92	17.0%
制药、药品	695.70	146.39	21.0%
家居、个人用品	345.37	77.66	22.5%
各种制造业	262.20	60.56	23.1%
各种服务业	829.34	191.74	23.1%
食品、饮料、烟草	746.98	174.51	23.4%
出版、印刷	47.22	12.63	26.8%
金融数据服务	132.40	35.57	26.9%
计算机、办公设备、软件、数据	768.06	208.00	27.1%
工程、建筑	54.23	14.84	27.4%
电子、电力设备	48.06	14.15	29.4%
零售、批发贸易	2 131.73	639.14	30.0%
医疗	442.08	134.56	30.4%
所有行业	13 528.50	2 507.97	18.5%

① 资料来源：《2008—2010 年企业纳税人与企业避税者》报告。

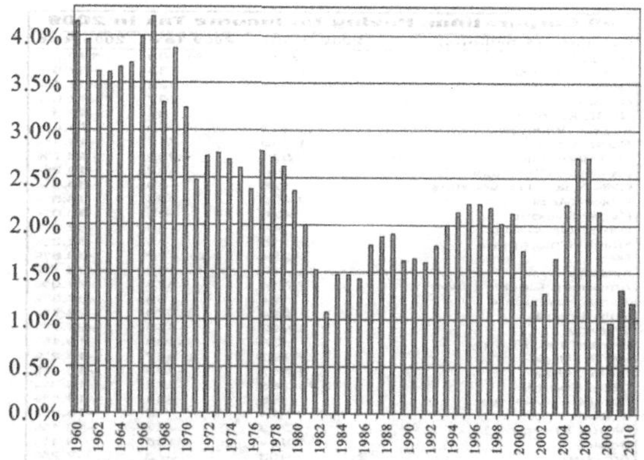

图 4-7　1960—2011 年美国联邦企业税收入占 GDP 百分比变化图①

由上图可看出,美国联邦企业税收入占其 GDP 比例已由 20 世纪 60 年代的 4.0%左右下降至 2010 年的 1.0%左右。企业税对美国联邦政府的贡献比例已大大降低。

37 Corporations Paying No Income Tax in 2010			
Company ($-millions)	2010 Profit	2010 Tax	2010 Rate
State Street Corp.	$ 731	$ −885	−121.1%
Pepco Holdings	229	−270	−117.9%
Con-way	46	−53	−115.4%
International Paper	217	−249	−114.7%
General Electric	4 248	−3 253	−76.6%
Omnicare	18	−14	−76.1%
SPX	90	−36	−40.4%
Reinsurance Group of America	543	−216	−39.8%
Honeywell International	1 243	−482	−38.7%
Dean Foods	126	−49	−38.4%
Integrys Energy Group	353	−84	−23.7%
Atmos Energy	328	−74	−22.5%
Navistar International	162	−30	−18.5%
DTE Energy	950	−172	−18.1%
NiSource	433	−62	−14.3%
Pantry	29	−4	−12.7%
Capital One Financial	1 259	−152	−12.1%
DuPont	949	−109	−11.5%
Yahoo	855	−82	−9.6%
Consolidated Edison	1 528	−144	−9.4%
Scana	533	−47	−8.8%
American Electric Power	1 869	−134	−7.2%
Verizon Communications	11 963	−705	−5.9%
PNC Financial Services Group	3 584	−208	−5.8%
PPL	935	−51	−5.5%
Casey's General Stores	150	−7	−4.5%
Chesapeake Energy	2 806	−120	−4.3%
Domtar	162	−6	−3.8%
CMS Energy	561	−21	−3.7%
Progress Energy	1 419	−46	−3.2%
Rockwell Automation	148	−4	−2.4%
FirstEnergy	1 207	−23	−1.9%
PG&E Corp.	1 530	−12	−0.8%
El Paso	1 231	−4	−0.3%
Duke Energy	2 150	−5	−0.2%
Boeing	4 450	−3	−0.1%
Corning	974	—	—
TOTAL	$ 50 009	$ −7 814	−15.6%

图 4-8　2010 年美国 37 家未缴纳所得税企业②

① 资料来源:《2008—2010 年企业纳税人与企业避税者》报告。
② 资料来源:《2008—2010 年企业纳税人与企业避税者》报告。

49 Corporations Paying No Income Tax in 2009			
Company ($-millions)	2009 Profit	2009 Tax	2009 Rate
Paccar	$ 83	$ −108	−130.7%
General Electric	1 574	−833	−52.9%
Holly	46	−24	−52.1%
NiSource	412	−197	−47.9%
NYSE Euronext	67	−31	−46.3%
Pepco Holdings	359	−160	−44.6%
PG&E Corp.	1 735	−747	−43.1%
Marathon Oil	571	−232	−40.7%
Eastman Chemical	204	−82	−40.2%
Cliffs Natural Resources	128	−49	−38.4%
Exxon Mobil	2 490	−954	−38.3%
Ryder System	126	−45	−36.0%
Interpublic Group	148	−48	−32.7%
Insight Enterprises	15	−5	−32.3%
PPL	234	−72	−30.8%
Apache	439	−130	−29.7%
American Electric Power	2 014	−575	−28.6%
Tenet Healthcare	194	−53	−27.3%
Yum Brands	294	−70	−23.7%
Entergy	1 992	−433	−21.7%
CenterPoint Energy	538	−103	−19.1%
Wells Fargo	21 797	−3 967	−18.2%
FirstEnergy	1 191	−183	−15.4%
Duke Energy	1 768	−271	−15.3%
Southwest Airlines	165	−24	−14.5%
Ingram Micro	14	−2	−13.4%
Atmos Energy	283	−37	−13.1%
Boeing	1 494	−136	−9.1%
Ameren	953	−73	−7.7%
Reliance Steel & Aluminum	197	−15	−7.5%
Mattel	356	−21	−5.9%
Halliburton	565	−30	−5.3%
H.J. Heinz	500	−26	−5.3%
Verizon Communications	12 261	−611	−5.0%
Wisconsin Energy	543	−26	−4.8%
CMS Energy	307	−12	−3.9%
Xcel Energy	1 048	−40	−3.8%
Hewlett-Packard	2 424	−87	−3.6%
Health Management Associate	244	−7	−3.0%
Baxter International	466	−12	−2.7%
PNC Financial Services Group	4 398	−110	−2.5%
Honeywell International	1 723	−28	−1.6%
NextEra Energy	1 865	−18	−1.0%
Merck	5 766	−55	−1.0%
Corning	202	−8	−4.0%
Peabody Energy	280	−1	−0.3%
Occidental Petroleum	2 068	−4	−0.2%
Deere	907	−1	−0.1%
El Paso	1 205	−1	−0.1%
TOTAL	$ 78 652	$ −10 758	−13.7%

图 4-9　2009 年美国 49 家未缴纳所得税企业①

22 Corporations Paying No Income Tax in 2008			
Company ($-millions)	2008 Profit	2008 Tax	2008 Rate
Eli Lilly	$ 202	$ −208	−102.9%
Computer Sciences	$ 626	$ −397	−63.4%
Baxter International	$ 279	$ −93	−33.2%
CenterPoint Energy	$ 712	$ −221	−31.0%
Paccar	$ 105	$ −28	−26.6%
Pepco Holdings	$ 294	$ −78	−26.5%
Wisconsin Energy	$ 529	$ −131	−24.7%
PG&E Corp.	$ 1 590	$ −268	−16.9%
Goldman Sachs Group	$ 4 909	$ −786	−16.0%
General Electric	$ 4 638	$ −651	−14.0%
R.R. Donnelley & Sons	$ 561	$ −49	−8.8%
NextEra Energy	$ 2 060	$ −132	−6.4%
Integrys Energy Group	$ 172	$ −11	−6.1%
Time Warner	$ 2 031	$ −74	−3.7%
FedEx	$ 1 208	$ −38	−3.2%
El Paso	$ 1 669	$ −36	−2.2%
Tenet Healthcare	$ 63	$ −1	−1.6%
Ryder System	$ 349	$ −4	−1.2%
Boeing	$ 3 791	$ −39	−1.0%
Sempra Energy	$ 1 171	$ −10	−0.9%
FMC Technologies	$ 67	$ −0	−0.2%
Peabody Energy	$ 185	$ —	—
TOTAL	$ 27 211	$ −3 254	−12.0%

图 4-10　2008 年美国 22 家未缴纳所得税企业②

① 资料来源:《2008—2010 年企业纳税人与企业避税者》报告。

② 资料来源:《2008—2010 年企业纳税人与企业避税者》报告。

Rank	Company	Three-Year Totals Profit	Tax	Rate
1	Lockheed Martin	$ 12 562	$ 2 541	20.2%
2	Boeing	9 735	–178	–1.8%
3	Northrop Grumman	7 126	1 695	23.8%
4	General Dynamics	9 147	2 472	27.0%
5	Raytheon	7 865	1 080	13.7%
6	L-3 Communications	3 586	833	23.2%
7	United Technologies	7 935	791	10.0%
8	SAIC	2 217	636	28.7%
9	ITT	2 044	428	21.0%
10	Honeywell International	4 903	–34	–0.7%
	TOTALS	$ 67 121	$ 10 265	15.3%

图 4-11　2008—2010 年美国国防工业十大公司税前利润总额及缴纳联邦所得税款与税率表①

由图 4-11 不难看出，虽然同为美国国防工业十大公司的一员，不同的公司缴纳税率大不相同。其中既有缴纳税率较高的 SAIC 公司，其 3 年利润为 22.17 亿英镑，缴纳联邦所得税款 6.36 亿美元，缴税率为 28.7%。也有缴税率在 20%—28.7% 的公司，如 General Dynamics 公司、Northrop Grumman 公司、L-3 Communications、ITT 公司、Lockheed Martin 公司，这 5 家公司缴税率分别为 27.0%、23.8%、23.2%、21.0%、20.2%。还有缴税率为 13.7%、10.0%的公司。更有缴税率为负值的，如波音公司、霍尼韦尔国际公司，缴税率分别为－1.8%、－0.7%。

像这样同一行业却缴纳不同税率的例子在美国还有很多。如同为化工企业，2008—2010 年，Monsanto 公司将其利润的 22%以美国企业税收名义上缴，而 DuPont 公司缴税率为负值，即－3.4%。

同为部门商业店连锁企业，Macy's 公司在 3 年中缴税率为 12.1%，而其竞争对手 Nordstrom's 缴税率为 37.1%。

在计算机技术产业，惠普公司(HP)仅将其 3 年利润的 3.7%以联邦所得税名义上缴，而 Texas Instruments 却缴纳了 33.5%的税率。

同为快递行业，FedEx 公司仅缴纳了 0.9%的税率，而其竞争对手 United Parcel Service 公司缴税率却高达 24.1%。

① 资料来源：《2008—2010 年企业纳税人与企业避税者》报告。

24/全球避税

2011年11月，“税收公正网络”(Tax Justice Network)组织发布《税收滥用的成本：世界避税成本概要报告》(*The Cost of Tax Abuse：A Briefing Paper on the cost of Tax evasion worldwide*)。报告测算的避税国家GDP占全球的98.2%，人口占全球的92.4%。

报告预测这些国家每年总避税额超过3.1万亿美元，占全球GDP的5.1%。而上述国家每年医疗开支总额为5.7万亿美元。这些国家每年避税总额占其医疗开支的54.9%。

表4-6 2011年全球十大避税国家[①]

（避税额在1 000亿美元以上国家）

排名	国家	GDP（亿美元）	人口（亿人）	人均GDP（美元）	灰色经济规模占GDP比例	税收负担占GDP比例	政府开支占GDP比例	灰色经济规模（亿美元）	灰色经济造成税收损失（亿美元）
1	美国	145 824.00	3.125 820 00	46 651	8.6%	26.9%	38.9%	12 540.86	3 373.49
2	巴西	20 878.90	0.190 755 799	10 945	39.0%	34.4%	41%	8 142.77	2 801.11
3	意大利	20 514.12	0.607 059 91	33 793	27.0%	43.1%	48.8%	5 538.81	2 387.23

① 2011年11月“税收公正网络”组织发布《税收滥用的成本：世界避税成本概要》报告。

续表 4-6

排名	国家	GDP（亿美元）	人口（亿人）	人均 GDP（美元）	灰色经济规模占 GDP 比例	税收负担占 GDP 比例	政府开支占 GDP 比例	灰色经济规模（亿美元）	灰色经济造成税收损失（亿美元）
4	俄罗斯	14 798.19	1.429 141 36	10 355	43.8%	34.1%	34.1%	6 481.61	2 210.23
5	德国	33 096.69	0.817 240 00	40 498	16.0%	40.6%	43.7%	5 295.47	2 149.96
6	法国	25 600.02	0.658 218 85	38 893	15.0%	44.6%	52.8%	3 840.00	1 712.64
7	日本	54 978.13	1.277 200 00	43 046	11.0%	28.3%	37.1%	6 047.59	1 711.47
8	中国	58 786.29	13.397 248 52	4 388	12.7%	18%	20.8%	7 465.86	1 343.85
9	英国	22 460.79	0.623 000 000	36 053	12.5%	38.9%	47.3%	2 807.60	1 092.16
10	西班牙	14 074.05	0.461 620 24	30 488	22.5%	33.9%	41.1%	3 166.66	1 073.50

第五章

金融资本

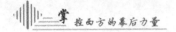

25/拥有131.9万亿美元资产的全球基金业

2011年10月“金融城英国”组织发布《基金管理报告》(*Fund Management*)。报告称,截至2010年底,全球基金业管理的常规资产总额增长了10%,达79.3万亿美元,比3年前的最高值增长了6%。2008年联合国预测,2010年全球人口达69.09亿人。平均算下来,等于2010年全球69.09亿人每人拥有1.148万美元的常规资产。

在这79.3万亿美元的全球常规基金资产中,全球养老金基金总额为29.9万亿美元,全球共同基金总额为24.7万亿美元,全球保险基金总额为24.6万亿美元。也就是说,2010年全球的养老金基金、共同基金、保险基金占据了基金业的大头,这三类的基金的总量也大体相当。

而2010年全球非传统基金投资管理的资产总额为52.6万亿美元,其中私人财富(Private Wealth)资产总额为42.7万亿美元。其他类别,如主权财富基金、私募基金、对冲基金、外汇交易基金合计管理资产总额约10万亿美元。其中,主权财富基金(Sovereign Wealth Funds,简称“SWFs”)资产总额为4.2万亿美元,私募基金管理资产总额为2.6万亿美元,对冲基金管理资产总额为1.8万亿美元,外汇交易基金(Exchange Traded Funds,简称“ETFs”)管理资产总额为1.3万亿美元。总计,2010年全球基金业管理各类资产总额为 131.9 万亿美元。

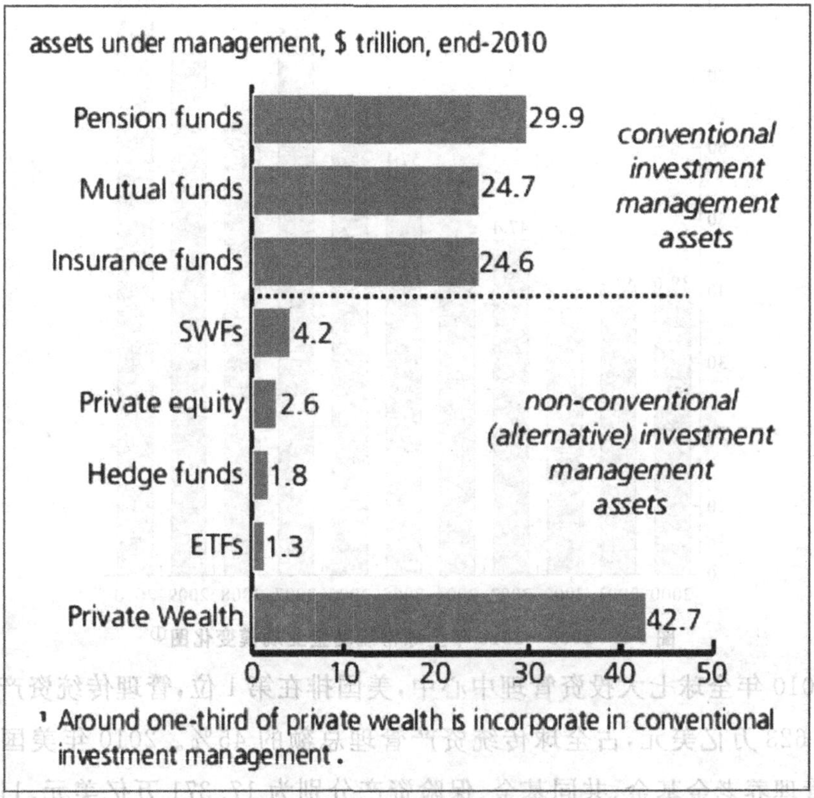

图 5-1　2010 年全球基金管理业结构图[①]

2000—2010 年，全球传统基金业发展迅猛，管理资产总额由 2000 年的 39.6 万亿美元增长至 2007 年的 74.5 万亿美元，7 年间增长了 34.9 万亿美元，增长幅度为 88%，平均每年增长近 5 万亿美元，年均增速为 12.6%。而 2008 年受全球金融危机影响，全球传统基金业管理总产总额锐减 10.3 万亿—64.2 万亿美元。随后的 2009 年、2010 年，全球传统基金业管理总产总额分别增长至 72.4 万亿美元、79.3 万亿美元，分别比上一年增长 8.2 万亿美元、5.1 万亿美元。

① 资料来源：2011 年 10 月"金融城英国"组织发布《基金管理报告》。

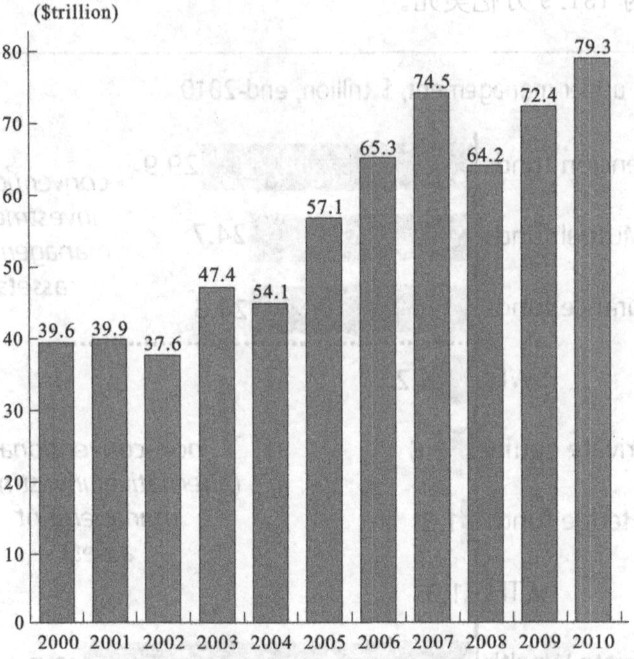

图 5-2 2000—2010 年全球常规基金业规模变化图①

2010 年全球七大投资管理中心中，美国排在第 1 位，管理传统资产总额为 35.623 万亿美元，占全球传统资产管理总额的 45%。2010 年美国基金行业管理养老金基金、共同基金、保险资产分别为 17.371 万亿美元、11.821 万亿美元、6.431 万亿美元，其比例为 2.7∶1.8∶1。

排名第 2、第 3 的国家分别为英国、日本，管理传统资产总额分别为 6.516万亿美元、6.132 万亿美元，占总额比例均为 8%。同为欧洲经济大国的法国、德国，2010 年管理传统资产总额却分别仅有 4.358 万亿美元、1.889 万亿美元，占总额比例分别为 6%、2%。2010 年法、德两国管理传统资产总额合计为 6.247 万亿美元，与英国的 6.516 万亿美元相比，仍有 0.269 万亿美元的差距。排在第 6、第 7 位的分别为荷兰、瑞士，管理传统资产总额分别为 1.651 万亿美元、1.240 万亿美元，占总额比例也均为 2%。人口数量并不大的荷兰、瑞士等小国，却管理着如此规模的传统资产，足见欧洲国家资

① 资料来源：2011 年 10 月“金融城英国”组织发布《基金管理报告》。

本积累之雄厚。

表 5-1 2010 年全球七大投资管理中心资产管理情况①

国家	养老金基金（万亿美元）	保险资产（万亿美元）	共同基金（万亿美元）	传统资产总额（万亿美元）	占总额比例
美国	17.371	6.431	11.821	35.623	45%
英国	2.926	2.736	0.854	6.516	8%
日本	1.388	3.958	0.786	6.132	8%
法国	0.232	2.509	1.617	4.358	6%
德国	0.171	1.384	0.334	1.889	2%
荷兰	1.057	0.508	0.086	1.651	2%
瑞士	0.551	0.427	0.262	1.240	2%
其他	6.241	6.681	8.939	21.861	27%
总计	29.937	24.634	24.699	79.270	100%

$bn, end-2010	Pension funds	Insurance assets	Mutual funds	Total conventional	% share
US	17 371	6,431	11 821	35 623	45
UK	2 926	2,736	854	6 516	8
Japan	1 388	3 958	786	6 132	8
France	232	2 509	1 617	4 358	6
Germany	171	1 384	334	1 889	2
Netherlands	1 057	508	86	1 651	2
Switzerland	551	427	262	1 240	2
Other	6 241	6 681	8 939	21 861	27
Total	29 937	24 634	24 699	79 270	100

¹ figures are for domestically sourced funds regardless where they are managed. No reliable comparisons are available for total funds under management by country.

图 5-3 2010 年全球七大投资管理中心资产管理图

英国的基金行业在全球占有重要位置。2010 年英国基金业为海外客户管理资产总额超过 1.6 万亿英镑，相当于英国基金业管理资产总额的 1/3。除了伦敦，英国其他基金管理中心有爱丁堡、利物浦、阿伯丁、格拉斯

① 资料来源：2011 年 10 月“金融城英国”组织发布《基金管理报告》。

哥、曼彻斯特等城市。2010 年英国基金业占其 GDP 的 0.7%，从业人员达 50 000 人，年营业额增长 25%至 161 亿英镑。

英国基金业在世界上的重要性还体现在，其传统资产规模占 GDP 的比例高达 257%，位居世界第 1，比排名世界第 2 的美国(224%)还高出 33 个百分点。位居世界第 3、第 4 的分别为瑞士、荷兰，其比例分别为 211%、203%，均超出各自 GDP 总量的 1 倍。位居第 5 的法国，其传统资产规模为 GDP 的 168%。而世界各国平均管理传统资产规模为各自 GDP 比例的 115%。英国的养老金资产、保险资产总额占其 GDP 比例均超过 100%，共同基金规模则为其 GDP 的 50%左右。

(1)养老金基金(pension funds)。2010 年全球养老金基金管理资产规模为 29.9 万亿美元，其中美国养老金基金管理资产规模为 17.4 万亿美元，占全球养老金资产规模的近 60%，为世界上养老金资产规模最大的国家，排在第 2 的为英国，管理养老金资产规模占全球的 10%。排名第 3、第 4 的分别为日本、荷兰，其养老金资产规模占全球比例均为 5%。

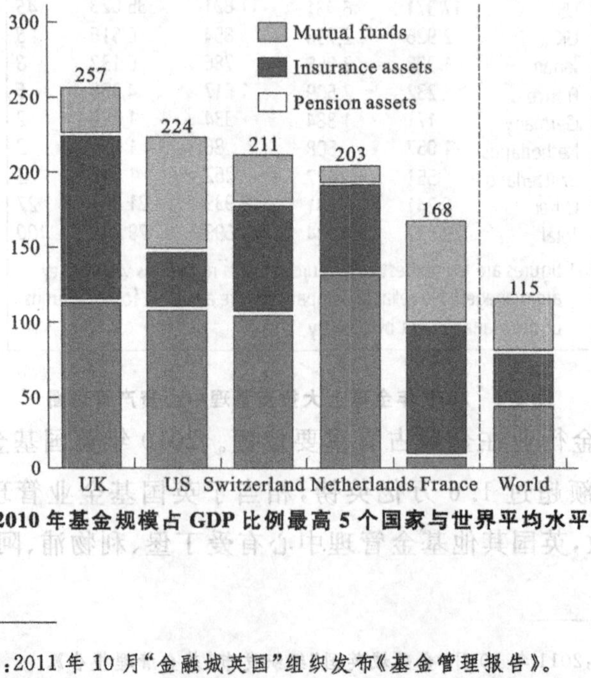

图 5-4　2010 年基金规模占 GDP 比例最高 5 个国家与世界平均水平比较图[①]

① 资料来源：2011 年 10 月"金融城英国"组织发布《基金管理报告》。

(2)共同基金(mutual funds)。2011 年第 1 季度，全球共同基金管理资产规模为 25.6 万亿美元，与 2009 年第 1 季度的 18.2 万亿美元相比，2 年增长了 7.2 万亿美元，增长幅度为 40%，平均每年增速为 20%。

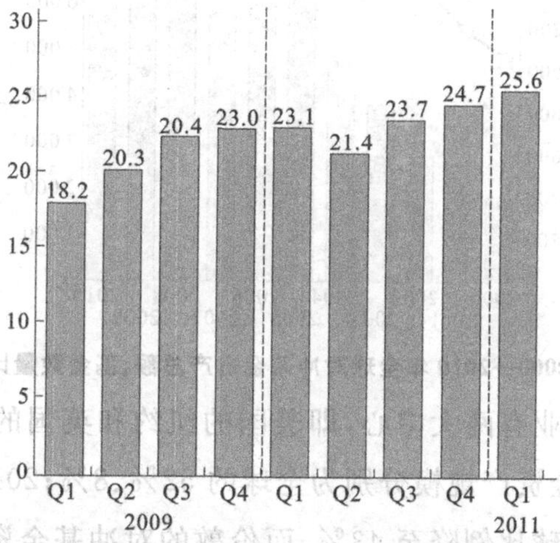

图 5-5　2009 年第 1 季度至 2011 年第 1 季度全球共同基金管理资产规模图①

(3)对冲基金。2000—2007 年，全球对冲基金业发展迅猛，由 2000 年的 1 000家对冲基金公司、管理资产规模 4 000 亿美元增至 2007 年的 10 000 家对冲基金公司、管理资产规模 21 500 亿美元。7 年间全球对冲基金公司数量增长了 9 倍，管理资产规模增长了 4.35 倍。

2008 年在全球金融危机的冲击下，全球对冲基金管理资产规模下降至 15 000 亿美元，资产规模锐减 6 500 亿美元，降幅为 30%。随后的 2009 年、2010 年，全球对冲基金规模又分别恢复至约 17 000 亿美元、19 000 亿美元水平。截至 2010 年底，全球对冲基金公司数量超过 9 500 家，平均每家对冲基金公司管理资产规模为 2 亿美元。

① 资料来源：2011 年 10 月“金融城英国”组织发布《基金管理报告》。

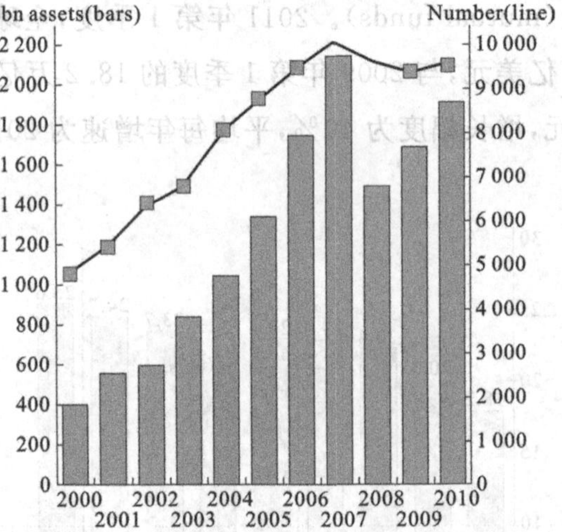

图 5-6　2000—2010 年全球对冲基金资产总额、基金数量比较图①

全球对冲基金业有两大中心，即美国的纽约和英国的伦敦。2000 年纽约、伦敦的对冲基金资产规模分别为全球的 52%、8%；2010 年，纽约的对冲基金资产规模占全球比例降至 43%，而伦敦的对冲基金资产规模占全球比例则升至 19%，英国成为欧洲最大的对冲基金产业中心。截至 2010 年底，欧洲 80%的对冲基金投资、总计 4 230 亿美元由英国管理。

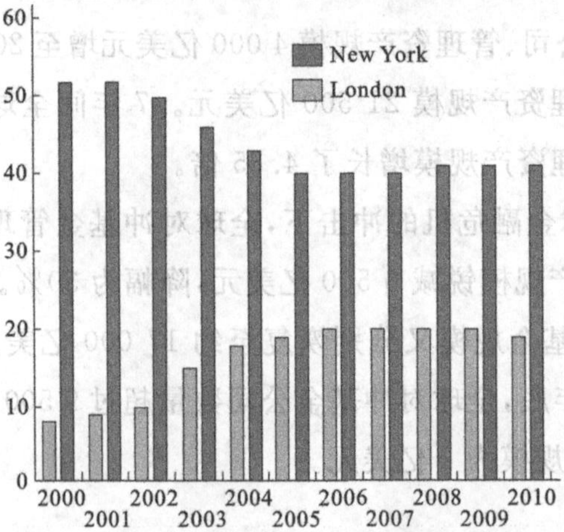

图 5-7　2000—2010 年全球两大对冲基金产业中心资产规模占全球比例比较图②

① 资料来源：2011 年 10 月"金融城英国"组织发布《基金管理报告》。
② 资料来源：2011 年 10 月"金融城英国"组织发布《基金管理报告》。

(4)私募基金。2003 年全球私募基金业管理资产规模为 8 000 亿美元，2009 年增至 24 000 亿美元，6 年间增长了 16 000 亿美元，增幅为 200%，平均每年增速为 33.3%。

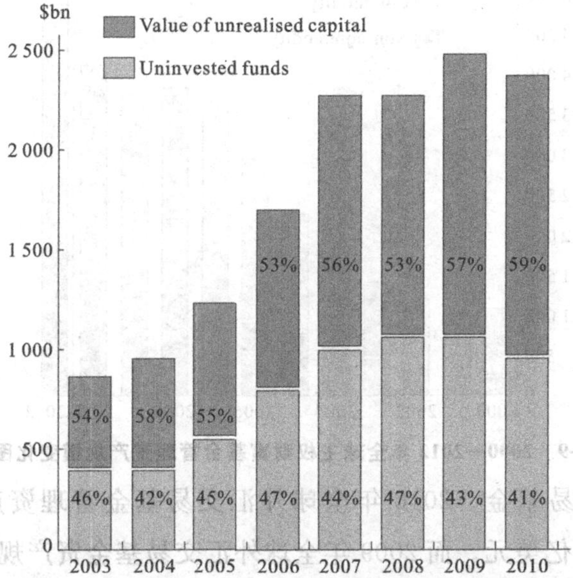

图 5-8 2003—2010 年全球私募基金产业资产规模变化图[①]

(5)主权财富基金。2000 年全球主权财富基金管理资产规模仅为 10 000亿美元，2010 年该资产规模为 42 000 亿美元，10 年间增长了 32 000 亿美元，增长幅度为 320%，平均每年增速为 32%。报告预期，2012 年全球主权财富基金管理资产规模将达 55 000 亿美元。此外，全球还有 68 000 亿美元的主权财富基金资产以养老金储蓄、发展基金等形式存在。

① 资料来源：2011 年 10 月"金融城英国"组织发布《基金管理报告》。

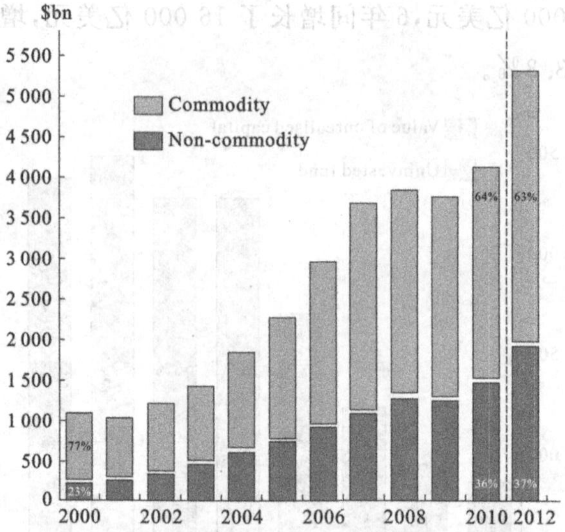

图 5-9　2000—2012 年全球主权财富基金管理资产规模变化图①

(6)外汇交易基金。2010 年全球外汇交易基金管理资产规模增长了 27%,达 13 110 亿美元。而 2009 年全球外汇交易基金资产规模增长幅度高达 45%。

最早的机构投资者涉足外汇交易基金是于 1993 年在美国出现的,而在欧洲,机构投资者最早的一支外汇交易基金则出现在 2000 年。截至 2010 年底,全球有 2 459 家外汇交易基金公司在进行着超过 40 种外汇交易。其中,欧洲有 1 100 家外汇交易基金公司,美国有 896 家。

2010 年全球外汇交易基金管理资产规模份额中,美国、欧洲分别占 68%、22%。2010 年,英国有 204 家外汇交易基金,管理资产规模占全球的 5%。最近几年,西方国家投资巴西、中国、韩国、中国台湾股票市场的外汇交易基金增速最快。

2010 年,全球的外汇基金交易量达 96 070 亿美元,其中美国纳斯达克证券市场(Nasdaq OMX)、纽约证券市场(NYSE Euronext)进行的外汇交易量占全球的比例分别为 44%、43%,合计美国的外汇交易基金规模占全球

① 资料来源:2011 年 10 月"金融城英国"组织发布《基金管理报告》。

的 87%。英国的伦敦股票交易所(London Stock Market)、德国的 Deutsche Borse 的外汇基金交易量分别占全球的 3%、2%。

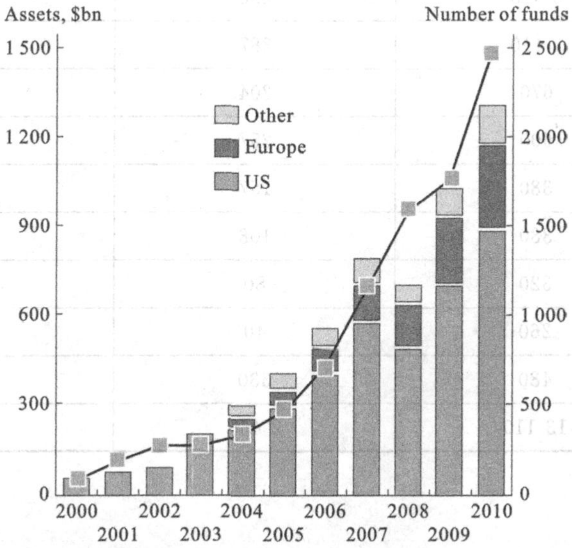

图 5-10 2000—2010 年全球外汇交易基金资产规模、基金数量关系变化图[①]

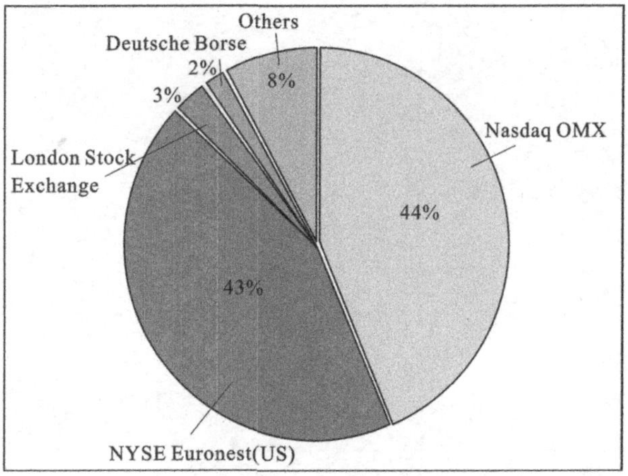

图 5-11 2010 年全球主要证券市场外汇基金交易情况[②]

① 资料来源:2011 年 10 月"金融城英国"组织发布《基金管理报告》。

② 资料来源:2011 年 10 月"金融城英国"组织发布《基金管理报告》。

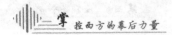

表 5-2　2010 年全球八大外汇交易基金国家(地区)①

国家	管理资产(亿美元)	外汇交易基金数量(个)	管理资产占全球比例
美国	8 910	896	68%
德国	1 110	387	8%
英国	670	204	5%
法国	600	257	5%
加拿大	380	157	3%
瑞士	380	108	3%
日本	320	80	2%
香港	260	40	2%
其他	480	330	4%
总计	13 110	2 459	100%

① 资料来源:2011 年 10 月"金融城英国"组织发布《基金管理报告》。

26/规模达 2.13 万亿美元的对冲基金

对冲基金是一种可进行广泛投资和交易活动的投资基金，但这种基金通常只向监管当局批准的特定投资者开放。这些投资者通常为机构投资者，如养老金基金、大学捐款、基金会或具有理解基金运作知识和资源的高净值个人(high-net-worth individuals)等。

对冲基金可进行各种投资活动，但他们大多在公开市场上进行流动债券的交易。对冲基金还采取各种投资战略，采用 short selling 和杠杆工具进行交易。

对冲基金通常采取开放式交易，投资者既可不停变动投资，也可不停撤回资金。对冲基金的投资值是按照其占该基金净资产值的比例计算，这意味着，增加或减少该基金投资资产值，将直接反映出投资者以后可撤回资金量的大小。

多数对冲基金的投资战略目标是，无论市场是在涨或跌，都要实现正赢利。对冲基金经理往往将其自己的资金与投资者的资金一起投资于他们管理的基金中。

对冲基金公司往往向其投资经理支付管理费，管理费按其资产占基金的比例来计算，当基金净资产值在 1 年内上涨时，还要向基金经理支付业绩费。有的对冲基金的净资产值达数十亿美元。2009年对冲基金行业资产额占所有金融机构持有资产额的1.1%。2012年4月,全球对冲基金行业总资产规模达2.13万亿美元。

由于对冲基金往往并不向公众或零售投资者出售,所以基金及其经理并不受到同样的限制,使得他们可以同时管理其他基金和投资基金经理,这取决于这些基金如何进行结构调整及进行何种投资战略,采用何种技术。2008年信用危机后,美国和欧洲的监管当局都倾向于加强政府对对冲基金的监管,消除监管漏洞。

究竟第一支对冲基金是怎么产生的,目前并不清楚。在美国20世纪20年代的"牛市"时期,有大量向拥有大量财富投资者提供私人投资服务的工具。当时有一家至今仍很有名的公司,格莱海姆—纽曼合伙(the Graham-Newman Partnership)公司,由本杰明·格莱海姆(Benjamin Graham)和杰瑞·纽曼(Jerry Newman)共同创办。2006年,巴菲特在给美国金融博物馆的杂志社的一封信中称,20世纪20年代美国的格莱海姆—纽曼合伙公司为他所发现的世界上最早的对冲基金公司,但他认为,应该还有比这个更早的对冲基金公司。

社会学家、作家、金融媒体记者阿尔弗雷德·W·琼斯(Alfred W. Jones)是"对冲基金"一词的发明者。但人们经常错误地以为其在1949年创建了第一个对冲基金的结构。为了中和市场变动对投资收益的影响,琼斯采用其前辈格莱海姆的投资战略,用买进即将升值的资产,售出短期内价格将下跌的资产,以此来降低投资风险。琼斯将这种对基金风险的抵消称为"对冲"(hedged),该词常用于华尔街,用以描述一个基金是如何管理那些在整体市场波动中存在的风险。后来,这种基金就被称为对冲基金。1996年《财富》(*Fortune*)杂志一篇文章报道称,尽管琼斯的基金向投资者收取20%的业绩费,其业绩仍超过了当时最好的共同基金。

1968年,世界上有约200支对冲基金,第一个采用对冲基金方式经营的基金于1969年在日内瓦建立。许多基金在1969—1970年经济大萧条、1973—1974年股票市场大崩盘时,由于损失惨重而停止了投资交易。在20

世纪70年代，对冲基金通常善于采用单一投资战略，多数基金经理采用长线或短线股票模型。20世纪70年代，由于金融市场的疲软和经济增速长期持续放缓，对冲基金又一次失去了繁荣发展的机会。但到了20世纪80年代后期，随着几家基金成功的消息被媒体报道，对冲基金又一次引起人们的注意。

模仿20世纪20年代、60年代早期金融投机中业绩费结构的投资工具，20世纪90年代，对冲基金的数量迅速增长。在此期间，股市持续上涨。由于联合利息收入结构和一种超过总市场回报率的投资工具的投入使用，对冲基金交易员和投资者的投资回报率也增加了。接着的10年，投资战略的多样性出现，包括信用套利（credit arbitrage）、廉价债务（distressed debt）、固定收益（fixed income）、定量（quantitative）、多种战略（multi-strategy）等。

随后的10年，随着戴维·斯文森（David Swensen）在美国耶鲁大学捐赠基金投资其他非市场类资产，如对冲基金、木材、房地产、私募基金等方面的成功，美国出现了大量的机构投资者，如养老金基金和捐赠基金等。

进入21世纪，对冲基金又一次在全世界流行起来。2008年全球对冲基金行业共管理资产达1.93万亿美元。然而2008年全球信用崩溃之后，对冲基金陷入困境，一些对冲基金还限制投资者撤回其投资。

2011年4月，对冲基金行业管理资产又增长至近2万亿美元。截至2011年2月，全球对冲基金资产中有61%来自机构渠道。截至2011年底，美国最大的241个对冲基金公司管理资产达1.335万亿美元。作为2011年世界上规模最大的对冲基金公司，Bridgewater Associates到2012年3月1日，其管理资产达700亿美元。2012年4月，全球对冲基金业管理资产规模达到2.13万亿美元的新高。

对冲基金经理通常向基金收取管理费和业绩费两种费用。管理费通常按其基金净资产值的一定比例来支付，通常每年为1%—4%，标准收费率为2%。尽管是按每年一定比例来计算，而该费用的支付却是按每月或每个季度进行的。对冲基金的管理费是针对基金经理的运营成本来设计的，而业绩费则反映了基金经理的经营利润。不过，一些大型对冲基金的管理费同样成为基金经理的业绩利润的一部分。因此，一些对冲基金的管理费被CalPERS等一些公共养老金基金公司批评“太高”。

而业绩费通常为对冲基金公司每年利润的10%—50%，通常都按20%收取。业绩费通常作为一种激励机制，鼓励基金经理努力赚取更多利润。由于无论对冲基金公司是否赢利，都要向投资者收取业绩费，因此受到著名风险投资家巴菲特批评，他认为，业绩费刺激对冲基金公司更多去投资高风险项目。自全球信用崩盘以来，对冲基金公司的业绩费率已下滑。

几乎所有对冲基金的业绩费都包括有一种“高水点”(high water mark)或“损失扣除条款”(loss carryforward provision)，意思是，业绩费仅提供净利润。这是为了防止基金经理收取的业绩费率变化无常，尽管一个基金经理有时会关闭一项遭受严重损失的基金，然后再设立一项新的基金。而不是去重新启用原来遭受重大损失的基金项目，且不收取业绩费。一些业绩费包括一个“栏杆”(hurdle)，这样业绩费就只能就其业绩超过一定标准比例(如，LIBOR)或一个固定比例部分进行支付。该“栏杆”有两种，即“软栏杆”(soft hurdle)和“硬栏杆”(hard hurdle)。前者是指，如果“栏杆率”(hurdle rate)是明确的，业绩费是按所有基金的收益来计算。后者则指，业绩费是按赢利超出“栏杆率”的部分来计算。设定一个“栏杆”，是为了确保投资者通过对冲基金，其赢利要高于投资者在别的地方投资得到的回报水平。

有的对冲基金对提前撤回投资资金，或对于撤回资金超出预先设定的原投资额比例，在一定时间内(通常为1年)，收取一定的赎回费(redemption)或撤资费(withdrawal fee)。收取该费用的目的是，抑制投资者在投资业绩表现不佳时减少投资额或撤出资金等短期投资行为。

对冲基金的少数几名高层经理可赚取“不同寻常”数额的收入，最高的每年可获利高达40亿美元。这些对冲基金高层管理人员的收入要比任何其他金融业人员的收入都要高得多。收入最高的25名对冲基金经理的年收入，要比标准普尔500指数公司所有500位首席执行官的收入都要高。但多数对冲基金经理的收入并不高。英国BBC曾引用对冲基金业内人士的话说：“很多基金经理其实根本就没挣到钱。”

2011年,收入最高的对冲基金经理挣了30亿美元,排名第10的基金经理收入为2.1亿美元,第30名的收入为8 000万美元。2011年,美国收入最高的25位对冲基金经理平均年收入为5.76亿美元。

据《绝对回报+优等》(Absolute Return+Alpha)的数据显示,2011年所有对冲基金行业职业投资者的中值年收入为69.078 6万美元,其中基本收入为31.232 9万美元,而对冲基金公司总裁的中值年收入为103.715 1万美元,其中基本收入为60万美元。首席投资官的中值年收入为103.997 4万美元,基本收入为30万美元。

在2012年福布斯世界富豪排名中,在前1 226名富豪中,有36人是从事对冲基金管理行业。据2012年英国《星期日泰晤士报》富豪榜显示,英国最富裕的1 000人中,有54人是对冲基金经理。

美国国民经济研究局的数据表明,尽管多数对冲基金通过大量贷款来进行投资,杠杆率比较高,但相对于投资银行业平均杠杆率为14.2的水平,对冲基金行业的平均杠杆率要小得多,仅为1.5—2.5。

为规避监管、尽可能少缴税,2011年全球几乎有一半的对冲基金公司在离岸地进行注册登记。其中英国的开曼群岛是全球对冲基金业最大的聚集地,全球34%的对冲击基金在这里登记注册。排名第2的则是美国,全球24%的对冲基金公司在美国注册,排名第3—6的分别为卢森堡、爱尔兰、英属维京群岛、百慕大群岛,拥有对冲基金公司数量占全球的比例分别为10%、7%、6%、3%。

而为了聚集金融人才、方便与投资者沟通,美国的多数对冲基金公司经理聚集在东海岸地区,特别是纽约市和康奈蒂格州(Connecticut)的金海岸(the Gold Coast)地区。2004年美国有7 000名对冲基金投资经理。而英国的伦敦则是欧洲对冲基金经理们聚集的地方。截至2011年底,英国的对冲基金规模达3 950亿美元,占整个欧洲的70%。而亚洲,尤其是中国,则在全球对冲基金行业的基金来源上发挥着重要作用。英国和美国是亚洲对冲基金资产的管理重地,分别掌管着亚洲25%的对冲基金资产。

按照《1933年证券法案D监管》(*Regulation D of the Securities Act*

1933)要求,对冲基金公司通过私人渠道募集资金,且募集股份无需登记。因此,对冲基金公司通常仅向其授权的投资者提供债券投资服务。而有授权的投资者条件是,最低财产在100万美元或过去2年最低年收入为20万美元的个人。而对于银行和企业而言,最低投资资产标准则是500万美元。由于对冲基金没有采取公开交易的方式,因此他们不必按照美国《1934年证券交易法案》的要求,向监管当局提交所有的交易报告。

不过按照《1934年证券交易法》案12款g条要求,对于那些投资一种股票债券的投资者就超过499位投资者的对冲基金,则必须向监管当局登记,且每季度按要求报告一次。与其他机构投资者一样,对冲基金经理如果管理资产规模超过1亿美元,则必须每季度向监管当局报告一次,报告内容包括投资股票债券的投资者情况等。同样,如果对冲基金经理在某一项基金投资项目中,持有的股票债券比例超过5%,则必须公布其持有份额。对冲基金经理的投资活动还必须符合反欺诈条款的规定。

经历了此次金融危机,美国通过了《多德—弗兰克华尔街改革法案》(*The Dodd-Frank Wall Street Reform Act*)。该法案规定,对冲基金顾问管理的资产如超过1 500万美元,则必须于2012年3月20日前在证券交易委员会(SEC)登记。

而2004年12月,美国证券交易委员会出台一项规定,按照《投资顾问法案》(*The Investment Advisers Act*),要求多数对冲基金顾问于2006年2月1日前向监管当局登记注册。当时要求,管理资产超过2 00万美元、投资者超过14名的对冲基金公司必须登记。

2009年10月,英国金融服务局(Financial Services Authority)开始发布对冲基金行业风险情况半年报告。2011年7月的报告对英国50名基金经理管理的100家对冲基金、总资产规模达3 900亿美元的对冲基金行业进行调查,此次调查的资产规模占全球对冲基金产业规模的20%。

基金公司在公布有关信息时,往往会考虑到新增投资者的利益。而这些基金公司公布的数据信息往往是自己报告且未经证实的。一项针对对冲基金行业数据库的研究发现,有465家共同基金所报告的数据信息存在显著差异，如，回报（returns）、开始日（inception date）、净资产值（net assets value）、激励费（incentive fee）、管理费（management fee）、投资方式（investment styles）等。其中有5%的回报、净资产值的数据相差很大。正是由于在数据信息上的有限性，投资者往往不得不从事有关数据分析和研究，而这种研究的成本通常高达5万美元。

由于历史上并没有要求对冲基金公司报告其经营状况的要求，所以获取单个对冲基金公司经营数据信息非常困难。不过，单个对冲基金公司的经营表现的概况通常会在对冲基金行业通讯上公布，因此投资咨询公司如Hennessee Group统计有该行业的数据信息。

有人预测，对冲基金行业的平均每年投资回报率为11.4%，而此回报率比总的对冲基金市场费前（before fees）回报率要高出6.7%。而总的对冲基金市场业绩数据是基于8 400家对冲基金公司的数据。还有一个数据，2000年1月—2009年12月，对冲基金行业与其他投资方式相比，其回报率相对比较稳定，在此10年中股票市场投资回报率平均每年为－2.62%，而对冲基金行业在此10年平均每年的投资回报率为＋6.54%。

对冲基金的业绩测算是按照其回报与预期风险的比值来衡量的。通常的测算方式有明显比率（Sharpe ratio）、Treynor方式、Jensen′s alpha等。

全球著名的对冲冲基金公司有：Amaranth顾问（Amaranth Advisors）、贝莱克洛科（BlackRock）、桥水协会（Bridgewater Associates）、Brevan Howard、GLG伙伴（GlG Partners）、长期资本管理（Long-Term Capital Management）、人力投资（Man Investments）、Marshall Wace、Och-Ziff资本管理（Och-Ziff Capital Management）、Paulson & Co.、复兴工艺（Renaissance Technologies）、索罗斯基金管理（Soros Fund Management）、儿童投资基金管理（The Children′s Investment Fund Management）。

2011 年世界最大对冲基金公司

2011 年，瑞·达利欧(Ray Dalio)已取代乔治·索罗斯(George Soros)成为世界上最成功的对冲基金经理。2011 年达利欧的 Pure Alpha 对冲基金公司为其投资者实现赢利 138 亿美元，而约翰·鲍尔森(John Paulson)成为损失最惨重的对冲基金经理，2011 年 Paulson & Co. 对冲基金公司损失 96 亿美元，比 1998 年长期资本管理基金公司倒闭时损失还要大。

表 5-3　2011 年世界二十大对冲基金公司①管理资产规模情况

排序	基金公司	总部	资产管理额(亿美元)
1	Bridgewater Associates	美国 Westport,CT	776
2	Man Group	英国伦敦	645
3	JPMorgan Asset Management	美国纽约	466
4	Brevan Howard Asset Management	英国伦敦	366
5	Och-Ziff Capital Management Group	美国纽约	285
6	Paulson & Co.	美国纽约	280
7	BlackRock Advisors	美国纽约	277
8	Winton Capital Management	英国伦敦	270
9	Highbridge Capital Management	美国纽约	261
10	BlueCrest Capital Management	英国伦敦	250
11	Baupost Group	美国波士顿	230
12	Cerberus Capital Management	美国纽约	230
13	D. E. Shaw & Co.	美国纽约	230

① 按资产管理额(Asset Under Management)排序，时间截至 2011 年 10 月 31 日。数据来源：《彭博市场杂志》(*Bloomberg Market Magazines*)。

续表 5-3

排序	基金公司	总部	资产管理额(亿美元)
14	Angelo Gordon Co.	美国纽约	220
15	AQR Capital Management	美国格林威治,CT	205
16	Farallon Capital Management	美国旧金山	200
17	Goldman Sachs Assets Management	美国纽约	195
18	Elliott Management	美国纽约	190
19	King Street Capital Management	美国纽约	185
20	Canyon Partners	美国洛杉矶	181

27 /把企业当商品来买卖的私募基金

私募基金通过买卖整个企业来赚钱。

英国著名的私募基金公司 Kohlberg Kravis Roberts（简称“KKR”）在2007年春收购了英国著名的药品连锁店 Boots 公司的母公司 Alliance Boots，收购价格为111亿英镑，成为英国历史上私募基金行业最大一笔收购案。在此收购案中，KKR 私募基金公司和其合作伙伴 Stefano Pessina 药品公司共借款90亿英镑。

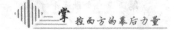

通常一个私募基金公司在收购一家公司后，会经营该公司2—5年，在此期间，一方面精心经营和包装其所收购的公司，以待其股票上涨后，再将该公司高价出售，以赚取巨额利润，然后再用赚取的巨额利润偿还其所借巨款，剩余的部分就是该私募基金赚取的净利润。

除了 KKR 公司的巨额收购案外，英国零售大亨菲利普・格林爵士曾从银行借款100亿英镑，试图收购英国著名中高档零售连锁超市玛莎百货，虽然没有成功，但从中可以看出，英国的私募基金行业在筹集银行资金上的惊人能量。而银行业之所以同意向格林爵士放出高达100亿英镑的巨额贷款，理由很简单，过去格林爵士曾通过这种买卖公司的操作，赚取过巨额利润。再说，英国对此行业的税率非常低，仅为10%，这些都成为英国银行业乐于向私募基金公司提供资金支持的原因。正因为英国金融业宽松的经营环境和较低的税率，2005 年一年，格林爵士通过买卖公司就赚取了 12 亿英镑。而事实上，英国的私募基金公司通过税收规划师的避税措施，有的仅缴纳 5%的税率，还有的甚至没有缴纳任何税款。

以一家私募基金公司出资 110 亿英镑，收购一家名为联合制鞋公司(United Shoes)的实体公司为例。在这 110 亿英镑的收购资金中，私募基金公司自己出资 20 亿英镑，另外借款 90 亿英镑。通常私募基金公司投入的这 20 亿英镑资金，都来自该公司的投资者。如果该私募基金公司将这个联合制鞋公司以 130 亿英镑的价格售出，则该交易中，私募基金公司投资 20 亿英镑，投资回报额为 40 亿英镑，实现盈利 20 亿英镑。

通常该私募基金公司会与其投资者达成协议，将其交易利润的 20%作为公司合作伙伴的薪酬，也就是 4 亿英镑将作为少数几个私募基金经理的收入被瓜分，而分享这 4 亿英镑的基金经理事实上通常不过 2—3 人。

尽管私募基金行业利润惊人，然而当 2007 年 1 月 24 日，在伦敦北部一个名叫 Roundhouse 的地方成立私募基金基金会(Private Equity Foundation)时，英国银行界、律师界、私募基金业名流纷纷到场，参加这场活动的各界名流中有不少人拥有财富数千万英镑，还有一些我上亿英镑，这些人拥有的财富总额至少有 100 亿英镑，而他们启动该慈善基金的金额却仅为 510 万英镑，占其财富总额的比例仅为 0.051%，相当于其财富总额的 1/2 000。

英国另有一家著名私募基金公司 Permira，曾是英国乃至欧洲最大的私募基金公司，年交易额高达 460 亿英镑，公司总裁为达蒙·布菲尼(Damon Buffini)。该公司的职业化经营水平很高，连时任英国首相布朗都是该公司总裁布菲尼的“粉丝”。布朗曾任命布菲尼为英国商业委员会(Business Council for Britain)成员，与其他英国商界名流一起负责向英国政府提供如何提高英国经济竞争力等政策建议。

2006 年，英国私募基金行业的投资额达 340 亿英镑，为 2003 年投资额的 4 倍。而 2006 年，美国的私募基金行业的投资额为 1 520 亿英镑，为 2003 年投资额 240 亿英镑的 6.3 倍。而 2006 年英国私募基金行业投资的

340亿英镑，可实现的并购案总额可能超过1 000亿英镑。

与美国著名的投资公司黑石集团(Blackstone)、德克萨斯太平洋(Texas Pacific)一样，英国一些著名的私募基金公司的投资战略也是全球性的。2004—2006年，英国最大的20家私募基金公司，其投资额只有36%是投在英国。到2006年底，英国私募基金公司拥有的产业雇员达120万人，相当于英国私营行业雇员总数的8%。

甚至有几年时间，英国的私募基金行业在募集资金上，其能力比伦敦证券交易所还要强。英国金融服务局的资料显示，2006年前6个月，英国的私募基金公司经理筹集资金112亿英镑，而同期到伦敦证券交易所进行IPOs的公司募集资金104亿英镑。不过，当金融危机爆发后，整个金融系统信用链断裂，股票市场又成了大企业筹集资金的重要来源。

英国唯一一家具有世界一流投资水平的私募基金公司为Permira公司，该公司成立于1985年。截至2008年，该公司有5支不同的基金项目，投资额达320亿英镑。该公司投资产业的雇员达22万人。该公司名下的Permira Ⅳ基金为欧洲历史上最大的被全部买下的基金产品，筹集资金达163亿美元，而这笔总额为163亿美元的投资基金项目可实现并购额高达800亿美元。而投资者之所以愿意投资该基金项目，是因为该基金项目自称可实现33%的年回报率。该回报率显然超出当时英国的股市投资回报率。Permira公司的竞争对手，CVC公司于1996—2001年，投资了欧洲3支不同的基金项目，平均每年的回报为19.7%—41.7%不等。

28/全球养老金基金规模有多大

养老金基金是一种提供退休收入的计划、基金或项目，是上市公司和私人公司的重要股东，对于股票市场特别是大型机构投资者尤其重要。全球最大的300家养老金基金总资产规模达6万亿美元，这300家养老金基金平均每家规模达200亿美元。

2008年1月，《经济学家》(*The Economist*)杂志报道称，摩根斯坦利预计，全世界养老金基金总资产超过20万亿美元，是包括共同基金、保险公司(insurance companies)、货币储备(currency reserves)、主权财富基金、对冲基金、私募基金在内所有投资者中最大的一个。

尽管截至2011年3月底，日本的政府养老金投资基金(Government Pension Investment Fund，简称“GPIF”)总资产损失了0.25%，但该养老金基金仍是世界上最大的少数几个公共养老金基金之一，总资产高达1.5万亿美元(合114万亿日元)。

表5-4 世界十二大养老金基金

国 家	养老金基金名称	总资产(亿美元)	设立时间
挪威	挪威政府养老金基金	5 730	1990年
日本	政府养老金投资基金	13 700	2006年

续表 5-4

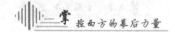

国　家	养老金基金名称	总资产(亿美元)	设立时间
荷兰	Stichting Pensioenfonds ABP(ABP)	3 190	1922 年
韩国	国家养老金服务 (NPS)	2 700	1988 年
加拿大(魁北克)	The Caisse(CDPQ)	1 990	1965 年
美国(加利福尼亚州)	加利福尼亚公共雇员退休系统(CalPERS)	2 020	1932 年
马来西亚	雇员远期基金	1 300	1991 年
荷兰	Stichting 养老金基金(PFZW)	1 430	1969 年
加拿大	加拿大养老金计划(CPP 投资董事会)	1 620	1997 年
加拿大(安大略省)	安大略省教师养老金计划	1 090	1990 年
巴西	PREVI	800	1904 年
爱尔兰	国家养老金储备基金(NPRF)	300	2001 年

2012 年 1 月,一个网址为“www. towerswaston. com”的网站发布《2012 年全球养老金资产研究》报告,该报告对全球 13 个养老金规模最大的国家养老金情况进行研究。研究表明,截至 2011 年底,这 13 个国家的养老金规模达 27.509 万亿美元,与 2010 年底相比,增长了 3.9%。这 13 个国家养老金规模占其 GDP 的 72.3%,与 2007 年的 78.9%相比,略有降低。在这 13 个国家中,美国、日本、英国的养老金规模占这 13 个国家的 GDP 总规模比例最高,分别为 58.5%、12.2%、8.7%。2011 年上述 3 个国家养老金市场规模分别增长了 5.9%、20%、5%。

2011 年,这 13 个国家的养老金总规模中,固定资金来源资产(又称“界定供款计划资产”)(defined contribution plan assets,简称“DC assets”)占 43.1%,与 2006 年的 42.2%相比,略有增长,而 2001 年该资产比例仅为 38.3%。这表明,固定资金来源资产在这 13 个国家中的比例呈逐年增长的趋势。澳大利亚、瑞士、美国的固定资金来源资产占其养老金市场比例较高,2011 年该比例分别为 81.1%、59.8%、57.5%。而日本的养老金市场中，国内债券资产（domastic bonds assets，DB assets）占整个养老金市场规模的比例几乎达到100%。

截至2011年底，全球最大的7个养老金市场中，其资产构成中股票、债券、现金、其他资产占其养老金总资产的比例分别为37.7%、40.1%、3.7%、18.5%。其中，澳大利亚、英国、美国的养老金市场中，股票资产占的比例比其他国家较高。

表5-5 2012年全球养老金资产状况

国 家	管理资产金额(亿美元)	占GDP比例
美国	160 800	107%
日本	33 630	55%
英国	23 940	101%
加拿大	13 030	78%
澳大利亚	13 010	96%
荷兰	10 460	133%
瑞士	6 930	115%
德国	4 680	14%
巴西	3 210	15%
南非	2 270	62%
法国	1 290	5%
爱尔兰	1 010	50%
香港	840	34%
总计	275 090	72%

29/投资银行

最近几十年,西方的投资银行业发展迅猛。很多西方名牌大学的学生毕业后都想到摩根斯坦利等著名投资银行工作,原因很简单,这些投资银行的薪酬非常高,即便与传统商业银行相比,也要高出许多。投资银行和传统商业银行的薪酬差距究竟有多大?

表 5-6 2010 年全球四大投资银行收益与薪酬比较①

投资银行	总薪酬	总收益	雇员人数(人)	人均薪酬	2010年总薪酬占总收益的比例	2009年总薪酬占总收益的比例
摩根大通(JP Morgan)	97 亿美元	262 亿美元	26 314	38 万美元	37.0%	33.0%
高盛(Goldman Sachs)	154 亿美元	392 亿美元	35 700	42.1 万美元	39.3%	35.8%
摩根斯坦利(Morgan Stanley)	160 亿美元	316 亿美元	62 542	25.6 万美元	50.6%	61.5%
德意志银行(Deutsche Bank)	59 亿欧元	209 亿欧元	15 943	37.3 万欧元(45.6 万美元)	28.4%	26.9%

① 资料来源:2011 年 2 月 4 日英国《泰晤士报》研究部、经济商业研究中心(Centre for Economics and Business Research)、路透社。

表 5-7 2010 年传统银行业收益与薪酬[①]

传统银行	总薪酬	总收益	雇员人数（人）	人均薪酬	2010 年总薪酬占总收益的比例	2009 年总薪酬占总收益的比例
摩根大通契斯(JP Morgan Chase)	281 亿美元	1 027 亿美元	239 831	11.7 万美元	27.4%	26.8%
花旗集团(Citigroup)	244 亿美元	866 亿美元	260 000	9.4 万美元	28.2%	31.1%
美洲银行(Bank of America)	351 亿美元	1 114 亿美元	286 951	12.2 万美元	31.5%	26.1%
桑坦德银行(Stantander)	93 亿欧元	420 亿欧元	178 869	5.2 万欧元(6.4 万美元)	22.2%	21.5%
德意志银行(Deutsche Bank)	127 亿欧元	286 亿欧元	102 062	12.4 万欧元(15.2 万美元)	44.4%	40.5%

由此表可看出，投资银行业与传统银行业相比，前者人均年薪为后者的 2—6 倍，这也是在西方国家很多学生希望毕业后能从事投资银行业的原因。这还说明，即便在银行这个高薪行业，其内部薪酬分配，也由于从事业务的不同，存在巨大差距。

表 5-8 2010 年全球金融业高管薪酬前 3 名[②]

姓　名	银行及职务	工资和奖金总额
Lloyd Blankfein	高盛(Goldman Sachs)首席执行官	1 460 万美元
Brian Moynihan	美洲银行(Bank of America)首席执行官	1 000 万美元
James Gorman	摩根斯坦利(Morgan Stanley)首席执行官	810 万美元

通过表 5-7、5-8 的对比可知，美洲银行首席执行官布瑞安 · 牟尼汉(Brian Moynihan)年薪总额为 1 000 万美元，而其传统业务部门雇员平均工

① 资料来源：2011 年 2 月 4 日英国《泰晤士报》研究部、经济商业研究中心、路透社。

② 资料来源：2011 年 2 月 4 日英国《泰晤士报》研究部、经济商业研究中心、路透社。

资为12.2万美元，为一个同银行工作，其首席执行官薪酬与普通业务部门雇员相比，前者为后者的82倍。

作为在投资行业最负盛名的银行，高盛的投行部门雇员人均薪酬高达42.1万美元，为四大投行中雇员人均薪酬最高的；而其首席执行官劳埃德·布兰克芬(Lloyd Blankfein)年薪总额更是高达1 460万美元，为全球银行业薪酬最高者，为其雇员人均薪酬的34.68倍；是同为投行业人均薪酬较低的摩根斯坦利的57倍，是表中所列传统银行业人均雇员薪酬最低者（桑坦德银行传统业务部门人均年薪6.4万美元）的228倍。

桑坦德银行为欧洲规模最大的银行，也是在此次金融危机中仍然利润高速增长的欧洲少数几个银行之一，然而同为全球最领先的银行，其传统业务部门收入与高盛的投行部门相比，仍有如此差距。

表5-9　2012年上半年世界前十大投资银行收入情况表①

前十大投资银行	收入（美元）	与去年同期比较	2021年前两个季度各项业务收入占总收入比重(%)			
			并购	股票	债券	贷款
摩根大通 (JP Morgan)	23.95亿	−28%	24	21	34	21
美洲银行梅林 (Bank of America Merrill Lynch)	19.88亿	−32%	21	19	34	26
高盛 (Goldman Sachs)	17.27亿	−24%	44	23	26	8
摩根斯坦利 (Morgan Stanley)	16.52亿	−31%	36	26	31	7
花旗 (Citi)	15.47亿	−14%	18	22	40	21

① 资料来源：英国《金融时报》网络版。

续表 5-9

前十大投资银行	收入（美元）	与去年同期比较	2021年前两个季度各项业务收入占总收入比重(%)			
			并购	股票	债券	贷款
瑞士信贷 (Credit Suisse)	14.90亿	−26%	39	16	30	15
德意志银行 (Deutsche Bank)	14.48亿	−27%	22	21	41	17
巴克莱银行 (Bank of Barclays)	13.22亿	−19%	30	14	40	17
瑞银集团 (UBS)	9.23亿	−34%	29	26	33	11
富国银行 (Wells Fargo)	8.18亿	+4%	7	15	42	36
(Total)	339.37亿	−23%	35	19	28	19

30/国际金融界大腕薪酬比较[①]

2008年全球金融危机和经济危机的爆发，引发了人们对金融业薪酬和奖金问题的关注。英国一个网地址为“www.paywizard.co.uk”的网站收集整理了当今西方和金融监管当局及金融集团高管的薪酬资料。笔者整理如下，供研究作参考。

表5-10 西方和国际金融监管当局高管薪酬

	姓名	职务	年薪（英镑）	日薪（英镑）
	Christine Lagarde	国际货币基金组织（IMF）执行总裁	35.4344万	1417
	Mario Draghi	欧洲中央银行（the European Central Bank）董事会主席	29.0612万	1162

① 资料来源：www.paywizard.co.uk。

续表 5-10

	姓名	职　务	年薪(英镑)	日薪(英镑)
	Ben Bernanke	美联储 (the Federal Reserve)主席	12.826 3 万	513
	Masaaki Shirakawa	日本银行 (the Bank of Japan)行长	27.483 万	1 099
	Norman Chan	香港货币局 (Hong Kong Monetary Authority)首席执行官	61.915 4 万	2 477
	Dominique Strauss-Kahn	前国际货币基金组织 (IMF)总裁	27.035 3 万	1 081

表 5-11　金融集团高管薪酬比较

	姓名	职　务	年薪(英镑)	日薪(英镑)
	Robert Bob Diamond	前巴克莱银行执行总裁 (Retired CEO Barclays)	135 万	5 400

续表 5-11

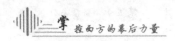

	姓名	职 务	年薪(英镑)	日薪(英镑)
	Kenneth Chenault	美国运通公司 (American Express) 首席执行官	682.739 8 万	27 310
	George Soros	对冲基金公司经理	21 195.121 9 万	8 478 049
	Lloyd Blankfein	高盛(Goldman Sachs)集团首席执行官兼董事会主席	770.731 7 万	30 829
	James Gorman	摩根斯坦利 (Morgan Stanley) 首席执行官	51.382 1 万	2 055
	Josef Ackermann	德意志银行 (Deutsche Bank) 首席执行官	110.6 万	4 424

续表 5-11

	姓名	职　务	年薪（英镑）	日薪（英镑）
	Brian T. Moynihan	美洲银行（Bank of America）首席执行官	61.016 3 万	2 441
	Jamie Dimon	大通摩根公司（JPMorgan Chase & Co）首席执行官兼董事会主席	380.227 6 万	15 209
	Robert P. Kelly	纽约美林银行（Bank of New York Mellon）前首席执行官	619.796 7 万	24 792
	Jan Hommen	ING 银行（ING Bank）首席执行官	135 万	5 400
	Brady Dougan	瑞士信贷（Credit Suisse）首席执行官	899.187 万	35 967

续表 5-11

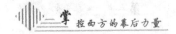

	姓名	职　务	年薪(英镑)	日薪(英镑)
	John Stumpf	富国银行 (Wells Fargo & Company) 董事会主席	250.487 8 万	10 020
	Gerrit Zalm	ABN Amro Bank 首席执行官	44.477 万	1 779

由上述比较可看出，西方和国际金融监管当局负责人的年薪最高的为香港货币局首席执行官，年薪约为 62 万英镑。其次为现任国际货币基金组织总裁拉贾德，年薪约为 35 万英镑。排在第 3 的为欧洲中央银行董事会主席，其年薪约为 29 万英镑。而排在第 4 的分别为日本银行行长和前国际货币基金组织总裁卡恩，年薪均约为 27 万英镑。而世界上权势最大的美联储主席伯南克，其年薪仅约为 13 万英镑。

而西方金融集团的薪酬最高的为索罗斯，年薪达 2.12 亿英镑。而美国运通公司、高盛公司、纽约美林银行、瑞士信贷等金融集团的高管年薪在 600 万—900 万英镑，大通摩根公司、富国银行的高管年薪在 200 万—400 万英镑，年薪在 100 万—140 万英镑的有巴克莱银行、德意志银行、ING 银行的高管。年薪最低的两家银行高管的薪酬分别约为 60 万英镑和 44 万英镑。

显然，西方金融集团的高管薪酬要普遍高于西方和国际金融监管当局负责人的薪酬。不考虑索罗斯的 2.12 亿英镑年薪，即便以瑞士信贷集团总裁的 900 万英镑年薪与美联储主席伯南克的 13 万英镑相比，差距也在 70 倍。这正是西方和国际货币监管当局明知其监管对象存在诸多问题，而不能监管也监管不了的一个重要原因。西方的金融集团正是通过游说和贿赂手段，一次次免于监管当局的严格监管，从而导致金融投机和泡沫的出现。

第六章

动荡与希望

31 /妨碍欧洲经济复苏的因素

自 2008 年至今，全球范围内的经济危机已持续 4 年。当前欧美失业率高企，增长乏力，股市持续波动，全球经济增长面临长期低迷甚至衰退的可能性增强。未来欧洲财政金融体系面临诸多不确定性因素，经济复苏将是一个艰难曲折的过程。

1. 金融业信息不透明、衍生品市场状况不明、银行业改革延期、银行股持续下挫等将拖延实体经济的复苏进程

(1)金融数据不透明，金融风险持续被“掩盖”。当前经济危机尚未消退，新一轮金融危机是否会再次上演，仍难以预料。危机当前，信心最重要。信心来自信息透明，而当前最缺乏的恰恰是各国金融业的真实信息。

世界银行、国际货币基金组织(IMF)、经济发展与合作组织均增加了对各国尤其是欧美国家各项债务、金融信息的搜集和整理，但仍缺乏最新、及时、准确的动态信息。没有透明的债务、金融信息，全球财政和货币政策的协调也就无从谈起。信息的不透明将造成人们对金融市场的疑虑。同样不透明的还有企业的财务信息，这也是英国及欧洲银行业对企业放贷减缓的一个原因。

欧美银行业的资本金短缺状况究竟怎样？尽管前不久欧洲央行做了一

次压力测试，但压力测试并不能说明整个金融体系的真实风险状况。2011年国际货币基金组织的一份报告称，欧洲银行业要应对即将到来的金融风暴至少应新增2 000亿欧元资本金。对此，欧洲银行业及领导人普遍持否定态度。2011年10月，英前首相布朗在《国际先驱论坛报》撰文称，德国银行业的杠杆率为美国的2.5倍，未来3年德国银行业需从金融市场筹集4 000亿欧元资金。最近美洲银行因资本金短缺，先从巴菲特那里筹集50亿美元，后又抛售其持有的中国建行股票，筹得84亿美元，而《泰晤士报》称，该银行可能面临2 000亿美元的抵押贷款业务损失。此外，希腊第二、第三大银行的合并及希腊自年初以来银行股下跌50%已表明，银行业的风险正在加剧。2011年5月，国内的大公国际预期英国金融体系有40%的资产、总计2万英镑的风险暴露在外。

由于英、法、德等欧洲大国向希腊、葡萄牙、意大利、西班牙等国敞口资金均达上万亿欧元，一旦处于违约边缘的欧元区外围国家银行出问题，将对英、法、德本已很脆弱的银行业造成致命打击。2011年11月11日《每日电讯报》称，欧盟委员会预测，如果欧元区垮台，将给整个欧元区经济造成10万亿英镑损失，整个欧元区GDP总量的50%将被蒸发，欧洲民众的生活水平将降至拉美国家的水平。

(2)金融衍生产品标准不统一，数据未集中，市场状况“不明”。2011年英国《独立报》文章称，金融衍生产品市场交易缺乏监管成为另一个影响金融稳定的因素。尽管雷曼兄弟倒闭已快3年，目前虽有巨额金融衍生产品交易在不同金融机构之间发生，而其交易记录却不清楚，交易数据不集中，银行业对成千上万种金融衍生产品的分类也无统一标准，各国金融监管当局对金融衍生产品交易的监管仍无有效措施。该报称：“由于这个价值60万亿美元的全球金融衍生产品市场仍未得到有效监管，终将成为影响全球金融市场稳定的一颗定时炸弹。”

(3)银行业改革恐将触及行业利益，继续被“延期”。银行业是此次全球经济危机的始作俑者，但至今仍未受到应有的整顿。自2008年金融危机爆发以来，美国对金融业已注资数千亿美元，英国也对金融业注资上千亿英镑。然而这些银行却一边经营不善，一边偷税漏税，一边疯狂发放数十亿英镑的高额奖金。

在英国，早就应提上议事日程的银行业改革在被推迟4年后，由于恐将造成银行业利润下降15%及GDP下降0.3个百分点的可怕后果，就再次被推迟至2015年。正如高盛原高管约翰·R·塔伯特在《华尔街的86个弥天谎言》中所分析的，西方金融业如果效仿日本当年深陷金融危机的做法，虽问题缠身却死活不肯暴露其呆坏账真相，试图以拖延来自保，结果很可能是长达10几年的经济低迷。银行业改革必然伤筋动骨，不敢“刮骨疗伤”，银行业将一直作为危及整个经济全局的“肿瘤”而存在。

“延期”银行改革固然能避免一时的金融动荡，但“延期”改革对整个金融市场稳定及经济复苏造成巨大的负面影响。2011年8月30日《每日电讯报》称，英国国家统计局的数字表明，2008年9月至今，英经济总产出已下降2.8%，其中银行业经营不善造成英国经济总产出下降1%。坚持不改革或推迟改革银行业的结果将是银行业持续造成其GDP产出下降1个百分点。

(4)欧洲银行股持续大幅缩水，导致银行业大规模裁员。欧洲股市已脆弱、敏感到稍有一点不利的信息，股价就大幅下挫。无论是2011年8月中旬的美国债务上限调整，还是德国GDP增速放缓，以及美国将起诉13家涉嫌欺诈的投资银行、美英向存在瑞士银行的本国储户存款征税等，均造成欧洲股市的大幅下跌。仅2011年9月5日一天，英国金融时报FTSE指数就下跌了3.6个百分点，跌至5 102.58点，市值蒸发490亿英镑。当天，英国皇家苏格兰银行、劳埃德银行、巴克莱银行的股价分别下跌12.3%、7.5%、6.7%，汇丰银行股价下跌2.8%。

银行股市值的巨额蒸发进一步挤压银行业利润，迫使大型银行集团加快裁员步伐。汇丰银行宣布未来3年裁员3万人，英国的劳埃德银行也宣布未来3年裁员1.5万人。《国际先驱论坛报》报道，自2006年以来，银行业已裁员42.8万人，占该行业从业者的11%。未来欧洲银行股如出现大幅下挫，银行业利润受挤压后，不排除掀起新的银行并购、倒闭及裁员风潮的可能性。

2. 政府债务规模大、借债成本上升、债务安全不达标等将造成欧元区国家债务风险持续深化

(1)政府债务规模大、增速快成为欧元区国家债务风险加大的主要因素。据经济合作与发展组织的数据，截至 2011 年 8 月 24 日，经济合作与发展组织国家国债规模前 10 名依次分别为日本(9.46 万亿美元)、美国(9.03 万亿美元)、意大利(2.25 万亿美元)、英国(2.06 万亿美元)、法国(1.75 万亿美元)、德国(1.48 万亿美元)、西班牙(0.73 万亿美元)、加拿大(0.58 万亿美元)、比利时(0.45 万亿美元)、希腊(0.45 万亿美元)。由此可见，经济合作与发展组织国家国债规模最大的前 10 名中，欧洲国家就占了 7 个，这 7 个欧洲国家的国债规模达 9.17 万亿美元，其规模仅次于日本的 9.46 万亿美元，超过美国的 9.03 万亿美元。

欧洲国家国债规模最大的前几名中，意大利早在 1997 年，其国债规模就高达 1.28 万亿美元，2005 年时其国债规模为 1.64 万亿美元，到 2010 年才逐步增长至 2.25 万亿美元，过去 5 年间仅增长 37%。而英国的国债规模直到 2005 年还不足 1 万亿美元(仅为 0.98 万亿美元)，而到 2010 年就高达 2.06 万亿美元，短短 5 年间英国的国债规模就增长了 100%，增速之快与美国十分相似(2005—2010 年，美国的国债规模由 4.60 万亿美元飙升至 9.03 万亿美元，5 年间增长了 96%)。2005—2010 年，法国的国债规模由 1.08 万亿美元增至 1.75 万亿美元，增长了 62%。西班牙同期的国债规模则由 0.39 万亿美元增至 0.73 万亿美元，增长 87%。希腊同期的国债规模由 0.25 万亿美元增至 0.45 万亿美元，增长 80%。而同期德国的国债规模则由 1.08 万亿美元增至 1.48 万亿美元，仅增长 37%。由此可见，在 2005—2010 年这 5 年间，上述几个国家中，国债规模增长最快的前 5 位分别是英国(100%)、西班牙(87%)、希腊(80%)、法国(62%)、意大利(37%)、德国(37%)。而国债规模最大的日本，其 1997 年为 2.93 万亿美元，2005 年为 7.05 万亿美元，2009 年达 9.46 万亿美元，过去 5 年间，其国债规模仅增长 34%。

由此看出，国债规模最大的日本和美国，其国债总额均为 9 万多亿美元，但由于过去 5 年间，日本政府债仅增长 34%，而美国增长高达 96%，这也是为什么美国的政府债务远比日本引起世界关注的原因。而英国、西班牙、希腊、法国在过去5年间国债规模增长分别在100%到62%之间,债务增长迅猛,未来一段时期,其债务风险或将凸显。而在过去5年中,尽管意大利的国债规模仅增长37%,但由于早在1991年其政府债务规模已占其GDP的100%,因此虽然目前其政府债务仅为其GDP的118%,其长期的巨额债务造成其利息负担沉重,再加上过去15年意大利的GDP实际年均增长仅为0.75%,经济增长乏力成为其债务风险加大和10年期国债利率快速上升的重要原因。

(2)政府债券收益率持续"分化",意大利等南欧国家借款风险加大。2011年8月21日《金融时报》(*Financial Times*)有分析文章称,美国和英国自2003—2011年这8年间的10年期国债利率变动图表与1988—1996年这8年间日本的10年期国债利率图表变动情况"高度吻合"。1988年日本的10年期国债利率为4%,1990年该利率攀升至8%,1997年底又跌至2%,自此至今再也没有反弹至2%,目前日本的10年期国债利率仅为1%。美国和英国的10年期国债利率在2006年、2007年达到5%左右的最高点,最近又回落至2%。

投资者预期,美国的10年期国债利率未来将锁定在1.75%。除美、英两国外,最近德国的10年期国债利率也跌至1.85%。美、英、德等西方经济大国的10年期国债利率持续走低,预示着未来这些国家经济将长期处于低迷状态。《金融时报》称,欧美恐将陷入日本式"失去的10年"。与之相对应的是,南欧等国的国债利率持续攀升,借款成本持续上升。截至2011年11月,意大利10年期国债利率已攀升至7%,希腊的10年期国债利率已高达30%,爱尔兰、葡萄牙的10年期国债利率分别高达8%和12%,债务违约风险加大。不断攀升的国债利率将使本已债台高筑的南欧国家借款风险加大。

(3)债务安全三项指标,全部达标者"难寻觅"。借债的安全门槛应该是多少?欧盟规定各国政府借债不可超过其GDP的60%。《资本主义4.0》一书称,过去200年美国和英国政府借债平均为80%,只要不超过100%就不会有危险，甚至认为只要债务为本国货币，如美国和英国，理论上借多少都不必担心。

2011年，国际清算银行（Bank for International Settlements）货币与经济部负责人斯蒂芬·切凯蒂（Stephen Cecchetti）于全球央行在杰克逊霍尔（Jackson Hole）召开的峰会上提交了一份报告，研究了经济合作与发展组织的18个成员国在1980—2010年这30年间各项债务变化情况。研究发现，当这些国家的政府、企业和居民这3类非金融类负债占GDP比例分别控制在80%—100%、90%、85%的门槛内时，借债对经济增长是有益的，否则超过该比例则将危害经济增长，并增加借债成本。结果显示，截至2010年，虽然美国的企业负债（占其GDP的76%）尚在安全门槛内，但其公共部门负债占GDP的97%，即将超出其80%—100%的安全门槛，居民负债占GDP的95%，已超出85%的安全门槛。日本的居民负债占GDP的82%，尚在85%的安全范围内，但其公共部门负债占GDP的213%、企业负债占GDP的161%，大大超出安全门槛。德国的公共部分负债占GDP的77%、居民负债占GDP的64%，尚在安全门槛内，但其企业债占GDP的100%，已超出90%的安全门槛要求。法国的居民负债占GDP的69%，尚在85%的安全门槛内，但其公共部门负债占GDP的97%，即将超出其80%—100%的安全门槛，而其企业负债占GDP高达155%，大大超出安全门槛。英国的公共部门、企业和居民负债占GDP比例分别为89%、126%、106%，均接近或已超过其安全门槛。

3. 经济增长信心持续“缺乏”，经济增长预期“乏力”，将成为跨越此次百年一遇的全球性经济危机，实现经济复苏的最大障碍

美国近期就业状况仍未有效改善，持续高达9%的失业率也为人们对美国能否走出、何时走出经济停滞持怀疑态度。中国“十二五”期间调低经济增速，这些都为世界经济整体复苏带来新挑战。最近，欧洲经济增长预期又被调低，媒体报道，欧盟委员会预期2012年欧洲经济仅增长0.5%，德、法、英3国2012年经济增长预期分别为0.8%、0.6%、0.6%，希腊、意大利的经济增长预期则分别只有−2.8%、0.1%。其中，英国经济复苏前景同样

不容乐观。2011 年 9 月 2 日，英国《金融时报》副主编、首席经济评论员马丁·沃尔夫发表《我们正在最漫长的萧条中挣扎》称，当前英国正在经历自第一次世界大战以来最为漫长的经济萧条中。如果英国每年 GDP 能增长 1.5%，经济衰退将持续 72 个月。西方媒体普遍担心，欧美恐将陷入日本式“失去的 10 年”，这将为世界经济，尤其是欧洲经济在短期内实现复苏蒙上巨大的阴影。

32/欧洲最佳财政部长

图 6-1 2011 年英国《金融时报》欧洲最佳财政部长①、瑞典财政部长安德斯·艾瑞克·伯格

瑞典财政部长安德斯·艾瑞克·伯格出生于 1968 年 1 月 11 日，是一名瑞典经济学家和政治家。他是温和党（the Moderate Party）的一名成员。他的非正统表现，正如他的才智一样，已经在内阁成员中形成个性。

伯格出生在斯德哥尔摩（Stockholm），但却在Osterg ötland 县一个名为 Norrk öping 的地方长大。在 Norrk öping 上学时，他已加入温和青年团（the Moderate Youth League）组织。1988—1991 年，他在 Uppsala 大学学

① 资料来源：维基百科网。

习政治、经济史和哲学。1995—1997 年，他在斯德哥尔摩大学学习，当时他还没有完成本科学业，但他已经开始参加为研究生开设的经济学课。

在 Uppsala 大学学习时，伯格是该校的学生会主席，同时还兼任保守的 Heimdal 协会主席。1990—1991 年，伯格是瑞典保守自由学生联盟（the Confederation of Swedish Conservative and Liberal Students）副主席。作为十多岁的年轻人，伯格是自由论者，支持瘾性药品合法化。他曾为一家报纸撰文，呼吁瑞典人为瘾性药品正名。他也承认自己年轻时曾吸食大麻（cannabis）。1990—1991 年，伯格在一家名为 Svenska Dagbladet 的报纸做编辑和撰稿人。

1991 年，随着中右政党在瑞典大选中获胜，伯格成为总理办公室的政治顾问，负责协调与健康和社会事务部（the Ministry of Health and Social Affairs）、公共管理部（the Ministry of Public Administration）、文化部（the Ministry of Culture）、教育和科学部（the Ministry of Education and Science）等部门的工作。1993—1994 年，伯格为时任瑞典首相 Carl Bildt 的一名政治顾问。1994 年，在温和党内的竞争失利后，伯格到了一家私人银行部门工作。1995—1998 年，他在一家名为 Transferator Alfred Berg 的公司工作，负责经济政治问题分析。1998—1999 年，他担任斯德哥尔摩一家名为 ABN Amro 银行的首席经济学家。1999—2001 年，他担任斯德哥尔摩一家名为 Skandinaviska Enskilda Banken (SEB) 银行的经济分析部负责人。SEB 一位名叫克拉斯·埃克兰德（Klas Eklund）的高级经济学家说："伯格是一个非常快，他海量地阅读，像海绵一样大量吸收信息，他也很容易接纳，非常聪明，在他成为财政部长之前，他是个专家治国型的人才，一个卓越的专家型人才。他就像一座火山（volcano），总能'喷出'一些新思想。"

2001—2002 年，他伯格瑞典中央银行（Riksbank）首席执行官的货币政策问题顾问。2003 年，由 Bo Lundgren 招募，他又回到温和党，担任首席经济学家。2005—2006 年，他还担任瑞典劳动力市场管理局（the Swedish Labour Market Administration，瑞典语为"Arbetsmarknadsstyrelsen"）的董事会成员。

随着在2006年大选中获胜，伯格在首相弗里德瑞克·瑞恩菲尔德(Fredrik Reinfeldt)的新中右内阁中，担任财政部长，于2006年10月6日正式就任。伯格被认为是瑞典新政府中的经济智囊，主要关注采取积极措施解决失业问题。逐步解除社会民主福利国家的政策措施，同时提高福利体系个人负担的比重，降低税率，减少福利待遇，被看作是激发人们工作热情，提供更多商业机会的改革方向。伯格在温和党内任首席经济学家时，进一步发展了这些新政策。

2007年9月5日，瑞典国防部长(Minister for Defence)迈克尔·奥德伯格(Mikael Odenberg)因不满伯格提出的瑞典军费开支而辞职。2008年11月29日，在接受瑞典电视4台采访时，伯格批评美国总统奥巴马的经济政策"靠不住"。尽管其经济政策被视为经济自由主义，伯格却有不同看法，"人们可以称我为完全的实用主义政治家。对我来说，最关键的是要确保我们有一个完善的财政"。

伯格与苏珊娜·伯格(Susanna Sanna Borg)(瑞典语为 née ölander)结婚，有3个孩子，一家人生活在S ödermanland县 Katrineholm Municipality镇的Bie。伯格曾说，他只想做两任财政部长，然后就和家人一起共度时光。他形容他的政府服务像"征兵"，从来也没有一个选举办公室。与那些在内阁中担任要职的其他温和党成员不同，伯格称自己是一个男女平等主义者(feminist)。

表6-1 2011年英国《金融时报》欧洲国家财政部长排名①

财政部长	国家	总排名	政治排名	经济排名	可信度排名
Anders Borg	瑞典	1	1	1	1
Wolfgang Sch äuble	德国	2	2	5	2
Jacek Rostowski	波兰	3	6	3	12
Jean-Claude Juncker	卢森堡	4	6	9	4
Didier Reynders	比利时	4	8	4	14

① 资料来源：2011年11月23日英国《金融时报》。

续表 6-1

财政部长	国家	总排名	政治排名	经济排名	可信度排名
Ivan Miklos	斯洛伐克	6	12	2	10
George Osborne	英国	7	4	15	3
Miroslav Kalousek	捷克	8	11	8	8
Jutta Urpilainen	芬兰	9	13	6	7
Michael Noonan	爱尔兰	10	3	18	12
Jan Kees de Jager	荷兰	11	10	12	6
Vítor Gaspar	葡萄牙	12	5	16	18
Elena Salgado	西班牙	13	9	13	15
Maria Fekter	奥地利	14	17	7	9
Francois Baroin	法国	15	14	11	10
Bjarne Corydon	丹麦	16	16	14	4
Gyorgy Matolcsy	匈牙利	17	19	10	16
Giulio Tremonti	意大利	18	15	17	16
Evangelos Venizelos	希腊	19	18	19	19

表 6-2　2011 年英国《金融时报》欧洲国家财政部长情况

 1 Anders Borg	 2 Wolfgang Sch äuble	 3 Jacek Rostowski	 4 Jean-Claude Juncker	 5 Didier Reynders
 6 Ivan Miklos	 7 George Osborne	 8 Miroslav Kalousek	 9 Jutta Urpilainen	 10 Michael Noonan

续表 6-2

 11 Jan Kees de Jager	 12 Vítor Gaspar	 13 Elena Salgado	 14 Maria Fekter	 15 Francois Baroin
 16 Bjarne Corydon	 17 Gyorgy Matolcsy	 18 Giulio Tremonti	 19 Evangelos Venizelos	

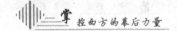

33/西方经济“日本化”及其对策

2011 年 8 月 21 日，英国《金融时报》刊登配图文章，认为美国、英国自 2003 年以来的 10 年期国债利率变动图表与 1988—1996 年日本的 10 年期国债利率变化图表“高度吻合”。

1988 年，日本的 10 年期国债利率为 4%，1990 年攀升至 8%，1997 年底又跌至 2%，自此至今再也没有反弹至 2%。目前日本的 10 年期国债利率为 1%。美国、英国的 10 年期国债利率在 2006 年、2007 年达到 5%左右的最高点，目前又均回落至 2%。文章称，最近美国的 10 年期国债利率跌破 2%，后又反弹至 2.08%，而投资者认为，该利率将锁定在 1.7%。10 年期国债收益率可看作一国未来长期经济走势的重要参考指标，未来一段时期，如果美、英两国的 10 年期国债利率一直在 2%的低位徘徊，则其经济将长期处于低迷状态。

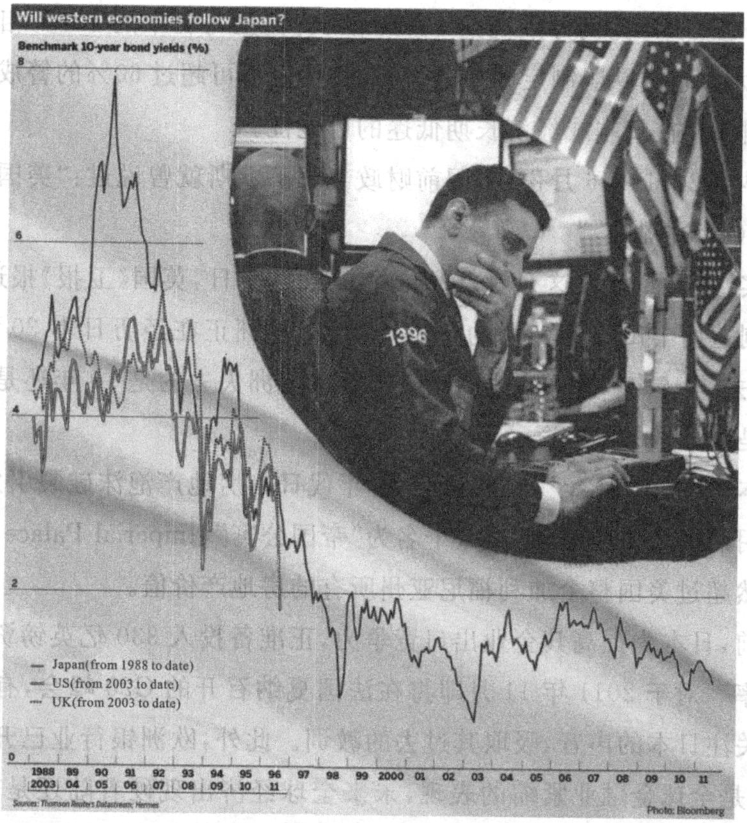

图 6-2　2003—2011 美国、英国 10 年期债券利率走势与 1988—1996 年日本 10 年期债券利率走势比较图①

为何过去 20 年日本经济一直停滞不前?

英国爱定堡的标准人寿投资公司全球战略部门经理安德鲁·米利根(Andrew Milligan)称,日本经济具有 8 个典型特征,即股市崩溃、房产泡沫破裂、银行呆账、通货紧缩、零利率、政治僵持、人口出生率下降、债务占 GDP 比例过高。

相比之下,美国和英国最近几年和即将继续维持的利率分别为 0.25% 和 0.5%,等同于零利率;近期美欧股市持续下跌,房产泡沫破裂,财政紧缩政策、多党制产生的经济政策不稳定,缺乏解决经济困境的政治意愿,美、英

① 资料来源:2011 年 8 月 21 日,英国《金融时报》刊登《西方经济将重蹈日本覆辙》的配图。

两国债务占 GDP 比例分别高达 100%和 70%，虽与日本的 200%相比不算高，但也大大超过欧盟制定的债务占 GDP 比例不可超过 60%的警戒线。未来西方国家存在日本式经济长期低迷的可能性。

而早在 2011 年 6 月份，美国前财政部长萨默斯就曾说过："美国正处于失去的 10 年过程中。"

其实，不只西方人这么看。2011 年 10 月 24 日，英国《卫报》报道，日本最大的制造商丰田汽车公司的一位高管称，欧洲正在经历日本 20 世纪 90 年代"失去的 10 年"，并称，他不能确定这次欧洲失去的是 10 年还是 20 年，而这将是全球性的。

日本"失去的 10 年"由 20 世纪 80 年代日本房地产泡沫破裂引发，当时常被引用的一个典故是，日本一个名为"帝国公寓"(Imperial Palace)的项目价值竟然超过美国整个加利福尼亚州所有的房地产价值。

目前，日本为提高其企业出口竞争力，正准备投入 330 亿英镑资金平稳日元汇率。对于 2011 年 11 月即将在法国戛纳召开的 G20 峰会，有文章呼吁人们关注日本的声音，吸取其过去的教训。此外，欧洲银行业已开始回避放贷，这是全球金融业紧缩的表现，未来全球经济出现硬着陆还是软着陆，值得关注。

美国的对策——"ABCD"四计划

如何解决当前西方经济困境？怎样拯救美国经济？美国究竟该采取什么措施？

2011 年 8 月 22 日，英国《卫报》称，此次金融危机爆发初期，美国采取了救助银行、保险公司、大企业集团和股市的"A 计划"，期望以此恢复其金融市场，带动美国经济的复苏。这个计划显然已经失败。近日，美国纽约州和康乃狄格州已宣布开始采取紧缩财政政策，即"B 计划"，内容包括削减公共部门岗位，冻结公共服务部门两年工资，最后几年再上调工资不到 2%，对休假员工采取停薪政策等。由于美国目前的消费物价指数每年都增长

3.5%—4%，所以，其公共服务业职员收入及生活水平将受到一定影响，进而影响到美国经济。有文章预测，即便如此，未来美国50个州仍有可能出现以财政紧缩政策为主要内容的“B计划”。

美国为什么不采取向富人多征税，以避免公共服务部门裁员和薪资冻结与削减的“C计划”？这是由于大企业集团的利润还足以支付董事会高管、大股东薪酬及收买州长等政府高级官员的需要。

而真正要解决此次经济危机，必须采取“D计划”，即改变资本主义组织生产方式，企业利润应由生产这些产品的小职员们、对企业生产影响的对象——社区一起通过民主决策机制共同决定(democratic decision-making)。真正的问题在于，这些倡导和拥护“D计划”的人们能否组织、动员起来，并敢于应对可能出现的冲突，并集中力量实现这一目标。

英国的对策——John Lewis模式

目前，英国等西方国家贫富差距不断拉大，多数老百姓消费能力不足，该如何解决这个问题？2012年1月，英国副首相克莱格提出，英国应大胆发展John Lewis模式经济，以此缩小贫富差距。

John Lewis是英国一家知名的大型商场连锁经营公司，该公司员工有76 500名，经营有35家大型商场和272个Waitrose超市。该公司最大的特点就是，所有员工，无论是公司董事会主席查理·梅菲尔德(Charlie Mayfield)，还是普通员工，都享有该公司同样比例的股息率。2011年，John Lewis公司所有员工或“合伙人”(partners)都收到了17%的股息收益，相当于约9周的薪酬。该公司采取的雇员所有型合作经营模式，与私人股权式商业或上市公司模式都不同，后者的经营利润全部流向股东，而在John Lewis公司，所有经营利润全部归所有雇员所有，并以年度奖金形式分配给雇员。据雇员所有制协会(the Employee Ownership Association)研究称，在英国，像John Lewis公司这样的雇员所有(employee-ownership)模式的公司超过100家，这种雇员所有模式的产业在英国每年产值超过250亿英镑，占英国经济总量的2%—3%。如果把建筑协会、医院信托基金等计算在内，英国的雇员所有制企业规模达1 000亿英镑。在英国，这种雇员所有制公司还有Blackwell连锁书店、果酱生产商Wilkin & Sons公司，聚合物生产商Scott Bader公司等。

John Lewis公司这种雇员所有制模式是由约翰·斯皮丹·莱维斯(John Spedan Lewis)创立起来的，而该公司正是由其父于1864年创建。1929年，莱维斯签字放弃了他对该公司的所有权，并将其对公司的所有权让给了未来几代的员工们，以实践他的“产业民主实验”(experiment in industrial democracy)，因为他相信，由公司所有员工共享知识、力量和利润的模式，比只有少数人富裕的模式的发展结果更好。他的这个想法已载入该公司的章程中，其核心就是建立一种“更好的商业制度”。1950年，John Lewis公司完成了雇员所有制的改造，将其对该公司的控制权彻底交给所有员工。1955年，莱维斯干脆辞去了该公司董事会主席的职务，退休回到其家乡汉普郡(Hampshire)一个名为Longstock的村庄旁的Longstock公园，1963年去世并葬于大海中。

2002年，英国BBC进行了一项名为“英国最伟大的商界领袖”的评选，超过4 000名读者、网友参与投票和评选活动，莱维斯在10名候选人中脱颖而出，以22.36%的得票率成为英国人心目中最伟大的英国商界领袖。中国人非常熟悉的英国钢铁大王、慈善家安德鲁·卡内基以21.18%的得票率排名第2。

表6-3　2002年英国BBC“最伟大的英国商界领袖”评选结果前4名

排名	姓名	社会贡献	得票率
1	 约翰·斯皮丹·莱维斯 (John Spedan Lewis) (1885—1963)	主动放弃自己在公司的股份权利，将公司改制为雇员所有制，创办John Lewis伙伴公司，所有员工都能分享公司创造的利润，且对公司具有实际经营管理权。以所有雇员的快乐和幸福为该公司的经营宗旨，使其成为英国雇员所有制企业的典范。如今，该公司有雇员76 500名，2011年该公司所有员工都收到了相当于其9周薪酬的奖金。	22.36%

续表 6-3

排名	姓名	社会贡献	得票率
2	 安德鲁·卡内基 (Andrew Carnegie) (1835—1919)	钢铁大王、慈善家。13岁时还一穷二白,其生前创办钢铁公司的规模于2007年相当于2 983亿美元。作为慈善家,兴办大量学校、剧院等公共教育设施。通过卡内基奖学金项目,曾资助超过10万名学生到苏格兰的大学学习。	21.18%
3	 约瑟夫·罗恩垂 (Joseph Rowntree) (1836—1925)	来自约克市的企业家、社会改革家。14岁时,曾随父亲到爱尔兰访问,当时爱尔兰正值土豆饥荒,这次见闻为其后来社会政治改革提供了重要思想基础。曾创办英国著名巧克力生产商Rowntree's。1988年雀巢公司出资25亿美元收购其公司,当时该公司有雇员12 000人。他热心于提高雇员生活质量,规划设计并建成英国第一个花园小镇New Earswick,供400户雇员居住,每家都有一间朝南的卧室、固定的衣橱、食品柜、茂盛的花园、两棵果树。他还为这些住户提供图书馆、免费教育、医生、牙医、厂办杂志、福利官员和养老金。1942年他为该小镇创办了学校,最近花费2 900万英镑进行了重修,并以其名字命名。创办有4个基金,其中有2个与社会政策改革有关。如今,这些基金每年还花费700万英镑,以支持社会政策改革研究项目。	15.73%
4	 威廉·利华 (William Lever) (1851—1925)	联合利华(Unilver)公司创始人。第一个将肥皂切割后贴上品牌商标出售肥皂这一普通日用品,且进行大规模生产的人。1888年在Wirral为其雇员购置了56英亩土地,于1914年建成了一个名为"阳光港"(Port Sunlight)且已规划好的模型镇,建房800套,供3 500名雇员及家人居住。	13.67%

如今,John Lewis公司每年销售额超过80亿英镑。正如该公司所承诺的那样,"把合伙人的利益和利润放在首位",该公司的章程中也明确,该公司任务之一是让员工的"幸福"最大化。该公司的权力结构中也包括一个员

工委员会，之所以要成立该机构，就是要和公司董事会相制衡。该公司还办有一份员工自己的杂志，每个员工都可以在该杂志上发表自己对公司政策和管理的看法。英国新经济学基金会金融与商业部负责人托尼·格林海姆(Tony Greenham)认为，该公司员工对其所在公司的管理和运营拥有更大的发言权，而不只是拥有更多的利润分成。那种认为员工对企业管理没有任何用处的想法属于19世纪，而不是21世纪。

就年薪来说，John Lewis公司的员工和其竞争对手的员工没有什么区别，但John Lewis公司员工的年终奖金却明显比其竞争对手员工要多一些。而John Lewis公司部门经理的收入却比泰斯购、玛莎百货、森斯伯瑞斯等其竞争对手的董事会的成员们要低一些。John Lewis公司的员工还享有员工补贴，2012年该公司员工补贴有7 000万英镑，补贴范围包括节日补贴、航海俱乐部、剧场活动、主题公园活动、甚至歌唱队等。该公司还是少数几个为员工提供与最终薪酬挂钩的养老金项目的公司，该养老金完全由公司提供。雇员所有制模式意味着，John Lewis公司的员工必将努力工作，因为这家公司就是由其所有的员工来运营、管理并分享其利润的。

尽管Next公司的赢利能力比John Lewis公司要强，但一份由卡斯商学院(Cass business school)完成的研究报告发现，在全球经济衰退时期，雇员所有制公司的销售增速和就业岗位增速比其他公司的都更高。该研究是基于对60位不同类型公司高管、250家公司财务数据分析的基础上。2012年1月16日，英国《卫报》就John Lewis模式进行网络调查，结果是，87%的人赞成英国经济按John Lewis模式来发展，只有13%的人不赞成英国经济按John Lewis模式来发展。

John Lewis模式是怎么运行的？John Lewis公司由合伙人理事会(partnership council)、合伙人董事会(partnership board)和公司董事会主席三方共同管理。其中，合伙人理事会是由该公司全体合伙人，也就是说所有员工直接选举产生，该理事会负责召集董事会会议，而公司董事会主席则负责决定所有公司重大政策及运营管理事宜。该理事会还任命5名非执行董事，以补充董事会主席任命5位执行董事的需要。该理事会每年要召集董事会主席两次，董事会主席则要回答公司运营方面的问题。该公司的员工可通过当地的论坛活动发表如何经营好该公司的想法，也可以在其内部刊物上发表文章。

雇员所有制协会(the Employee Ownership Association)的一项研究表明，自1992年开始，雇员所有制公司的赢利能力比FTSE100指数公司的平均水平要高出10%。此外，雇员所有制公司的收入差距比其他公司要小。2010年John Lewis公司总裁梅菲尔德的年收入为85万英镑，而其竞争对手玛莎百货首席执行官马克·波兰德(Marc Bolland)的年收入为730万英镑。尽管两人都是高收入，但前者的收入为销售助理的60倍，而后者收入则是销售助理的520倍。其实，英国多数上市公司也向员工提供一些股份，作为员工收入的一部分，因此英国有一些著名的员工股份项目，如，"边挣钱边储蓄"(Save As You Earn)项目。但问题是，小型和中型规模的公司一心想提高资本实力，因此这些公司的老板和部分员工就不愿放弃其所拥有的股份。因此，正如英国副首相克莱格所说，这种公司的雇员所有制的政策细节需要慎重考虑。

34/第二次世界大战以来最忙时刻

就在欧洲领导人忙着解决债务危机、美国人忙着债务上限问题之际，英国外交部也同样异常繁忙。

2011年9月8日，英国外交大臣黑格在外交部发表题为“世界最佳外交服务”的讲话。他说，英国本届政府上台以来，正赶上世界金融危机和“阿拉伯之春”，英国外交部正处于第二次世界大战以来最繁忙的时刻。2011年2月“阿拉伯之春”刚爆发的最初两周，英国外交部处理的电子邮件数量达700万件，为往常的10倍。

为应对未来几年甚至几十年维护国家利益的需要，黑格提出如下政策主张：①将外交目标简化为确保国家安全、繁荣和维护海外英国人利益等3项；②上届政府关闭40个驻外使领馆，本届政府将不会关闭任何一个驻外机构，并新增6个使馆和7个总领馆，在印度、中国分别新增30—50个职位；③恢复对外交预算资金免于全球汇率波动的保护；④新设语言中心，每年投入至少100万英镑，用于外语培训，解决缺乏阿拉伯语、汉语、阿富汗语甚至法语人才的不足，加强外交官的经济谈判能力；⑤考虑恢复“外交部历史学家”项目，吸收历史智慧。拟成立洛迦诺集团(Locarno Group)，听取前大使和前外交官们的意见。

2011年8月22日，英国副首相克莱格就英国为什么要支持“阿拉伯之春”，干涉北非、中东事务做出说明。克莱格称，除了价值观传播及反恐需要外，军事干涉该地区事务与英国自身经济利益密切相关。目前在北非、中东有15万英国人，有数千家英国公司在那里经营。2010年英国向该地区出口商品和服务价值245亿英镑，超过对中国和印度出口价值的总和。

英国目前经济深陷危机，复苏艰难，而该地区石油储备占全球的59%，石油产量占全球的37%。由于石油价格与世界经济紧密相关，因此该地区经济状况对英国经济复苏很重要。

最后，克莱格称，未来4年英国政府将为利比亚提供价值1.1亿英镑的援助。其中2011年英国对利比亚援助将达2 000万英镑。英国还将与欧盟一起为该地区额外提供价值10亿欧元的援助，欧洲投资银行也将对其增加数十亿欧元的投资。

2011年8月30日，英国《观察家报》报道，英国利比亚商会称，已接到来自利比亚过渡委员会的邀请，拟于9月组织包括汇丰银行、巴克莱银行、葛兰素史克公司等20家英国企业代表到利比亚访问，以尽快恢复其在利比亚的商业合作项目。英国BP石油公司已增加其在利比亚投资5.4亿英镑，用于勘探及开采石油和天然气。如获成功，可享有19%的生产效益。在全球有60万名雇员的安保公司G4S称，希望在“后卡扎菲时代”的利比亚有更多商业机会。

利比亚战乱对国际经济产生了重要影响。2011年8月22日，英国媒体报道称，受利比亚战事明朗化的影响，当天欧洲股市出现小幅逆市上扬，特别是能源类企业。伦敦金融时报FTSE100指数上涨1.99%，法国Cac40指数上涨2.2%，在利比亚经营石油生意的意大利ENI公司股票上涨6.5%，法国石油公司Total的股票上涨3.6%，壳牌石油公司股票上涨3%。在非洲从事石油开采的两家公司Cairn Energy和Afren，其股票分别上涨4.4%和4.9%。英国与石油相关的工程、服务公司股票上涨4.5%。美国股市受此影响，8月22日道琼斯股指一开始就上涨1%。BBC称，利比亚石油产量占全球的2%，战前每天石油产量达160万桶。

动荡中忙个不停的不只是英国，德国也很忙。就在希腊眼巴巴望着国际组织给予经济救援时，救援资金却迟迟不到，倒是有国外的商业代表团要来。2011 年 10 月 10 日，英国《卫报》报道，2011 年 10 月 7 日，德国派出了由经济部长菲利普·罗斯勒(Philip Rosler)率领的一支由 70 名工商、金融、能源界企业家代表组成的代表团访问希腊，并签订了总额为 25 亿欧元的投资订单，以期复苏希腊经济。德国希腊商会负责人称，只有实体经济才能解决希腊的问题。报道称，未来几年德国将在希腊投资大量的基础设施项目。许多希腊人担心，德国正在"买下"希腊。

35/2050 年全球经济预测

未来 40 年全球经济走势如何？中国还能像过去 30 年那样快速、持续增长吗？未来 40 年经济增速最快的国家还会是中国吗？

2011 年英国《卫报》刊载文章并配图称，到 2050 年，按购买力平价(PPP)计算，世界各国 GDP 总量排第 1 的将是中国，将达 59.475 0 万亿美元。排在第 2 的将是印度，其 GDP 将达 43.180 0 万亿美元。而美国将位居世界第 3，GDP 将达 37.876 0 万亿美元。也就是说，到 2050 年按购买力平价计算，中国的 GDP 总量将是美国的 1.57 倍。而巴西的 GDP 总量将达到 9.762 0 万亿美元，排名世界第 4。

而未来 40 年(2009—2050 年)世界各国 GDP 增速情况怎样？

2009—2050 年，世界各国 GDP 增速将分化为 3 个层次：

第一层次年均增速最快，为越南、印度、尼日利亚，其年均 GDP 增速将分别达到 8.8%、8.1%、7.9%。

第二层次为年均增速为 3.1%—5.9%的国家，其中，这个层次增速最快的 3 个国家是中国、印尼、土耳其，其年均 GDP 增速将分别达 5.9%、5.8%、5.1%。

第三层次的国家，其 GDP 年均增速将在 1.0%—2.4%，其中最快的 3

个国家是澳大利亚、美国、英国，其 GDP 增速分别为 2.4%、2.4%、2.3%。

显然，未来 40 年，经济大国中，增速最快的 5 个国家分别是印度、中国、巴西、俄罗斯、美国，分别为 8.1%、5.9%、4.4%、4.0%、2.4%。而这 5 个经济增长最快的大国中，印度、中国、巴西、俄罗斯这前 4 名为“金砖国家”成员国，排名第 5 的美国则是发达国家俱乐部成员。这也显示出，未来 40 年，新兴经济体将在全球经济增长方面成为主力军，将扮演更重要角色。

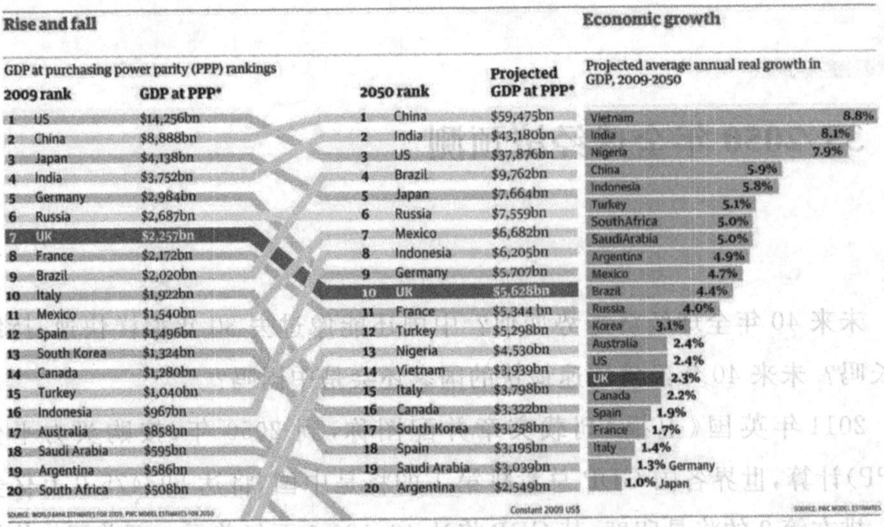
Rise and fall
Economic growth
GDP at purchasing power parity (PPP) rankings
2009 rank
GDP at PPP*
1 US $14,256bn
2 China $8,888bn
3 Japan $4,138bn
4 India $3,752bn
5 Germany $2,984bn
6 Russia $2,687bn
7 UK $2,257bn
8 France $2,172bn
9 Brazil $2,020bn
10 Italy $1,922bn
11 Mexico $1,540bn
12 Spain $1,496bn
13 South Korea $1,324bn
14 Canada $1,280bn
15 Turkey $1,040bn
16 Indonesia $967bn
17 Australia $858bn
18 Saudi Arabia $595bn
19 Argentina $586bn
20 South Africa $508bn
2050 rank
Projected GDP at PPP*
1 China $59,475bn
2 India $43,180bn
3 US $37,876bn
4 Brazil $9,762bn
5 Japan $7,664bn
6 Russia $7,559bn
7 Mexico $6,682bn
8 Indonesia $6,205bn
9 Germany $5,707bn
10 UK $5,628bn
11 France $5,344 bn
12 Turkey $5,298bn
13 Nigeria $4,530bn
14 Vietnam $3,939bn
15 Italy $3,798bn
16 Canada $3,322bn
17 South Korea $3,258bn
18 Spain $3,195bn
19 Saudi Arabia $3,039bn
20 Argentina $2,549bn
Constant 2009 US$
Projected average annual real growth in GDP, 2009-2050
Vietnam 8.8%
India 8.1%
Nigeria 7.9%
China 5.9%
Indonesia 5.8%
Turkey 5.1%
SouthAfrica 5.0%
SaudiArabia 5.0%
Argentina 4.9%
Mexico 4.7%
Brazil 4.4%
Russia 4.0%
Korea 3.1%
Australia 2.4%
US 2.4%
UK 2.3%
Canada 2.2%
Spain 1.9%
France 1.7%
Italy 1.4%
1.3% Germany
1.0% Japan
SOURCE: PWC MODEL ESTIMATES

图 6-3　2009 年、2050 年全球 GDP 总量前 20 名及 2009—2050 年年均 GDP 增速前 20 名预期比较图[①]

---

① 资料来源：2011 年 1 月 7 日英国《卫报》。

参考文献

一、参考书籍

[1] Alexander Davidson, *How The City Really Works*, Kogan Page Limited, 2006.

[2] Anatole Kaletsky, *Capitalism 4.0: The Birth of a NewEconomy*, Bloomsbury Publishing Plc, 2010.

[3] Dominic Hobson, *The National Wealth: Who Gets What In Britain*, HarperCollins Publishers, 1999.

[4] Donald L. Barlett and James B. Steele, *America: Who Really Pays the Taxes?* Simon & Schuster, 1994.

[5] Joseph Stiglitz, *Freefall: Free Markets and The Sinking of the Global Economy*, Penguin Books, 2010.

[6] Kevin Cahill, *Who Owns the World: The Hidden Facts Behind Landownership*, Mainstream Publishing, 2006.

[7] Nouriel Roubini and Stephen Mihm, *Crisis Economyics: A Crash Course In the Future of Finance*, Penguin Books, 2011.

[8] Pat Choate, *Agents of Influence: How Japanese Lobbyists are manipulating Western Political and Economic Systems*, Business Books Limited, 1990.

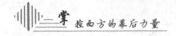

[9] Robert Peston, *Who Runs The Britain*, Hodder & Stoughton Ltd,2008.

[10] Roger Strange, *Japanese Manufacturing Investment in Europe: Its impact on the UK Economy*, Routledge Inc,1993.

[11] Simon Johnson and James Kwak, 13 *Bankers: The Wall Street Takeover and the Next Financial Meltdown*, Vintage Books,2011.

[12] Tim Congdon, *Money In A Free Society: Keynes, Friedman and the New Crisis In Capitalism*, Encounter Books,2011.

[13] Will Hutton, *Them and Us: Changing Britain-Why We Need a Fair Society*, Little, Brown Book Group,2010.

二、参考资料

[1] BIS, *Industrial Strategy: UK Sector Analysis*, 2012.

[2] Citizens for Tax Justice, The Institute on Taxation and Economic Policy, *Corporate Taxpayers & Corporate Tax Dodgers* 2008-2010,2010.

[3] Demos, *Everyday Equality*, 2010.

[4] Financial lobby team, The Bureau of Investigative Journalism, *How the Bureau Caulated the Size of the Finance Lobby*, 2012.

[5] High Pay Centre, *Making The Case For Business Reform*, 2012.

[6] IFS, *Living Standards, Poverty and Inequality In the UK*: 2012,2012.

[7] Institute For Fiscal Studies, *The Dimensions of Tax Design: The Mirrlees Review*, 2010.

[8] John Bateman, *The Great Landowners of Great Britain and Ireland*, Leicester Press,1971; Whitaker's Almanack,1998; The Sunday Times Rich Lists,1989-1997.

[9] Kevin Cahill, *The Great Property Swindle*, 2011.

[10] Melanie Newman, *The Bureau of Investigative Journalism*, *Lords for Hire*, 2012.

[11] New Economics Foundation, *Clone Town Britain*, 2004.

[12] New Economics Foundation, *Ghost Town Britain: the threat from economic globalization to livelihoods, liberty and local economic freedom*, 2002.

[13] Patrick Collinson, House Prices: Guide to Property Hotspots, *The Guardian*, 2012.

[14] Oxford University Centre For Business Taxiation, *Corporation Tax In United Kingdom*, 2011.

[15] Penri James, *Land Owners*, 2005.

[16] Tax Justice Network, *The Cost of Tax Abuse: A Briefing Paper on the cost of Tax evasion worldwide*, 2011.

[17] Tejvan R. Pettinger, *Ratio of House Prices to Income*, 2012.

[18] The Church Commissioners for England, *Church Commissioners Annual Reoport* 2011, 2011.

[19] The CityUK, *Fund Management*, 2011.

[20] The Crown Estate, *The Crown Estate: Commissioners'Report* 1997, 1997.

[21] The Crown Estate, *The Crown Estate Report* 2012, 2012.

[22] The Society of Motor Manufacturers and Traders (SMMT), *Motor Industry Facts* 2012, 2012.

[23] Towers Watson, *Global Pension Assets Study* 2012, 2012.

[24] TUC, *Unfair to Middling*, 2009.

[25] Will Fitzgibbon and Nick Mathiason, The Bureau of Investigative Journalism, *Britain's 10 Most Powerful Finance Lobbyists*, 2012.

后 记

大学毕业至今，笔者有幸做过三种工作。先是在媒体做了4年新闻工作，接着又在政府部门从事农村改革工作，最后在2010—2012年又借调外交部，到驻外使馆做了2年的财经外交和经济调研工作。每次工作切换，对自己都是一个全新的挑战。

幸运的是，无论在哪里工作，都能在单位领导和同事的关心、帮助指导下，顺利完成任务。而有机会在全球经济危机爆发背景下到世界资本主义的发源地英国工作学习，要感谢组织上的信任和给予的机会。首先，感谢出国前国务院农村综合改革工作小组办公室主任王卫星、财政部人事教育司监察专员李復、对外财经交流办公室主任邹加怡等领导对笔者的谆谆教诲和殷殷嘱托。其次，在英工作期间，笔者得到中国驻英国使馆刘晓明大使、从培武公使、徐京利参赞、杨华参赞、周政参赞等领导无微不至的关心和帮助，在此表示深深的感谢。

顺利完成工作任务回国后，在回原单位工作之余，笔者抓紧整理完成了《掌控西方的幕后力量》、《当代英国经济解析——产业结构、财税管理与外部环境》两本书。在这两本书的写作过程中，作者得到诸多专家、学者和出版界朋友的指点和帮助。中国国际问题研究所副研究员、前驻英国使馆二秘崔磊博士曾建议笔者写点西方经济方面的东西。书稿完成后，笔者曾将书稿送交著名经济学家、中央财经大学中国经济与管理研究院院长邹恒甫、中国人民大学财政金融学院院长郭庆旺等专家学者批评指正。在图书编辑出版方面，笔者先后得到人民出版社刘敬文编辑、三联出版社叶彤编辑、经济科学出版社周国强编辑等出版界朋友的帮助和支持，在此表示感谢。孔令钢编辑对本书的出版给予了很大支持，在本书的编审中还提出了很多宝贵意见，在此表示特别感谢。工作之余要撰写两本书，需大量翻译整理国外资料，占用了很多周末时间，没有家人的支持是难以完成的。在此特别感谢妻子、父母、哥哥的鼓励、支持和帮助。

本书力图给读者一个研究西方经济的新视角和新方式，从而激发更多人关注和研究当前西方经济发展的新态势。由于笔者并非专业人士、水平有限，不当和错漏之处，望读者批评指正。

侯旭鲲

2013 年 3 月 7 日